Allegria

Jenniffer Weigel

# Danke, liebes Universum, jetzt reicht's!

## Von einer, die auszog, spirituell zu leben

Aus dem Amerikanischen
von
Thomas Görden

Ullstein

Besuchen Sie uns im Internet:
www.ullstein-taschenbuch.de

Allegria im Ullstein Taschenbuch

Die Originalausgabe I'M SPIRITUAL, DAMMIT!
erschien 2011 bei Hampton Roads c/o Red Wheel
Weiser Books LLC, Newburyport, MA, USA

Ullstein Taschenbuch ist ein Verlag
der Ullstein Buchverlage GmbH
Neuausgabe im Ullstein Taschenbuch
1. Auflage März 2014
© der deutschsprachigen Ausgabe 2011
by Ullstein Buchverlage GmbH, Berlin
© der Originalausgabe 2011 by Jenniffer Weigel
Umschlaggestaltung: Wildes Blut, Atelier für Gestaltung
Titelabbildung: Hampton Roads
Gesetzt aus der Cheltenham
Satz: Keller & Keller GbR
Papier: 80 g Pamo Super von Arctic Paper
Mochenwangen GmbH
Druck und Bindearbeiten: CPI books GmbH, Leck
Printed in Germany
ISBN 978-3-548-74605-0

Die Namen einiger Personen in dieser Geschichte wurden geändert. Davon abgesehen ist alles wahr, was auf den folgenden Seiten geschrieben steht.

# Inhalt

# 1

## Sie sind mitten unter uns

*Freue dich über deine Gaben.*

Schild an der katholischen Kirche Allerheiligen:

> ALLE HUNDE
> KOMMEN IN DEN HIMMEL.

An der evangelischen Kirche gegenüber steht:

> NUR MENSCHEN
> KOMMEN IN DEN HIMMEL.
> LEST DIE BIBEL!

»DU HAST ECHT ein Talent, die bizarrste Scheiße magnetisch anzuziehen«, sagte mein Freund Steve Cochran während der Werbepause seiner Radiosendung zu mir. Er interviewte mich für mein erstes Buch *Stay Tuned*.

»Sagen wir mal, ich sammle Informationen über paranormale oder metaphysische Phänomene, die viele Leute als bloße Zufälle abtun«, sagte ich. »Aber du kannst es ruhig *bizarre Scheiße* nennen, wenn dir das lieber ist.«

»Du bist eine *Medium*-Flüsterin«, hauchte er mir vielsagend ins Ohr.

Damit hatte er nicht mal unrecht. Immerhin glaubten schon wildfremde Menschen, mir ihre »Ich sehe Verstorbene«-Geschichten anvertrauen zu müssen.

»Glaubst du denn, dass es dir jetzt öfter passiert, weil du alle diese Medien und Gurus interviewt hast? Oder passiert es allen, nur dass du dir dessen jetzt bewusster bist?«, fragte er.

»Wahrscheinlich trifft beides zu«, antwortete ich.

»JENNY, bist du das?«, sagte der Mann. Ich stand an der Michigan Avenue und starrte ihn an. Er kam mir vage bekannt vor, und ich hoffte, der Blitz der Erkenntnis würde mich treffen.

*College? Nein. … Sportkurs an der Highschool? Nö. … One-Night-Stand? Gott behüte!*

»Ja?« Ich musterte ihn nun ziemlich unbefangen, konnte ich ihn doch noch immer nicht einsortieren.

»Na, James!«, sagte er, als ob es auf der Welt nur einen einzigen James gäbe.

*James … James … James … James? Oh! JAMES!*

Das war nicht einfach irgendein James! Das war der James, der mich in der vierten Klasse total aus der Spur geworfen hatte. Der aus meinem Magen mit einem einzigen Lächeln eine Hüpfburg gemacht hatte. Der Supersportler, der mit der Cheerleaderin ging.

*Dieser James.*

»Oh mein GOTT!«, kreischte ich, wie es sich für ein echtes Groupie gehörte. »Wie geht's denn so?«

»Ja bestens! Himmel, wie lang ist das her? Zwanzig Jahre?«

Wir hatten uns seit der Highschool nicht mehr gesehen, und nun trafen wir uns hier auf der Magnificent Mile, der »Prachtmeile« von Chicago, und versuchten über einem Panini, irgendwie an die Vergangenheit anzuknüpfen.

»Wie man so hört, warst du Fernsehjournalistin?«, sagte er, während er die Speisekarte studierte.

»Stimmt. Aber nach ein paar Jahren hab ich gekündigt, weil ich genug von schlechten Nachrichten hatte und sich die Stimmung in der Redaktion allmählich den Nachrichten anpasste.« Wir brachten uns gegenseitig auf den neuesten Stand.

James war verheiratet und lebte an der Ostküste. Hatte beruflich etwas mit Technik und Computern zu tun. Ich war verheiratet, hatte ein Kind und lebte in der Nähe von Chicago. Inzwischen war das Schreiben zu meiner Hauptbeschäftigung geworden.

»Das mit deinem Vater tut mir leid«, sagte er. »Meine Eltern haben mir ein paar Zeitungsartikel geschickt, als er gestorben war. Er war doch noch so jung.«

»Sechsundfünfzig«, sagte ich.

»Und …«, James war ganz offensichtlich bemüht, das Thema zu wechseln und die Stimmung damit etwas aufzuheitern, »hast du nicht ein Buch geschrieben? Meine Eltern haben so was erzählt.«

»Stimmt!« Ich tat ihm den Gefallen und lächelte befreit, als hätte ich nur auf diese Frage gewartet.

»Das ist ja aufregend! Dann bist du also eine echte *Autorin*.«

Jedermann schien zu glauben, wer ein Buch geschrieben habe, automatisch Experte und zudem noch steinreich sei.

*Dream on!*

»Nun ja. Es gibt Tage, da frage ich mich schon, ob es wirklich richtig war, meinen Fernsehjob an den Nagel zu hängen«, sagte ich. »Ich habe gut verdient. Und ich war krankenversichert …«, ich hing meinen Gedanken noch einen Moment nach, um dann entschieden hinzuzufügen: »Aber es ging mir miserabel! Ich habe es einfach gehasst, ständig über Tragödien berichten zu müssen. Ich fand, das Leben müsste doch noch was anderes zu bieten haben.«

»Das kann ich echt gut nachvollziehen«, sagte James und trank ein Schlückchen von seinem Martini. »Aber im Moment läuft's doch gut für dich, oder nicht?«

»Oh ja!«

Das stimmte allerdings nur zum Teil. Es war schön, nicht mehr im Nachrichtengeschäft zu arbeiten und Schriftstellerin geworden zu sein, aber als Freiberuflerin wusste ich nie, wer mir meinen nächsten Scheck senden würde. Die Panik, die mich seit meiner Selbstständigkeit immer wieder überfiel, ermüdete mich zunehmend.

»Woher nahmst du den Mut, einfach so zu kündigen?«, fragte James mit echtem Interesse.

Darauf zu antworten fiel mir jedes Mal schwer, weil es so verrückt klang. »Nach dem Tod meines Vaters ging ich auf eine Art Suche und interviewte einen Haufen Medien und andere paranormal begabte Leute. Ich entschied, dass das Leben zu kurz ist, um mit Dingen meine Brötchen zu verdienen, die mir keinen Spaß mehr machen.«

»Echt?« James kaute auf einer Olive herum.

»Echt!« Ich sah ihm an, wie die Gedanken hinter seiner gefurchten Stirn Marathon liefen. Doch ich ließ mir nichts anmerken. »Eines jener Medien entdeckte ich hier mitten in Chicago. Sie erzählte mir Dinge über mich, die nur mein Vater wissen konnte.«

»Und du hast ihr geglaubt?« Er war skeptisch, verständlicherweise.

»Nichts davon hätte ich jemals geglaubt, wenn es mir einer erzählt und ich es nicht selbst erlebt hätte«, betonte ich. »Aber ich war dabei! Sie wusste nicht mal meinen Namen, darauf hatte ich geachtet, allein schon, damit sie mich nicht googeln konnte. Und dennoch gab sie mir wortwörtlich ein Gespräch wieder, welches ich mit meinem Vater vor seinem Tod führte. Es war ein Gespräch unter vier Augen gewesen. Niemand sonst war dabei, nur er und ich. Daher weiß ich nicht, woher sie sich diese Informationen hätte beschaffen sollen.«

James wirkte immer interessierter. »Du bist Journalistin. Bestimmt würdest du es bemerken, wenn dich jemand leimen wollte, nicht wahr?«

»Jedenfalls bilde ich mir das ein.«

Einen Moment lang herrschte Schweigen. James bestellte sich noch einen Drink. Es war sein dritter, obwohl wir erst seit ungefähr einer Dreiviertelstunde zusammensaßen.

»Ich habe eine Menge Menschen mit *Fähigkeiten* getroffen, die von den meisten Leuten nicht wirklich akzeptiert oder verstanden werden«, sagte ich. »Vielleicht haben wir einfach doch noch nicht alle Antworten. Und deshalb stelle ich weiterhin Fragen.«

Ein Teil von mir fühlte sich wieder wie mit sechzehn, voller Angst, der beliebteste Junge an der Schule würde mich nicht zur Bierparty einladen. Was, wenn James mich für völlig durchgeknallt hielt? Doch dann hatte ich den deutlichen Eindruck, dass bei ihm etwas Klick machte, als ob er sich nun sicher genug fühlte, um mir etwas anzuvertrauen.

»Weißt du, ich spreche sonst fast nie darüber, aber ich hatte auch ein paar Erlebnisse«, sagte er im Unterton eines Geständnisses … Liebling, ich habe dich jahrelang betrogen …

»Erlebnisse?«, fragte ich und horchte auf.

»Na ja, bei mir hatte es immer schon mit Farben zu tun. Ich sehe, dass Menschen von Farben umgeben sind«, sagte er und flüsterte jetzt beinahe.

»Du meinst, du siehst ihre Aura?«, fragte ich.

»Manche Leute nennen es so, ja. Das hat mir immer sehr geholfen, vor allem im Beruf.«

*Oh mein Gott! Der Mädchenschwarm meiner Schule sieht Auren?!*

Er trank einen Schluck, um zu beobachten, wie ich auf das reagieren würde, was er mir gerade gestanden hatte.

»Weiter«, ermunterte ich ihn.

»Wenn jemand braune oder graue Energie hat, arbeite ich nicht mit ihm zusammen«, sagte er. »Violett, Grün oder Gelb … mit denen kann man ins Geschäft kommen. Meine besten Freunde haben violette Energie.«

Nun handelte es sich bei James um einen beruflich sehr erfolgreichen Mann. Was immer er auch genau mit Technik und Computern anstellte, es hatte ihm in seiner Firma eine Topposition eingebracht.

»Wie lange kannst du denn schon Farben und Energie sehen?«, fragte ich.

»So etwa seit ich acht bin«, sagte er in einem ganz nüchternen, sachlichen Tonfall.

*Ohne Scheiß?*

»Alles ist Energie, daher hat alles eine bestimmte Farbe. Sogar die Autos auf der Straße«, sagte er und zeigte auf einen Lieferwagen, der gerade vorbeifuhr.

»Das ist ja unglaublich! Weißt du, dass viele Leute jahrelang Kurse besuchen und meditieren in der Hoffnung, das zu erlernen, was du kannst, seit du acht bist?«

Ich war selbst seit mehreren Jahren *auf spiritueller Suche* gewesen, hatte jeden *Esoterikautor* interviewt, den ich vor das Mikro bekam, mit Yoga, Energiearbeit und Intuitionsworkshops experimentiert, getrommelt, in Schwitzhütten geschwitzt, Spiritualitätskonferenzen besucht und mich sogar in Engelseminare gewagt. Aber nach alledem konnte ich, verdammt nochmal, noch immer keine Farben sehen! Ich war lediglich fix und fertig, weiter nichts!

James gönnte sich einen weiteren Schluck Martini. Ich beobachtete ihn augenzwinkernd.

»Ich hab mal ein Medium interviewt, das täglich ein Zwölferpack Bier trinkt«, sagte ich, um die Stimmung zu heben. »Sie erzählte mir, dass ihr das Trinken dabei hilft, ihre Gabe zu dämpfen. Manchmal habe sie nämlich einfach keine Lust, sich mit ihrem wunderbaren Talent herumzuschlagen.«

James lachte nervös. Er merkte offensichtlich, dass sein mittägliches Trinkverhalten mir Sorgen bereitete.

»James«, sagte ich mit ruhiger Stimme, denn ich wollte alles andere, als ihn in Verlegenheit zu bringen, »es gibt viel mehr Menschen, als du denkst, unter uns, die solche Dinge draufhaben wie du.« Zu gerne wollte ich ihm klarmachen, dass es kein Fluch war, »solches Energiezeug« zu sehen. »Aber sieh es auch als eine unglaublich schöne Gabe, die du hast.«

James schaute mich einfach nur schweigend an, und ich fragte mich besorgt, was er da wohl sah.

»Siehst du um *mich* herum denn auch Farben?«

»Ja. Um dich herum sehe ich überall Gelb«, sagte er, ohne zu zögern. Es hörte sich an wie eine Wettervorhersage.

*Gelb?* Der Schwarm meiner unschuldigen Jugend sieht Gelb, wenn er mich anschaut. Besser, als Rot zu sehen. Hm. *Ist das nun gut oder nicht?*

»Nur deine Augen wirken traurig. Sie sind grau.«

Allmählich befiel mich die Panik, ob James vielleicht auch meine Gedanken lesen konnte. Abgesehen von meiner Jugendschwärmerei für ihn konnte er neben meiner Aura vielleicht auch meine Karriereängste sehen? Also gab ich mir alle Mühe, seinem Blick auszuweichen. James spürte mein Unbehagen und wechselte rasch das Thema.

»In der Highschool … weißt du noch?« Und ob ich mich noch an die Highschool erinnere! »Als du in der Theatergruppe mitgemacht hast, da warst du strahlend gelb und violett«, sagte er.

»Du hast mich auf der Bühne gesehen?« Nun war mein Gelb garantiert einem knalligen Tomatenrot gewichen, und zwar großflächig in meinem Gesicht. In sämtlichen Theateraufführungen war ich dabei gewesen, an vorderster Front, gerade weil ich es nie für möglich gehalten hatte, dass sich ausgerechnet eine Sportskanone wie James dafür interessieren könnte.

»Klar doch«, sagte er. »Du bist ein Naturtalent. Hast du je daran gedacht, Schauspielerin zu werden?«

Seltsam, dass er das ansprach. Gerade erst hatte ich einer Freundin davon erzählt, dass ich mit dem Gedanken spielte, aus meinem ersten Buch eine One-Woman-Show zu machen. Davon hatte ich immer schon geträumt. »Bist du nun auch noch Hellseher?«, frotzelte ich. »Darüber hab ich nämlich tatsächlich nachgedacht.«

»Dann tu es. Als ich die Schauspielerei erwähnte, wurde deine Farbe sofort heller.« Er lachte.

*Oh nein! Weiche von mir! Er kann sogar Stimmungen beim Aufhellen beobachten!*

Ich fing mich wieder und machte das Beste aus der Situation. »Das Medium, das meinen toten Vater sehen konnte, ist überzeugt davon, mediale Begabung sei wie Klavierspielen. Jeder sei in der Lage, die Tasten anzuschlagen, aber manche könnten eben lediglich nur den Flohwalzer klimpern, während andere kleine Mozarts sind. Es gibt also ganz unterschiedliche Level, aber grundsätzlich kann es wohl jeder.« Mir schien, dass ich jetzt schon einige Zeit im »Flohwalzer-Modus« feststeckte und hier einem Mozart gegenübersaß!

James nickte, aber meine Worte schienen ihn nicht eben aufzubauen.

»Was denkt denn deine Frau über deine Gabe, Farben zu sehen?«, tastete ich mich vor.

»Wir reden nicht darüber.«

Vielleicht war das die Erklärung, warum er mittags schon so viel Alkohol konsumierte.

Nach dem Lunch trennten sich unsere Wege. Wir versprachen uns, in Kontakt zu bleiben, was ich für wenig wahrscheinlich hielt.

»Ich werde über dich schreiben«, sagte ich noch zum Abschied.

»In Ordnung«, sagte er. »Aber bitte ändere meinen Namen …«

ALS ICH IN DER FOLGENDEN WOCHE mit meinem Sohn Britt spazieren ging, stießen wir auf ein paar Feuerwehrmänner, die auf der Straße ihre Fahrzeuge wuschen.

»Mami, will Feuerautos gucken«, plapperte er los. Es war ein heißer Sommertag, und Britt war fasziniert von dem Treiben.

»Ah, da will wohl jemand Feuerwehrmann werden?«, sagte einer der Feuerwehrmänner. Er gab Britt einen Schutzhelm aus Plastik in die Hand, und so begann die Liebesaffäre meines kleinen Sohnes mit lauten, glänzenden roten Feuerwehrautos.

»Wow!«, sagte Britt, als die Männer ihn die Glocke läuten ließen.

»Sie kommen mir bekannt vor«, wandte sich ein Feuerwehrmann an mich, auf dessen Namensschild *Danny* stand.

»Tatsächlich?«

Wir unterhielten uns ein bisschen, und es stellte sich heraus, dass Danny mich regelmäßig im Fernsehen gesehen hatte, als ich noch Reporterin bei CBS war.

»Ich schätze, dann waren Sie und meine Mutter meine einzigen Zuschauer«, scherzte ich.

Danny lachte. »Was machen Sie denn jetzt, wenn Sie nicht mehr bei CBS sind?«

»Ach …«, begann ich vorsichtig, »ich habe ein Buch geschrieben und halte Vorträge.«

»Das ist ja interessant!«, sagte er völlig unvermittelt, als hätte ich ihm gerade gestanden, den Nobelpreis für Physik in meiner Handtasche spazieren zu tragen. »Worum geht's in dem Buch?«

Ich zögerte und suchte nach einer schlichten Beschreibung, die für einen Feuerwehrmann nicht zu abgedreht klang. »Ich habe meinen gut bezahlten Fernsehjob aufgegeben, um *mich selbst zu finden*.« Okay, das klingt abgedreht, also stapele ich lieber etwas tiefer. »Ich reise im Land umher und suchte alle möglichen medial oder paranormal begabten Leute auf, um …«, sein Interesse war ungebrochen, also ließ ich mich nun völlig gehen, »um mit meinem verstorbenen Vater zu sprechen«, sagte ich und wartete auf eine entsprechende Reaktion wie: *»Oh, soll ich besser einen Arzt oder einen Pfleger holen?«*

Aber Danny beugte sich zu mir vor und wollte wohl vermeiden, dass die anderen ihn hören konnten. »Würden Sie kurz mit in mein Büro kommen, Jenniffer?«

Ich sah mich nach Britt um. Er saß glücklich und zufrieden auf dem Schoß von Feuerwehrmann Joe und tat so, als steuerte er das riesige rote Auto. »Ich passe so lange auf ihn auf«, sagte Joe, der also offensichtlich doch mitgehört hatte.

Danny schloss die Tür hinter uns. »Seit meinem sechsten Lebensjahr flüstern mir die Engel ins Ohr«, raunte er mir zu und war um einen sachlichen Tonfall bemüht.

Ich sah ihm in die Augen. Er hatte etwas Aufrichtiges, Ehrliches an sich und eine Statur, die ihn vermutlich in die Lage versetzte, ein Auto hochzuheben, wenn er denn dazu entschlossen war.

»Engel?«, fragte ich. »Was flüstern sie denn?«

»Alles Mögliche. Von ›Biege an der Ampel da vorn links ab!‹ bis ›Melde dich heute krank!‹. Ich höre sie klar und deutlich.«

Danny berichtete, dass er seit der Kindheit von ihnen durchs Leben gelenkt wurde, von den *Stimmen der Engel*, wie er sie nannte. Er habe sich immer blind auf sie verlassen können, sie hätten ihn nicht ein einziges Mal in die Irre geführt und sogar schon mehr als einmal das Leben gerettet.

»Und weil wir gerade mal dabei sind: Außerdem sehe ich Geister«, fügte er noch eindringlich hinzu. »Ein Kumpel von mir, der bei einem Brandeinsatz ums Leben kam, läuft mir immer wieder über den Weg und jagt mir Angst ein!« Jetzt musste er lachen. »Stellen Sie sich das mal vor! Er hantiert an unserer Ausrüstung herum und bringt die Lampen zum Flackern. Aber mit meinen Kollegen kann ich darüber natürlich nicht reden. Die würden mich sofort einliefern lassen.«

*Aber mir kannst du es erzählen …* »Ich werde Ihnen ein Exemplar meines Buches vorbeibringen, Danny«, sagte ich. »Ich glaube, einige der Berichte darin werden Ihnen gefallen.«

Wir tauschten unsere E-Mail-Adressen aus. Dann ging ich wieder nach draußen und versuchte, Britt von den Feuerwehrautos loszureißen.

»Will nicht nach Hause!«, schrie er. »WILL NICHT!«

EIN PAAR TAGE später brachte ich Danny das Buch. Er las es in nur zwei Tagen. Wir wurden E-Mail-Freunde und tauschten Geschichten über »sonderbare Zufälle« aus. Wieder besuchte ich mit Britt die Feuerwache, und Danny und ich setzten unser Gespräch fort.

»Erzählen Sie mir mehr über Therese«, bat er und meinte eines der Medien aus meinem Buch. Therese Rowley war eine katholische Unternehmensberaterin, promovierte Betriebswirtschaftlerin und nebenbei Auraleserin. Therese konnte Geister sehen. Ich hielt sie für ein echtes Multitalent.

»Und Sie meinen, sie ist eine echte Katholikin?«, fragte Danny, als ob ihm die unechten Exemplare dieser Gattung mehr Angst machten als die größte Feuersbrunst. Er war ebenfalls katholisch und machte sich wohl Sorgen, wegen unserer Gespräche über das Paranormale könnte ihm eines Tages an der Himmelspforte der Zutritt verweigert werden.

»Ja, sie ist katholisch«, sagte ich. »Geht regelmäßig zur Messe und ist beinahe jeden Tag in der Kirche. Als eines von elf Kindern konnte sie bereits als kleines Mädchen Geister sehen. Hat aber jahrelang mit niemandem darüber zu sprechen gewagt, eben weil sie katholisch ist. Ich bin der Meinung, Sie beide sollten sich mal kennenlernen.« Wenn mich nicht alles täuschte, dann war sein Blick ein fragender. »Es würde ihr bestimmt gefallen, von Ihren Erlebnissen zu erfahren. Sie haben viel gemeinsam!«, fügte ich noch hinzu. Er nickte, und so war ich ziemlich guter Dinge.

Wieder am heimischen Schreibtisch, schickte ich Therese eine E-Mail. Ich muss in der Beschreibung meines neuen Bekannten so enthusiastisch gewirkt haben, dass sie ihm geradezu postwendend schrieb und vorschlug, sich zu zweit zum Lunch zu treffen. Zwei praktizierende Katholiken, die Geister sehen! Wer wäre da nicht gerne das *Mäuschen unterm Tisch*?

Ein paar Wochen vergingen, ohne dass ich etwas von Danny hörte, also hakte ich vorsichtig bei Therese nach. Sie waren tatsächlich verabredet, als Danny ganz kurzfristig absagte. Das konnte ich so nicht stehen lassen, also schickte ich ihm eine E-Mail. Nach ein paar Tagen des Schweigens bekam ich schließlich eine Antwort von ihm:

»Ich glaube, es ist besser für mich, wenn ich mich nicht auf Medien oder Geisterseher einlasse. Mein Priester sagt, das ist Teufelswerk und ich soll mich davon fernhalten.«

Ich hörte nie wieder etwas von Danny, der wahrscheinlich fortan in jedem Wohnungsbrand ein Fegefeuer sah.

»ABER IN DER BIBEL dreht sich doch so ziemlich *alles* um Geister, oder etwa nicht?«, fragte ich Therese, als wir eines Abends miteinander telefonierten. Ich war schon ziemlich enttäuscht darüber, dass sich Danny noch nicht einmal auf ein Sandwich mit ihr getroffen hatte.

In diesem Moment hörte ich übers Babyfon, wie mein Sohn im Kinderzimmer lärmte.

»Hey, Therese, ich muss Schluss machen. Hört sich so an, als sei mein Sohn noch hellwach«, sagte ich, legte auf und stieg die Treppe hinauf. Als ich in sein Zimmer kam, rollte Britt auf dem Bett herum, schaute zur Decke und lachte ohne erkennbaren Grund.

»Mit wem redest du, Schatz?«

Sein ausgestreckter Zeigefinger wies zur Decke. »Mit dem Mann da.«

»Welchem Mann?«

»Mit dem da!«, sagte er und zeigte wieder in die Luft.

»Aha, und was tut er?«

Britt lachte. »Er schenkt mir ein Feuerwehrauto.«

»Wirklich. Das ist aber nett von ihm. Du kannst morgen früh damit spielen.«

Behutsam schloss ich die Tür hinter mir und hörte Britt noch ein paar Minuten ganz vergnügt lachen. Schließlich schlief er ein.

Am nächsten Tag spielten Britt und ich im Unterge-schoss unseres Hauses. Plötzlich rollte sein Ball unter den Schreibtisch meines Mannes. Britt blieb davor stehen und zeigte auf das Foto meines Vaters, das auf unserer Hochzeit aufgenommen worden war.

»Da ist der Mann, Mami«, sagte Britt.

»Welcher Mann?«

»Der mir das Feuerwehrauto geschenkt hat«, sagte er lächelnd.

Ich wurde beinahe ohnmächtig. »Das ist der Mann, der in deinem Zimmer war?«

Britt nickte.

*Also können sogar tote Großeltern ihre Enkelkinder mit Geschenken verwöhnen!*

»Das ist dein Großpapa«, sagte ich und war den Tränen nahe.

»Mein Großpa?«

»Ja. Mamis Vater. Er ist jetzt ein Engel oben im Himmel.«

ICH RANG EIN wenig mit mir, wie ich diese Geschichten Clay, meinem Mann, beibringen sollte. Er hatte mich immer unterstützt und ständig ermutigt, mich für mein erstes Buch auf die Reise zu all den Medien zu machen. Und trotzdem fragte ich mich, was er wohl von mir und meinen Fähigkeiten als Mutter hielte, wenn ich ihm davon erzählte, dass selbst unser Sohn nun schon die Geister Verstorbener sah, und das, während ich live dabei war.

Vielleicht bekäme er es mit der Angst zu tun, ich könnte unser Familienleben hinschmeißen und mich einer Sekte anschließen. Jedenfalls wiederholten sich Britts abendliche »Geisterstündchen« …

Ein paar Wochen später hörte ich ihn im Babyfon sagen: »Hör auf! Hör auf! Lass das!« Dann folgten sein schallendes Lachen und ein begeistertes Quieken. Ich rannte in sein Zimmer. Dort sah ich ihn im Bett liegen und sich herumrollen, als ob ihn jemand kitzelte.

»Was ist denn los mit dir, Liebling?«, fragte ich nicht ohne Sorge und setzte mich auf sein Bett.

»Es ist Großpa«, antwortete er lächelnd.

»Dein Großpapa ist hier? Was tut er denn?«

»Er klopft mir auf den Popo«, sagte Britt, rollte sich herum und zeigte auf seinen Hintern.

Mir fiel die Kinnlade herunter.

Mein Vater hatte sich immer einen Spaß daraus gemacht, kräftige Klapse auf den Po zu verteilen. Mit Vergnügen tat er das bei seinen Ehefrauen – von denen es mehrere gab – und natürlich bei seinen Kindern. Es war seine Antwort auf so ziemlich alles gewesen, es war seine Art, Zuneigung oder Ärger zu zeigen, was auch immer gerade anstand. Ob nun mit fünf oder mit fünfundzwanzig Jahren, stets konnte ich damit rechnen, dass mein Daddy sich von hinten nähern und mir mit dem größten Vergnügen auf den Po hauen würde. Dazu sang er: *Das ist gar nicht schade, es hüpft wie Marmelade* [Pause] *BABY!* (Auf »BABY!« verwendete er besonders viel Kraft und Lautstärke.)

Auf meiner College-Abschlussfeier war mir das übrigens besonders peinlich gewesen.

»Wie haut dir denn Großpapa auf den Po?«, fragte ich.

Britt schob mich vom Bett und stellte sich hinter mich.

»Mama, so!«

Britt klatschte mir mit dem unverwechselbaren *Weigel-Stil* auf den Hintern.

Während seine süßen kleinen Finger meinen Allerwertesten bearbeiteten, fragte ich mich, wie so etwas denn möglich war. Britt war doch noch so klein, hatte seinen Großvater zudem nie in Aktion erlebt. Und selbst wenn er einmal zufällig mitbekommen haben sollte, wie Clay und ich über die »Popo-Klatsch-Gewohnheiten« seines Großvaters sprachen, war es doch ziemlich unwahrscheinlich, dass er diese länger zurückliegende Information jetzt vor dem abendlichen Einschlafen plötzlich perfekt nachahmte?

*Wie kommt es, dass der Junge dich sehen kann, und ich nicht, Vater?*

Vielleicht hatte Britt uns ja belauscht, als mein Onkel Tony zu Besuch bei uns war. Oder er war einfach intuitiv begabt und spürte meine Traurigkeit darüber, dass mein Vater nicht mehr da war und mit seinem Enkel spielte.

Ich setzte mich an meinen Computer und schrieb einen Text zu dem Thema, den ich in meinem Blog postete. Dann ging ich ins Bett.

Am nächsten Morgen setzte eine wahre Flut von Leserkommentaren ein. Immer mehr Eltern berichteten darüber, dass ihre Kinder »mit toten Leuten« sprächen. Dreijährige, die sie gar nicht kennen konnten, benutzten die geheimen Spitznamen der Verstorbenen. Erstklässler fanden auf Anweisung einer bereits verstorbenen Tante deren verloren geglaubten Schmuck. All diese Geschichten hatten eines gemeinsam: Sie waren wirklich unglaublich.

Eine Frau schrieb: »Unsere zweieinhalbjährige Tochter muss intuitiv gespürt haben, dass ihre Großmutter soeben gestorben war, denn noch bevor wir es ihr sagten, schaute sie uns an und sagte: ›Oma ist jetzt bei den Engeln. Sie hat mir gerade erzählt, wie schön es in ihrem neuen Zuhause ist.‹«

Zwangsläufig kamen mir wieder mein Feuerwehrmann Danny und Schulschwarm James in den Sinn, beides Menschen mit Fähigkeiten, über die zu sprechen sie sich schämten. Und ebenso zwangsläufig fragte ich mich, wie viele Menschen wohl Gaben in sich trugen, die sie als Last empfanden, weil absolut niemand sie dazu ermutigte, diese Gaben zu trainieren, anzuwenden oder zumindest darauf stolz zu sein.

Wie anders sähe das Leben jener Menschen wohl aus, wenn sie ihre Verhaltensweisen ganz einfach als »normal« betrachten und annehmen könnten.

ICH BRACHTE meinen Sohn ins Bett und versäumte es fortan nicht, ihm zu versichern, dass ich alles, was er in seiner abendlichen Einschlafstunde sah und spürte, gut fand. »Denn viele Kinder können Engel sehen, mein Schatz«, sagte ich, während ich ihm den Rücken kitzelte, was er besonders gerne mochte. »Sogar manche Erwachsene können das.«

»Und du? Kannst du das auch?«, fragte Britt, während er an seinen Fingern saugte.

*Ich wünschte, ich könnte es!*

»Nein, Liebling. Darum habe ich eine Bitte: Wenn dich Großpa das nächste Mal besucht, dann grüß ihn lieb von mir.«

»Mmmm, hmmm«, sagte Britt, während er langsam in den Schlaf driftete.

# 2

## Die Kraft des Einsseins

*Du bist in jedem Moment dort,*
*wo du sein sollst.*

Antwort der katholischen Kirche Allerheiligen
gegenüber der evangelischen Kirche
auf der anderen Straßenseite:

GOTT LIEBT ALLE
SEINE GESCHÖPFE –
HUNDE EINGESCHLOSSEN.

»HI JEN, hier ist Rafe!«, hörte ich meinen Bruder am anderen Ende der Leitung in den Hörer brüllen.

Es war ein verschneiter Abend im Dezember 2007, Rafer war gerade als Sportreporter für die Sendung *Morning Express* mit Robin Meade angeheuert worden, und ich war unterwegs zu einer Signierstunde in Park Ridge.

»Hab eben den Vertrag unterschrieben!«, rief er aufgeregt. »Ist alles unter Dach und Fach! Gleich werden wir die Sektkorken knallen lassen.«

»Das ist ja toll«, sagte ich, bemüht, seine Begeisterung zu teilen.

»Und was machst *du* gerade?«

Nicht nur hatte ich mich verfahren, der Wind blies den Schnee jetzt auch noch waagrecht über die Straße. »Oh, ich versuche, *Burke's Books* zu finden. Soll dort Bücher signieren.« Während ich redete, hielt ich nach einem Straßenschild Ausschau. »Können wir nicht tauschen? Jetzt?«

»Rechnest du denn mit einem großen Menschenauf-
lauf?«, fragte Rafer.

Mein Buch war seit ein paar Monaten auf dem Markt,
und schon für die erste Werbekampagne gleich nach Erscheinen hatte ich sämtliche Freunde und Verwandte
längst überstrapaziert. Zu diesem Termin mitten in der
Woche, an einem kalten Winterabend, hatte ich vorsorg-
lich niemanden von ihnen eingeladen.

»Wohl eher nicht«, seufzte ich.

»Na gut, wir werden uns jedenfalls amüsieren, und ich
erzähle dir später, wie's war«, jubelte Rafer und legte auf.

Ich warf das Handy auf den Beifahrersitz und fing an,
mir selbst leidzutun.

*Hätte ich meinen Job bei CBS nicht hingeschmissen,
wer weiß, dann wäre ich jetzt vielleicht längst bei CNN!
Rafer schlürft Champagner, und ich muss während dieses
grässlichen Schneesturms in Park Ridge herumkurven!*

Es vergingen nur ein paar Sekunden, dann klingelte
wieder mein Handy. »Hallo!«, schrie ich, nachdem ich die
Taste für Lauthören gedrückt hatte.

»Hallo, Jen, hier ist Therese Rowley«, sagte die Stimme.
»Was treibst du gerade?«

Ich holte tief Luft und explodierte zugleich. »Sag mir,
dass es die richtige Entscheidung war, meinen Fernsehjob zu kündigen! Ich fahre im Kreis herum und kann
diese Buchhandlung nicht finden! Ich habe keine Ahnung, wie es mit mir weitergehen soll, und Rafer hat gerade einen Traumjob bei *Headline News* bekommen!«

Ich kämpfte mit meinen Tränen, während Therese versuchte, den Brand zu löschen. »Okay, zuerst einmal möchte ich, dass du rechts ranfährst. In diesem Zustand solltest
du nämlich nicht Auto fahren«, sagte sie in beruhigendem
Ton. »Halte bitte erst mal an.«

Ich hielt am Straßenrand und schob den Wählhebel
der Automatik in die Parkposition. »Geht schon wieder«,
sagte ich. »Ich wälze mich nur gerade in Selbstmitleid.«

»Jeder von uns ist auf seiner einzigartigen Reise unterwegs«, sagte Therese. »Dein Pfad und der von Rafer sind grundverschieden. Du solltest dich nicht mit ihm oder irgendjemandem sonst dort draußen vergleichen. Jeden Tag werden Menschen von deinem Buch zutiefst berührt, ohne dass du dir dessen bewusst bist. Auch wenn du keinen Fernsehjob mehr hast und an den Quoten ablesen kannst, wie viele Leute sich deine Sendung anschauen, bist du trotzdem weiter ›auf Sendung‹ – nämlich was den Masterplan des Universums für dich angeht!«

Ich sah den Schneeflocken dabei zu, wie sie die Windschutzscheibe unter sich begruben. Da ich die Scheibenwischer ausgeschaltet hatte, blockierten sie mir immer stärker die Sicht. Es war mir egal.

»Mach dir immer wieder klar: *In jedem Augenblick bist du da, wo du sein sollst.* Wirklich. Selbst wenn du heute Abend nur einen einzigen Menschen erreichst, vielleicht den Ladenbesitzer oder eine Kundin, die rein zufällig in der Buchhandlung ist. Dieser eine Mensch wird durch dich verändert. Und das ist ebenso wichtig, als würdest du auf CNN zu Millionen Menschen sprechen.«

Ich versuchte, in mich aufzusaugen, was Therese sagte. Das alles fiel mir nicht leicht, war ich doch in einer Familie von Medienleuten aufgewachsen, die Erfolg an der Entwicklung der beruflichen Karriere maßen. Sämtliche Gespräche am Esstisch waren ein einziges Aufzählen beruflicher Leistungen. Konnte man nichts Großartiges in den Ring werfen, wurde man kritisiert. Also fiel es mir dementsprechend schwer, eine Buchvorstellung mit nur *einem einzigen Zuhörer* jemals als »Erfolg« betrachten zu können.

»Ein Gärtner ist ebenso wichtig wie eine Angelina Jolie oder eine Oprah Winfrey«, fuhr Therese fort. »Nur das menschliche Ego glaubt, dass ein Mensch wichtiger sein könnte als ein anderer.«

Ich atmete tief durch. »Okay!«

»Ich nenne es gerne ›perfektes Timing und göttliche Ordnung‹. Alles entfaltet sich so, wie es sich entfalten soll«, fuhr Therese fort. »Und nun sprich mir nach: *In jedem Augenblick bin ich da, wo ich sein soll.*«

»In jedem Augenblick bin ich da, wo ich sein soll«, knurrte ich.

»Sehr gut, mein Mädchen. Und nun geh und amüsier dich und lass mich wissen, wie es gelaufen ist«, sagte Therese.

Ich legte das Handy weg und nahm die Wegbeschreibung zur Hand. Die Sicht nach vorn war jetzt fast völlig blockiert. Ich versuchte, irgendeinen Hinweis auf meinen momentanen Standort zu erspähen, ein Straßenschild vielleicht.

Und dann bemerkte ich, dass ich bereits genau vor *Burke's Books* parkte!

*Nicht schlecht, diese Therese!*

Ich packte meine Sachen zusammen und betrat die Buchhandlung. Vor einem Tisch waren dreißig leere Stühle aufgestellt, und neben dem Tisch hing das Cover meines Buches in Plakatgröße.

»Hallihallo!«, begrüßte mich eine Frau hinter dem Ladentisch. »Sind Sie Jenniffer?«

»Stimmt genau«, sagte ich und schaute auf die Uhr. Es war Punkt 19 Uhr. Mein Vortrag sollte um 19 Uhr beginnen. Weit und breit war kein Publikum in Sicht.

»Ich bin Pat Willoughby«, sagte sie und blickte auf den leeren Raum. »Ich hoffe, Sie haben ein paar Leute eingeladen?« Sie war die Buchhändlerin, und ich merkte ihr eine gewisse Besorgnis an.

»*Aber natürlich*«, log ich. »Vielleicht liegt's am Wetter?«

Ich zog mich in eine Ecke zurück und lehnte mich gegen ein Bücherregal, um mit zu Hause zu telefonieren. Ich schlug den Kragen meines riesigen Wintermantels ganz weit hoch, um möglichst unbemerkt wehklagen zu können. Leider meldete sich nur der Anrufbeantworter.

»Bitte, bitte, Clay, nimm ab. Es ist niemand hier! Niemand! Wenn du das hier hörst, dann hol Britt aus dem Bett und komm bitte nach Park Ridge! Ich bin die *absolute Loserin*!« Meine Stimme verklang dünn und schrill im Nichts. Niemand ging ans Telefon.

Ich gab mich geschlagen, steckte das Handy weg, schlug meinen Kragen wieder herunter und drehte mich um, bereit, den Tatsachen ins Auge zu sehen.

*Okay, Jen. Du schaffst das. Na gut, niemand ist gekommen. Was soll's?*

Ich ging zum Tisch und nahm dahinter Platz.

*Du bist keine Loserin. Du bist in jedem Augenblick da, wo du sein sollst.*

Ich versuchte, an das Mantra zu glauben, welches ich immer wieder in Gedanken abspulte, während ich Aktivität vortäuschte, indem ich die Bücher auf dem Tisch hin- und herschob. Plötzlich hörte ich, wie sich die Ladentür öffnete. Pat Willoughby und ich hoben gespannt die Köpfe. Zu unserer Erleichterung betrat gleich eine ganze Gruppe Frauen den Laden.

»Guten Abend«, sagte die Buchhändlerin lächelnd. Ich betrachtete die Gruppe genauer. Kein bekanntes Gesicht darunter, und doch waren sie wegen mir hergekommen.

*Uff!*

Stetig kamen weitere Leute herein. Innerhalb von fünfzehn Minuten hatten über zwanzig mir wildfremde Menschen auf den Stuhlreihen Platz genommen, weil sie sich ganz offensichtlich dafür interessierten, was ich wohl zu sagen hatte. Es war nicht gerade ein ausverkauftes Stadion, aber eindeutig besser als die gähnende Leere um 19 Uhr!

Mein Blick fiel auf ein hübsches, überaus sympathisch wirkendes Mädchen in der letzten Reihe. Ich schätzte sie auf Anfang zwanzig. In ihrem Blick lag eine Traurigkeit, die mich tief berührte. Ich fragte mich, ob sie vielleicht so wie ich einen nahen Menschen verloren hatte.

Ich begann meinen Vortrag damit, dass ich ganz einfach wiedergab, was mir *soeben* passiert war.

»Wir sind in jedem Augenblick da, wo wir sein sollen«, erklärte ich. Nämlich gerade, als ich mich fragte, ob ich die richtigen Entscheidungen getroffen hatte, war ich wie durch Zauberei genau vor dem Buchladen gelandet, den ich zuvor im Schneetreiben nicht hatte finden können. Ich erzählte von meinen Treffen mit James Van Praagh und von meinem Besuch in einer Kleinstadt namens Lily Dale im Staat New York, wo seit dem späten 19. Jahrhundert eine Gemeinschaft aus Medien, übersinnlich Begabten und Heilern lebt.

Nach dem Vortrag, während ich Bücher signierte, kam die junge Frau, die mir gleich eingangs aufgefallen war, an meinen Tisch.

»Ich danke Ihnen sehr«, sagte sie und gab mir ihr Buchexemplar zum Signieren.

»Wie heißen Sie?«, fragte ich.

»Katie. Erst wollte ich gar nicht herkommen, aber jetzt bin ich froh, dass ich es doch getan habe. Ich konnte etwas Aufmunterung gebrauchen.«

Während ich ihr Buch signierte, hatte ich das seltsame Gefühl, ihr meine persönliche E-Mail-Adresse geben zu wollen. Und das tat ich auch mit den Worten: »Schreiben Sie mir doch, was Sie von meinem Buch halten.«

»Gern«, sagte sie, sichtlich überrascht.

Als sie gegangen war, kam Pat Willoughby zu mir an den Tisch.

»Das war das erste Mal seit Monaten, dass ich Katie lächeln sah«, sagte sie.

»Was ist ihr denn zugestoßen?«, fragte ich.

»Letztes Jahr wurde ihr Vater erschossen, draußen vor ihrem Haus, kurz nachdem er mit seiner Familie gefrühstückt hatte. Er war so ein feiner Mensch. Alle mochten ihn. Es war furchtbar.«

Dass mein Vater an einem Gehirntumor gestorben war,

war tragisch, aber ich konnte mir keinen Begriff davon machen, wie es sich anfühlen musste, eben noch mit dem Vater zu frühstücken und im nächsten Moment mit anzusehen zu müssen, wie er vor dem Haus erschossen wird.

»Sie wissen noch immer nicht, wer es getan hat und warum«, erzählte Pat. »Katie ist Lehrerin. Sie und ihr Vater standen sich sehr nahe. Es ist sehr schwer für sie, mit diesem Verlust fertigzuwerden.«

»Ich hoffe, sie meldet sich bei mir«, sagte ich.

EIN PAAR MONATE vergingen, und eines Tages entdeckte ich eine E-Mail von Katie in meinem Postfach:

Nachdem ich Ihr Buch gelesen hatte, glaubte ich nicht länger, dass mein Vater für mich unerreichbar war. Ich musste ihm einfach nur »zuhören«. Und stellen Sie sich vor: Sobald ich anfing, so zu denken, geschahen erstaunliche Dinge. Als ich Ihr Buch zu Ende las, war ich gerade auf Urlaubsreise in Arizona. Wir nahmen an einer geführten Wandertour teil, und unser Führer fragte mich nach meinem Namen. Als ich »Katie« sagte, fragte er: »Kann ich Sie *meine kleine Kate* nennen?« Ich wäre fast aus den Latschen gekippt, denn genau so hatte mich mein Vater immer genannt: meine kleine Kate. Die Zeit schien stillzustehen. Ich starrte diesen Wanderführer sprachlos an und wusste, dass das ein »Zeichen« von meinem Vater war.

Wenn ich heute einen besonders schweren Tag habe, bitte ich meinen Vater um Hilfe und Führung. Wenn ich mich dann auf die Autos vor mir auf der Straße konzentriere, erblicke ich irgendwo einen blauen Navy Blazer, wie ihn mein Vater trug. Der weist mir dann den Weg.

NUR WENIGE Wochen später ließ sich Katie einen Termin bei dem Medium Therese Rowley geben, und erstaunt lauschte ich Katies Bericht von diesem Erlebnis.

Zunächst war ich wirklich skeptisch. Und dann meldete sich mein Vater ganz klar und deutlich bei mir. Er beschrieb mir unseren Fitnessraum und sagte, der Wechsel auf »die andere Seite« sei, als würde man vom Ellipsentrainer steigen. So ein Gerät steht in unserem Fitnessraum. Vater sagte, das Leben sei wie der Ellipsentrainer: Du trainierst und guckst dabei Fernsehen, und wenn dieses Leben endet, dann steigst du einfach ab. Du bist immer noch da, aber auf andere Art. Vater sagte, er könne mir von dort, wo er jetzt ist, viel besser helfen, als er es damals konnte, als wir noch jeden Morgen zusammen frühstückten …

Ich fragte Therese nach dem Mann, der meinen Vater erschossen hat. Sie antwortete, dass mein Vater von der anderen Seite aus mit diesem Menschen arbeitet. Der Mörder meines Vaters ist ein junger Mann, der als Kind misshandelt wurde und dem ein Menschenleben absolut nichts bedeutet. Vater meinte, es spiele keine Rolle, ob die Polizei seinen Mörder jemals fassen würde. Er habe sich zur Aufgabe gemacht, diesem Menschen zu vermitteln, auf welche Art er sich selbst respektieren und gar lieben kann. Danach fiele es ihm zwangsläufig leichter, auch anderen Menschen gegenüber Respekt zu spüren. Vater war Lehrer und arbeitete am liebsten mit den Kindern, die es im Leben besonders schwer hatten. Ich bin überzeugt davon, dass es wirklich er war, mit dem ich auf der anderen Seite kommunizierte. Ich erkannte seine Art zu reden sofort wieder.

*Dass wir in jedem Augenblick dort sind, wo wir sein sollen, trifft sogar dann zu, wenn wir vor unserem Haus erschossen werden?*

Katie fuhr mit ihrer Geschichte fort:

Er zeigte Therese eine Decke, die ich ihm geschenkt hatte. Therese beschrieb die Decke genau. Mein Vater sagte, ich solle mir diese Decke umlegen, das wäre genau so, als ob er mich umarmen würde. Ich konnte ihn förmlich spüren, den direkten Kontakt, den Therese zu meinem Vater hatte. Und von der Decke und davon, wie sie aussah, konnte Therese nichts wissen. Genauso wenig wie von der Einrichtung unseres Fitnessraums.

Nun, da ich weiß, dass mein Vater von drüben auf mich achtgibt, fühle ich mich um so vieles besser! Er sagte, er würde immer für mich da sein. Für mich gibt es nichts Schöneres als diese Gewissheit.

Natürlich wäre es Katie lieber, ihr Vater wäre immer noch körperlich anwesend und sie könnten morgens zusammen frühstücken. Aber der Gedanke, dass er ihr doch sehr viel näher war, als Katie für möglich gehalten hatte, war ihr ein enormer Trost.

»Er sagte auch, dass er mich immer beschützen wird«, schrieb sie mir. »Ich spüre, dass er auf mich aufpasst.«

Ich rief Therese an, um ihr zu sagen, wie sehr sie Katie geholfen hatte.

»Es war so vorgesehen, dass du in diese Buchhandlung gehen würdest, um dort Katie zu treffen«, entgegnete Therese. »*Du bist in jedem Augenblick da, wo du sein sollst.* Den Tod gibt es in Wahrheit gar nicht, weil niemand wirklich stirbt. Wir wechseln einfach nur die Form«, fügte sie hinzu. »Würden alle Menschen diese Tatsache akzeptieren, dann ginge es uns allen sehr viel besser, meinst du nicht auch?«

Ich musste daran denken, was James VanPraagh während des Interviews zu mir sagte, welches ich einige Jahre zuvor mit ihm führte: »Für die Lebenden ist das Sterben viel schlimmer als für die Toten. Sie sind immer in unserer Nähe, sozusagen im Zimmer nebenan.«

IM DARAUFFOLGENDEN Monat hielt ich einen Vortrag vor etwa dreihundert Frauen. Ich erzählte ihnen Katies Geschichte. Als ich danach Bücher signierte, kam eine Frau auf mich zu. »Ich kenne Katie und ihre Familie. Als Katie ihren Vater verlor, war sie mit meinem Sohn befreundet.«

Wie verrückt war das denn? Ich konnte es erst gar nicht fassen. Immerhin befanden wir uns fast einhundert Kilometer von Chicago entfernt, und eine Frau aus dem Publikum kannte jemanden von den Menschen, die ich in meinem Vortrag erwähnt hatte!

»Ich werde sie von Ihnen grüßen«, sagte ich. Ich befand mich nicht in ständigem Kontakt mit Katie, aber dass diese Frau sie erwähnte, gab mir das Gefühl, dass ich ihr eine E-Mail schicken sollte, wenn ich nach Hause kam.

Als ich mich an jenem Abend an den Computer setzte, stellte ich überrascht fest, dass Katie mir zuvorgekommen war und mir eine E-Mail geschickt hatte. Sie berichtete, dass sie ihre Großmutter väterlicherseits besucht hatte und die »seltsamen Zufälle« weitergingen:

> Ich erzählte Großmutter, dass ich Sie getroffen und Ihr Buch gelesen hatte. Sie lächelte und ging zu einer Schublade. Sie nahm ein Foto meines Vaters heraus. Darauf war er als Dreiundzwanzigjähriger zu sehen, der sich gerade ein Autogramm Ihres Vaters geben lässt, dessen Vortrag er besucht hatte. Ist es nicht unglaublich, dass meine Großmutter einfach dieses Foto hervorholt, auf dem unsere beiden Väter abgebildet sind!

Wie es aussah, waren also mein Vater und Katies Vater im Himmel die besten Freunde.

Als ich mich an der Westküste auf Promotiontour für mein Buch befand, war San Diego die erste Station. Ich war schon einige Male dort gewesen, um meinen Agenten Bill Gladstone zu treffen. Jetzt hatte man mich eingeladen, um auf einer Tagung unter dem Titel »101 Powerfrauen … und ein paar gute Männer« zu sprechen.

»Ihr Vortrag soll ungefähr zwanzig Minuten dauern. Dann präsentieren wir Ihre Bücher auf einem Tisch, damit Sie sie verkaufen und signieren können«, sagte Bettie, die Autorin, welche die Tagung organisierte.

Es war ein gutes Gefühl, Therese bei mir zu haben. Sie steckte zwar gerade mitten in der Arbeit an ihrem eigenen Buch, begleitete mich aber auf meinen Wunsch hin, was für mich etwas absolut Beruhigendes hatte. Sie nutzte die Chance, sich mit Bill Gladstone zu treffen, um die letzten Einzelheiten zu besprechen, und so hatten wir einen großartigen Vorwand, nicht nur zu arbeiten, sondern auch eine Menge Spaß miteinander zu haben.

Mein Tag begann mit einem Interview für einen lokalen Fernsehsender.

»Nehmen Sie bitte einen Moment hier Platz, Miss Weigel«, sagte eine Frau und führte mich in ein Besprechungszimmer. »Wir holen Sie ab, wenn es Zeit ist, ins Studio zu gehen.« Ich fand es richtig lustig, mal ein Interview aus der anderen Perspektive zu erleben. Jahrelang war ich die arme Morgenshow-Moderatorin gewesen, die sich durch das Interview mit irgendeiner Autorin quälen musste. Nun wartete ich hier mit sieben weiteren Zirkusartisten, die darauf brannten, in der Sendung *Guten Morgen, San Diego* Saltos und Einradfahren vorzuführen.

Okay … *ich habe also mein sechsstelliges Gehalt sausen gelassen, um mir das anzutun?*

Nach ein paar Minuten führte man mich ins Studio, in dem ein Moderator und eine Moderatorin saßen.

»Schön, Jenniffer, erzählen Sie mir von Ihrem Buch«, sagte der Moderator, den Blick starr auf seine Notizen geheftet.

Mir wurde ziemlich schnell klar, dass er offenbar noch gar keine Gelegenheit gehabt hatte, einen Blick in mein Buch zu werfen. Damit konnte ich leben. Ich wusste aus eigener Erfahrung, wie stressig sein Job war. Daher war ich nett zu ihm.

»Also, kurz gefasst: Ich habe meinen Job als Fernseh-journalistin an den Nagel gehängt, um einige spirituelle Gurus, Medien und andere Leute mit paranormalen Fähigkeiten zu interviewen. In meinem Buch berichte ich auf hoffentlich humorvolle Weise von diesen Erlebnissen«, sagte ich.

»Das ist ja der Wahnsinn!«, sagte die Moderatorin. »Sie haben einfach einen solchen Fernsehjob gekündigt? In *Chicago?*«

*Bitte nimm deinen Finger aus der Wunde, Schätzchen.*

Ich versuchte, die Schmerzfalten in meinem Gesicht durch positive Gedanken wieder glatt zu ziehen, während mich der Moderator aufmerksam musterte. Ihn brachte weniger meine Kündigung zum Nachdenken, sondern eher das, was er gerade in mir oder in meinem Buch oder in beidem entdeckt hatte: Ich merkte ihm an, dass er sich für das Thema interessierte.

»Ich glaube, dass an diesen Dingen etwas dran ist«, sagte er, als habe er das gerade eben erst festgestellt.

»Machst du Witze?«, entgegnete die Moderatorin.

»Nein«, insistierte er. »Früher hielt ich den Glauben an Übersinnliches für völligen Quatsch. Dann arbeitete ich für einen Fernsehsender in Indiana. Von einem Polizisten bekamen wir den Tipp, eine Reportage über ein Medium zu drehen, welches den Ermittlern regelmäßig dabei half, Vermisstenfälle aufzuklären. Also fuhr ich mit meinem Kameramann zu dieser Frau, um sie für eine Story zu interviewen, an der ich arbeitete …«

Er beugte sich vor, und sein Gesicht wurde sehr ernst. »Sie war eine nette alte Dame mit schneeweißen Haaren. Doch als wir uns später im Sender das Videoband anschauten, war darauf nicht die Frau zu sehen, die wir interviewt hatten …«

*Wie bitte?*

»Wie bitte?«, fragten die Moderatorin und ich wie aus einem Munde.

»Stattdessen sah man darauf eine uralte Indianerin. Ich schwöre bei Gott: Der Kameramann und ich saßen da und trauten unseren Augen nicht. Wir hatten die eine Person interviewt, doch jetzt war auf dem Band eine völlig andere Person zu sehen. Es war das Verrückteste, was ich je erlebt habe! Ich meine, so etwas ist doch völlig unmöglich, oder etwa nicht?«, fragte er und schien geradezu nach Bestätigung zu suchen. Fragte sich nur, wofür.

Jetzt machte die Moderatorin ein Gesicht, als hätte sie ein Gespenst gesehen. Das war ganz offensichtlich nicht ihr gewohntes »Interview-Vorgeplänkel«.

»Ich war so fertig mit den Nerven, dass ich die Videobänder in einen Schrank einschloss und sie mir nie wieder anschaute. Das ist das erste Mal, dass ich überhaupt jemandem davon erzähle.«

Der Aufnahmeleiter näherte sich, und die Moderatorin versuchte eilig, ihre Fassung wiederzugewinnen.

»Achtung, Leute! Wir sind auf Sendung in 5 … 4 … 3 …«

Später an diesem Vormittag ging ich mit Therese zu der Tagung. Wir setzten uns an einen Tisch und warteten auf die Vorträge der Hauptredner. Plötzlich blinzelte Therese.

»Was hast du denn?«, fragte ich.

Sie zeigte auf ein älteres Paar, das vor uns saß. »Irre, wie viel Licht diese beiden ausstrahlen! Man könnte meinen, dass sie *Engel* seien … oder so etwas Ähnliches.«

Sie war aufgeregt wie ein Teenager, der seinen absoluten Superstar im Saal entdeckte. *Oh mein GOTT! Brad Pitt!*

Theresas Kopf schwankte vor und zurück, und sie fing an, tief auszuatmen. Ich blickte unsicher umher in der Hoffnung, dass niemand ihr seltsames Verhalten bemerkte. Immer dann, wenn Therese sich in die Energie eines Menschen »einklinkte«, wurde ihr Atem heftig und »pustend«. Das war bei einer Sitzung unter vier Augen sicherlich kein Problem. Schauten aber mehr als vier Augenpaare dabei zu, dann konnte das auf sie recht »freakig« wirken.

»Alles okay?«, flüsterte ich. Therese sprach nie über ihre besondere Begabung. Sie machte möglichst wenig Wirbel darum, schon allein weil sie aus einer großen katholischen Familie stammte. Dennoch vergaß sie hin und wieder, dass die übrige Welt das Licht *nicht* sehen konnte, das vom Kopf eines Menschen aus strahlte.

»Spürst du es denn nicht?«, fragte sie, immer noch blinzelnd.

*Ähm … Nnnn… Nein.*

»Ich muss unbedingt herausfinden, WER DAS IST«, sagte Therese einen Zacken zu laut.

In diesem Moment betrat jemand die Bühne und kündigte den ersten Redner an: Millard Fuller, den Gründer von *Habitat for Humanity* und dem *Fuller Center for Housing.* Millard Fuller und seine Frau waren das Paar gewesen, das die ganze Zeit vor uns saß, helles Licht – zumindest auf Therese – ausstrahlte und in das Therese sich »eingeklinkt« hatte.

Therese atmete immer noch prustend aus, während sich Millard Fuller erhob und mit viel Anmut zum Rednerpult ging. Dort wandte er sich dem Publikum zu.

Millard war groß und würdevoll, und mit seiner Geschichte über sein Werk des Glaubens zog er mich völlig in seinen Bann. Er hatte sein ganzes Leben der Aufgabe gewidmet, Häuser für Menschen zu bauen, die ein menschenwürdiges Zuhause benötigten. Immer wenn sich ihm dabei Hindernisse in den Weg stellten, begegnete ihm in geradezu magischer Weise jemand, der ihm half, seine Projekte voranzutreiben. Er sagte, immer habe Gott ihm auf diese Weise die Richtung gewiesen.

»Ich vertraute mich ihm völlig an, und er zeigte mir den richtigen Pfad«, sagte Millard.

Übermäßig religiöse Menschen gingen mir meistens ziemlich schnell auf die Nerven. Nach meiner Erfahrung steckten sie in der Regel voller Vorurteile und fühlten sich anderen überlegen. Außerdem konnte ich deren Züge von Bekehrung nicht ertragen, vor allem nicht gemischt mit der latenten Drohung, am Jüngsten Tag bestraft zu werden, wenn man ihrem göttlichen Weg nicht folgte. Einige von ihnen weigerten sich, mein erstes Buch zu lesen, weil sie es als »Teufelswerk« betrachteten, wenn man über paranormal begabte Menschen schrieb.

Millard Fullers Glaube zeigte mir das genaue Gegenteil. Er versuchte nicht zu missionieren. Er sprach davon, wie sein Glaube ihn immer wieder aufs Neue veranlasste und ermutigte, der Menschheit zu dienen. Sein unaufhörlicher Glaube half ihm, morgens aufzustehen, und ließ ihn abends vertrauensvoll einschlafen. Wie ich ihn um dieses völlige Vertrauen in die Gegenwart Gottes beneidete! Seine Energie war so wohltuend und inspirierend, dass ich Millard Fuller am liebsten entführt hätte, um ihn mit nach Hause zu nehmen.

»Er ist wie ein Schutzengel«, sagte ich zu Therese.

»Kein Wunder, dass er so viel Licht ausstrahlt«, fügte sie hinzu.

NACH DER MITTAGSPAUSE kamen andere Redner an die Reihe. Ich schaute auf die Liste, die mindestens fünfzig Leute umfasste.

»Du meine Güte, diese Tagung wird bis nach Mitternacht dauern!«, flüsterte ich Therese zu.

Ich saß da, überschlug im Kopf die Redezeiten und erkannte, dass viel zu viele Redner eingeplant waren. Keine Chance, dass jeder von uns auch nur fünf Minuten würde reden können, von zwanzig Minuten ganz zu schweigen.

Während Redner um Redner aufs Podium stieg, verfiel die Organisatorin zusehends in Panik. Sie verkürzte die Redezeiten immer mehr. Erst auf fünfzehn Minuten, dann auf zehn, schließlich auf fünf. Als ich endlich an der Reihe war und aufs Rednerpult zuging, fasste mich eine

Frau am Arm und flüsterte mir zu: »Schätzchen, du hast nur drei Minuten.«

*DREI MINUTEN?! Ich bin den ganzen Weg nach San Diego geflogen für lumpige drei Minuten?!*

Ich blickte auf die riesige Menschenmenge im Saal und bekam eine Panikattacke. Mein Blick wanderte zu Millard Fuller. Ihm war es vorhin gelungen, uns alle zu Tränen zu rühren, und mir blieben jetzt ganze 180 Sekunden, um wenigstens ein paar zusammenhängende Gedanken von mir zu geben. Auf dem Podium angekommen, hatte ich einen totalen Blackout. Ich muss wohl irgendetwas gesagt haben, aber ich habe keine Ahnung, welche Worte aus meinem Mund kamen. Besonders erleuchtet fühlte es sich jedenfalls nicht an. Hinterher machte ich mich, so schnell ich konnte, aus dem Staub und verkroch mich auf die Toilette. Dort hockte ich und dachte:

*Ich hab's vergeigt! Wie konnte ich nur vor so vielen Menschen meinen Auftritt dermaßen vermasseln?*

Ich riss etwas Klopapier ab, um mir die Tränen abzuwischen. In dem Moment hörte ich, wie jemand hereinkam. Zwei Absätze klackerten an der Reihe der Klokabinen entlang. Vor meiner blieben sie stehen.

»Ist das Jenniffer Weigel?«, sagte eine Stimme.

*Kann man sich denn nicht wenigstens auf dem Scheißhaus in Ruhe ausheulen?*

Ich versuchte, mich genügend zusammenzureißen, um antworten zu können. »Wer will denn das wissen?«, fragte ich diplomatisch und putzte mir dabei die Nase.

»Ich heiße Barbara. Ich habe Sie vorhin in *Guten Morgen, San Diego* gesehen. Sonst gehe ich niemals auf solche Tagungen, aber ich bin gekommen, weil ich Ihnen unbedingt etwas erzählen muss.«

Bevor die arme Frau noch länger mit einem Stück Holz reden konnte, öffnete ich die Klotür.

*Immerhin gab es wenigstens EINEN Menschen, der dem zuhörte, was ich zu sagen hatte!*

»Wow, das ist aber lieb von Ihnen«, sagte ich.

Sie streckte mir die Hand entgegen.

»Moment, ich wasche mir vorher eben schnell die Hände …«

So viel Zeit muss sein! Mein einziger Fan wird schon nicht gleich wieder wegrennen.

»Ihr Rat, dass wir nach Zeichen und Signalen von geliebten verstorbenen Menschen Ausschau halten sollen, hat mich tief beeindruckt«, sagte Barbara geduldig, während ich mich im Spiegel über dem Waschbecken musterte. »Vor Kurzem ist mein Vater gestorben, was mir wirklich sehr zu schaffen macht. Normalerweise schaue ich mir *Guten Morgen, San Diego* nie an. Nichts gegen die Sendung, aber ich habe morgens einfach zu viel zu tun. Ausgerechnet heute spürte ich einen starken inneren Drang, die Sendung einzuschalten, und zwar kurz bevor Ihr Interview an der Reihe war«, berichtete sie. Sie hatte sich so in ihre eigene Begeisterung hineingeredet, dass sie völlig atemlos vor mir stand. »Nach der Sendung fuhr ich ins Büro, und auf dem Weg ins Gebäude folgte mir ein kleiner Vogel! Es ist noch nie vorgekommen, dass ein Vogel in das Gebäude hineinfliegt. Aber hier war er und setzte sich genau auf die Trennwand meines Arbeitsplatzes im Großraumbüro. Als ich nach der Arbeit aufbrechen wollte, saß er immer noch dort und ließ sich von mir ohne Widerstand einfangen. Er ließ es einfach zu, dass ich ihn in meinen Händen hielt. Ich trug diesen kleinen Vogel hinaus ins Freie. Als ich meine Hand öffnete, um ihn fliegen zu lassen, blieb er auf meinem Finger sitzen. Er starrte mich einfach nur an und rührte sich nicht! Können Sie sich das vorstellen?«

Die Frau war jetzt nur noch ein paar Zentimeter von meiner Nase entfernt. Ich konnte praktisch riechen, was sie gegessen hatte, wagte aber nicht, ihren Redefluss zu unterbrechen.

»Das Ding ist, dass mein Vater ein großer Vogelliebhaber war. Er beobachtete sie leidenschaftlich gerne und konnte alle Vogelarten unterscheiden. Dieser Vogel gehörte zu einer kleinen Singvogelart, die mein Vater besonders schätzte. Ich sage es Ihnen: Ich weiß ganz einfach, dass das mein Vater war. Doch ich wäre überhaupt gar nicht auf diesen Gedanken gekommen, wenn ich nicht heute Morgen Ihr Interview gesehen hätte. Dann hätte ich lediglich gedacht: Wie seltsam, dass ein Vogel in unser Büro fliegt. Und das wäre auch schon alles gewesen.« Ihre Augen füllten sich mit Tränen. »Danke, Jenniffer, dass Sie mir die Augen geöffnet haben! So konnte ich diese kleine Botschaft meines Vaters erkennen und würdigen.«

Als ich wieder an meinen Platz zurückkehrte, erzählte ich Therese von meiner Begegnung auf der Damentoilette.

»Siehst du«, sagte sie, »was ein einzelner Mensch alles bewirken kann? Du kannst dir gar nicht vorstellen, wie dieses Erlebnis das Leben dieser Frau verändern wird. *Du bist in jedem Moment dort, wo du sein sollst.*«

AN DIESEM ABEND hatte mein Literaturagent ein Abendessen organisiert, an dem auch die Fullers teilnahmen. Der Hauptzweck dieses Treffens bestand darin, Möglichkeiten zu diskutieren, wie man Millards Lebensgeschichte verfilmen könnte. Es waren ein Regisseur anwesend, ein Drehbuchautor und mehrere mögliche Geldgeber. Der Agent erhoffte sich, dass wir durch unsere vielfältigen Kontakte die richtigen Fäden zusammenknüpfen könnten, um dem Projekt Leben einzuhauchen.

Die Stimmung war zunächst ganz gut, allerdings bemerkte ich bald, dass Millards Frau sich unbehaglich zu fühlen begann. Millard betonte, dass für ihn der Film vor allem seinen Glauben an Gott herausstellen müsse.

»Ohne Gott wäre ich nicht hier«, sagte er.

Ich sah, wie der Drehbuchautor die Augen verdrehte. Er war ein typischer Hollywood-Profi, der mit der Kirche nichts am Hut hatte. Zudem mochte er es nicht, wenn man ihm sagte, wie man ein Filmskript zu schreiben gedenke, aber er hörte sich Millards Bedenken einigermaßen geduldig an.

Als sich allerdings auch noch der Regisseur einmischte, wurde die Diskussion etwas hitziger. Der Autor hatte die Befürchtung, zu viel Religiöses im Film könne die Atheisten unter den Kinobesuchern abschrecken. Aber Millard beharrte darauf, dass Gott und nicht Millard der Star des Films sein sollte.

Millards Frau gab des Weiteren zu bedenken, sie beide könnten durch den Film zu sehr ins Rampenlicht gezerrt werden. Wie sich herausstellte, hatte Millard in jüngeren Jahren eine nicht zu verleugnende Neigung zu außerehelichen Abenteuern besessen. Nur durch ihren festen Glauben und gegenseitiges Vergeben hatten die Fullers ihre Ehe überhaupt über all die Jahre hinwegretten können. Und da waren bestimmt noch nicht alle Messen gelesen.

Ich hatte während des Essens bislang kaum etwas gesagt, aber jetzt konnte ich nicht anders und platzte heraus: »Oh wow, Millard, ich bin wirklich erleichtert zu hören, dass Sie auch nur ein Mensch sind!« Er schaute mich an, und ich hätte die Worte am liebsten wie einen verschossenen Pfeil zurückgeholt, was bekanntermaßen nicht funktioniert. Als er schallend zu lachen begann, wäre ich vor Erleichterung beinahe vom Stuhl gefallen. Seine Frau lächelte dazu. Die beiden hatten sich tatsächlich gesucht und gefunden.

»Sie und Ihre Frau sind eine wirkliche Quelle der Inspiration!«, sagte ich voller Bewunderung. »In meiner Familie war es so, dass meine Eltern alle sieben Jahre erneut heirateten ...« Und an die anderen im Kreis gewandt, fügte ich hinzu: »Ich finde, der Film sollte sich um Ihre

Ehe drehen und die Liebe zeigen, die Sie in guten wie in schlechten Zeiten einander geschenkt haben. Dann wird das ein oscarverdächtiger Kinohit!«

Als wir ein paar Stunden später das Restaurant verließen, kam Millard auf mich zu, um sich zu verabschieden. Ich suchte beinahe verzweifelt nach den passenden Worten, mit denen ich diese mir so wichtige Begegnung würdig beenden wollte. »Ich bin sicher, dass Ihr *Glaube* und Ihre *Zuversicht* auf mich abfärben werden«, sagte ich.

»Junge Dame … Ich finde Sie ausgesprochen sympathisch«, sagte Millard mit dem liebenswürdigen Lächeln eines Schwerenöters.

»Ganz meinerseits, Millard.«

Ich reichte ihm ein Exemplar meines Buches. »Sie müssen es nicht lesen, wenn Sie nicht wollen. Ich möchte es Ihnen einfach gerne schenken.«

»Haben Sie es signiert?«, fragte er verschmitzt.

»Aber natürlich!«

»Sehr gut!«

Er nahm mich fest in den Arm.

NACH MEINER Rückkehr aus Kalifornien klingelte das Telefon. Es war meine Mutter. »Und, hast du die Westküste im Sturm erobert?«

»Es war ein unglaublicher Trip«, versicherte ich ihr. »Zwar ist mein Vortrag nicht ganz so gelaufen, wie ich mir gewünscht hatte, aber irgendwie hat er die Leute dennoch berührt.«

»Das ist ja wundervoll, Schätzchen«, sagte meine Mutter in ihrem typischen Schätzchen-Tonfall.

Beim Gedanken an die Frau, die mich bis zur Damentoilette verfolgte, kicherte ich drauflos und sagte verschwörerisch: »Ich war immer genau da, wo ich sein sollte. Meine Reise hat sich gelohnt.«

Später am selben Tag fand ich eine Nachricht von Millard in meinem E-Mail-Postfach vor.

Liebe Jenniffer,

es war wirklich eine Freude, am vergangenen Freitag auf der Konferenz Sie und so viele andere nette Menschen kennenzulernen. Was Sie betrifft, so haben Sie mich wirklich tief beeindruckt. Sie sind ein außergewöhnlicher Mensch.

Auch möchte ich mich sehr herzlich für Ihr Buch bedanken, das Sie mir freundlicherweise schenkten. Ich habe bereits begonnen, es zu lesen, und finde es ganz vorzüglich geschrieben. Ich bin sicher, dass es sich ausgezeichnet verkaufen wird.

Wenn Sie je in unsere Gegend kommen, lade ich Sie hiermit herzlich ein, uns zu besuchen, Jenniffer. Sie sind uns immer willkommen.

Mit den besten Wünschen
Ihr
Millard Fuller

# 3

## Vorurteile, eine Ratte und Titten

### Nimm es nicht persönlich!

Die Antwort der evangelischen Kirche
gegenüber auf das neue Schild
an der katholischen Kirche Allerheiligen:

> HUNDE HABEN KEINE SEELE.
> DAS IST EINE TATSACHE,
> ÜBER DIE WIR NICHT
> DISKUTIEREN.

ERST IM ALTER von drei Jahren fing mein Sohn so richtig mit dem Sprechen an. Zuvor war er praktisch stumm gewesen, seitdem ein richtiges Plappermaul. Nur die Aussprache der Konsonanten bereitet ihm noch einiges an Schwierigkeiten. Weil er bei den Anfangskonsonanten der Wörter noch nicht ganz treffsicher war, konnte es zu erheiternden Missverständnissen kommen.

Als wir vom Spielplatz in Richtung Auto unterwegs waren, kam uns ein junger Mann mit einer Tüte Pommes aus dem benachbarten Fast-Food-Laden entgegen. Er futterte im Gehen mit sichtlichem Appetit aus der Tüte.

Für Britt war bald Essenszeit, und sein lautstarkes Quengeln nach Essen war auch für den jungen Mann nicht zu überhören, den Britt nun auch noch gierig anstarrte wie die *Katze den Vogel auf dem Zweig*. Der Jüngling zwinkerte Britt verschwörerisch zu, hielt ein Kartoffelstäbchen hoch und sagte zu ihm: »Echt lecker, die Fritten! Vielleicht kauft dir deine Mama ja auch welche!« Mampfend ging er weiter.

Da fing der Spaß an. Britt schaute ihm hinterher und rief: »Ich will auch TITTEN! Mama, ich will TITTEN haben!«

»Psst! Britt, nicht so laut!«, zischte ich ihn an.

Aber Britt trompetete in voller Lautstärke: »ICH WILL TITTEN HABEN! ICH WILL ENDLICH TITTEN HABEN!«

Bei dem Gedanken, mein Sohn könnte in seinem kindlichen Alter bereits seine sexuelle Orientierung verloren – beziehungsweise gerade entdeckt – haben, kamen mir die Tränen vor Lachen. Ich konnte gar nicht mehr damit aufhören, weder mit dem Lachen noch mit dem Weinen, was meinen Sohn natürlich anspornte, der Welt noch lauter zu verkünden, er wolle doch nun endlich seine eigenen Titten haben. Als ich mir die Tränen aus den Augen wischte, fiel mir eine Frau auf, die vor uns auf dem Spielplatz ihrem kleinen Mädchen krampfhaft die Ohren zuhielt. Ihre Blicke durchbohrten mich wie Pfeile.

Mein erster spontaner Impuls war, ihr gehörig die Meinung zu sagen. Hatte sie denn überhaupt keinen Sinn für Humor? Und überhaupt: Was war denn *so schlimm* daran, wenn ihr Töchterchen dieses Wort hörte? Vermutlich wusste sie überhaupt nicht, was es bedeutete. Und wenn sie es wusste, dann war das doch wohl das Problem ihrer Mama und nicht meines.

Augenblicklich musste ich an Don Miguel Ruiz denken.

*Nimm es nicht persönlich.*

Ich hatte ihn einige Jahre zuvor interviewt, was einen wirklichen Wendepunkt in meinem Leben ausmachte. Er hielt sich damals in Chicago auf, um die Taschenbuchausgabe seines Bestsellers *Die Vier Versprechen* zu promoten. Das eine dieser vier Versprechen, welches mir in meinem Leben immer wieder herausfordernd ins Bewusstsein sprang, war: »Nimm es nicht persönlich.«

»Wie ein Mensch auf dich reagiert, hat nichts mit dir persönlich zu tun«, hatte Ruiz damals zu mir gesagt. »Wenn du dein Bestes gibst und dich auf dem spirituellen Pfad befindest, hat es nichts mit dir zu tun. Wir können nicht wissen, was im Kopf oder Körper eines anderen Menschen vorgeht.«

Als ich Mutter wurde, erschloss sich mir diese Philosophie auf einer völlig neuen Ebene.

»Wir alle wollen unsere Kinder und sogar unsere Eltern kontrollieren«, sagte Don Miguel. »Doch wir sind ausschließlich für unser eigenes Leben verantwortlich und für kein anderes. Es ist, als würden wir einen Film drehen, bei dem wir selbst das Drehbuch schreiben, die Rollen besetzen und Regie führen. Die Menschen in unserem Leben sind lediglich Schauspieler, die eine Rolle spielen. Nur du selbst entscheidest darüber, was in deiner Lebensgeschichte geschieht.«

Nun, mit einem dreijährigen Sohn gesegnet, fiel es mir ganz schön schwer, zu akzeptieren, dass ich lediglich vorübergehend dafür angeheuert war, den Part als Britts Mutter zu spielen. (Für die Kinoversion wünschte ich mir übrigens Jennifer Garner für meine Rolle …) Ständig wollte ich darüber wachen, dass Britt sicher und behütet war und im Leben die richtigen Entscheidungen treffen würde. Was war denn so falsch daran?

»Wir können nur durch unser Vorbild erziehen. Die Leute in deiner Umgebung beobachten, wie du dein Leben führst. Wenn du das in vorbildlicher Weise tust, darfst du darauf hoffen, dass sie sich davon inspirieren lassen und dein Verhalten nachahmen«, hatte Don Miguel gesagt.

Hätte ich mich mit der Frau auf dem Spielplatz herumgestritten, dann wäre ich für meinen Sohn ganz bestimmt kein leuchtendes Vorbild zur Nachahmung gewesen. Letztlich konnte ich ja nicht wissen, was der Grund dafür war, dass sie so humorlos reagierte. Also blieb ich ruhig, schnallte meinen nach Titten rufenden Sohn wortlos im Auto fest und fuhr nach Hause.

AM FOLGENDEN ABEND stand in der Stadt eine Buchvorstellung mit anschließender Diskussion an. Im Vorfeld war ich ziemlich nervös. Als Clay mich nach dem Grund dafür fragte, antwortete ich: »Ich habe schon eine ganze Weile keinen solchen Auftritt mehr gehabt und bin ein bisschen aus der Übung.«

Etwa vierzig Zuhörer hatten sich eingefunden. Man setzte mich ihnen gegenüber und forderte mich auf, circa fünfundvierzig Minuten zu sprechen und anschließend Fragen zu beantworten. Also erzählte ich Geschichten aus dem Buch, und gleich zu Beginn fiel mir eine Frau in der ersten Reihe auf. Sie hatte die Arme vor der Brust verschränkt und starrte mich durch und durch finster an.

»Der Bestsellerautor James Van Praagh hat mir erzählt, dass es in Wahrheit so etwas wie die Hölle gar nicht gibt, sondern dass die Hölle hier auf Erden ist«, sagte ich.

»Was Sie nicht sagen!«, zischte die Frau.

Ich war ziemlich irritiert durch ihren Kommentar, fuhr aber fort: »Er sagt, dass sich darin, wie wir das Jenseits erleben, widerspiegelt, was wir hier auf der Erde gewesen sind. Wenn Sie also ein Massenmörder waren, werden Sie bestimmt nicht in der Gemeinschaft der Heiligen eine tolle Zeit haben wie meine Oma Ginny. Aber Van Praagh sagt, dass eine Art ›Lebensrückblick‹ stattfindet, bei dem Sie buchstäblich alles noch einmal sehen und fühlen, was Sie in diesem Leben getan haben. Diese Erfahrung kann Himmel oder Hölle sein, je nachdem, wie Sie Ihre Mitmenschen behandelt haben.«

»Aaarrgh«, sagte die Frau, was ich als eine Art missbilligendes Grunzen definierte.

*Du meine Güte, was für eine Nervensäge!*

Ich hatte auch zuvor schon erlebt, dass Zuhörer negativ auf meine Vorträge reagiert hatten, aber nie war das akustisch so störend geschehen. *Nimm es nicht persönlich.*

Ich ließ den Blick über das Publikum schweifen und entdeckte zum Glück eine andere Frau in der hintersten

Reihe, die mich wiederum strahlend anlächelte. Während ich weitersprach, konzentrierte ich mich auf ihr herzliches, freundliches Gesicht. Die Störerin in der ersten Reihe fuhr mit ihren Missfallensbekundungen fort, aber ich schenkte ihr ganz einfach keine Beachtung mehr.

*Das Benehmen dieser verrückten Lady hat nicht wirklich etwas mit dir zu tun. Lass dich davon nicht beirren.*

Es war ein exzellentes Disziplintraining, mir von dieser Nervensäge nicht meinen Vortrag torpedieren zu lassen.

NACH DER FRAGE-und-Antwort-Runde ging ich zu der lächelnden Frau in der letzten Reihe und begrüßte sie persönlich. »Hallo«, sagte ich. »Ich möchte Ihnen dafür danken, dass Sie mich so freundlich angelächelt haben. Das hat mir geholfen, diese Störerin vorne zu ignorieren.«

»Störerin? Davon habe ich gar nichts mitbekommen«, sagte sie.

*Wow! Sie hatte sich so sehr auf meine Worte konzentriert, dass sie es gar nicht bemerkt hatte.*

»Ich heiße Mary Ellen«, sagte sie und gab mir die Hand. »Ich habe Sie im Radio gehört, bei *Eric and Kathy*. Normalerweise gehe ich nie zu solchen Vorträgen, aber ich bin gekommen, um Ihnen zu berichten, was ich erlebt habe.«

»Wie schön«, sagte ich. »Was haben Sie denn erlebt?«

»Als ich mit dem Auto unterwegs war, war da plötzlich dieser Falke. Er flog ganz dicht vor der Windschutzscheibe vorbei, und gleichzeitig hörte ich diese Stimme, die zu mir sagte: ›Schalte dein Radio ein.‹ Ich höre sonst nie Radio, aber ich denke stets, dass ein Falke ein Zeichen von meinem verstorbenen Vater ist. Also schaltete ich das Radio ein – und zwar genau in dem Moment, als Sie von Eric interviewt wurden und von Ihrem toten Vater und Ihrem Buch erzählten. ›Was für ein verrückter Zufall!‹, dachte ich. Also notierte ich mir diesen Veranstaltungstermin, und hier bin ich! Würden Sie mir diese hier bitte signieren?« Sie hielt mir einen Stapel Bücher hin.

Weil ich es nicht persönlich genommen und mich nicht auf die unangenehme Person eingelassen hatte, die mich ganz offenbar nicht leiden konnte, war es mir gelungen, mich für die anderen – nicht eben wenigen – Zuhörer zu öffnen.

»Sie haben mir wirklich den Abend gerettet!«, sagte ich noch zu Mary Ellen, während ich ihre Bücher signierte. Sie drückte mir die Hand und ging.

»Jenniffer?«, hörte ich eine Frau rufen, die sich von der anderen Seite des Raumes her bemühte, meine Aufmerksamkeit zu erregen. »ICH MÖCHTE SIE ZU UNSERER SÉANCE AM NÄCHSTEN DONNERSTAG EINLADEN!«

*Geht es vielleicht noch ein bisschen lauter? Dann kommen gleich noch hundert Leute mit dazu!*

Ich drehte mich um und sah eine dicke Frau mit wirrem Blick auf mich zukommen.

*Um Gottes willen! Clay – hol mich hier raus!*

»Hier ist meine Karte«, sagte sie, knallte mir eine zerknautschte Visitenkarte auf den Tisch und raunte mir geheimnistuerisch zu: »Ich channele Geister!«

»Aha. Verstehe«, sagte ich vorsichtig.

»Und nächste Woche werden wir die Geister von Marilyn Monroe und Thomas Jefferson channeln«, fuhr sie mit gewichtiger Miene fort. »Wir wollen deren Meinung zu den gegenwärtigen weltpolitischen Ereignissen hören. Ich bin mir ziemlich sicher, das wäre auch für Sie eine interessante Erfahrung!«

*Nun weiß ich, was mir bisher im Leben noch gefehlt hat.*

»Vielen Dank«, entgegnete ich, nur mühsam einen Lachanfall unterdrückend. Ich schaute mich Hilfe suchend nach meiner Freundin Laura um, die mich begleitet hatte. Sie kam auf mich zu und flüsterte mir augenzwinkernd ins Ohr: »Na dann, willkommen im Klub und auf der dunklen Seite der Macht …«

Die Channeling-Lady hatte das offenbar gehört und flüchtete.

»Warum immer ich?«, fragte ich Laura mit Verzweiflung, die zum Glück noch gespielt war.

»Wundert es dich? Du redest pausenlos von deinem verstorbenen Vater. Nun musst du damit leben, dass sich in dessen Schlepptau auch noch mehr Leute befinden, die sich zu gerne mit dir unterhalten würden. Aber im Ernst: Wie wär's, wenn du für dein nächstes Buch ein paar berühmtere tote Herrschaften aufmarschieren ließest?«, scherzte sie. »Marilyn Monroe … das wäre doch der Hammer!«

Ich schaute mich um. Ich hatte diesmal viele meiner Bekannten eingeladen. Einige hatten sich nicht blicken lassen, und eine von ihnen lud ich schon seit Monaten immer wieder zu meinen Vorträgen ein, doch sie sagte jedes Mal in letzter Minute ab.

»Wo ist Deb?«, fragte ich Laura.

»Keine Ahnung«, sagte sie.

Am nächsten Tag telefonierte ich mit einer gemeinsamen Freundin. Diese ließ nun endlich die Katze aus dem Sack, was Deb betraf.

»Deb hat Probleme mit den Inhalten, die du unter die Leute bringst«, sagte sie.

»Probleme? Was für Probleme?«

»Das mit den Medien und so – dieser ganze spiritistische Kram. Das widerspricht ihren christlichen Glaubensvorstellungen.«

*Nimm es nicht persönlich.*

Also schickte ich Deb eine E-Mail. Darin versuchte ich, ihr zu erklären, dass sie, wenn sie wirklich an Jesus glaubte, einen Menschen, der nicht geurteilt hatte und voller Liebe gewesen war, sich doch selbst ebenso verhalten und damit eine gute alte Freundin unterstützen könnte.

Wochen vergingen, ohne dass sie etwas von sich hören ließ. Ich versuchte, sie deswegen nicht zu verurteilen. Immerhin war es ja genau das, was ich mir auch von ihr wünschte, nämlich dass sie mich nicht verurteilte. Dennoch wurde ich jedes Mal wütend, wenn ich an sie denken musste.

Eines Tages joggte ich eine Runde um den Block, um mal wieder einen klaren Kopf zu bekommen, aber es fiel mir schwerer denn je.

*Was denkt sie sich, ihren Weg als den einzig richtigen anzusehen? Warum ist sie so verbohrt und engstirnig? Das ist doch wirklich kleingeistig und intolerant!*

Auch nachdem ich schon eine ganze Weile gejoggt war, wollten die Wutgedanken einfach nicht verschwinden. Ich war immer noch von negativer Energie erfüllt und fing an, mich erschöpft zu fühlen. Plötzlich kam mir ein Gespräch mit Deepak Chopra in den Sinn.

»Schauen Sie sich alle diese Leute an, die für den Frieden demonstrieren. Sie sind genauso wütend wie jene, die Krieg führen. Emotionen besitzen Energie. Man muss zunächst in sich selbst Mitgefühl und Vergebung finden, sonst kann man gegenüber der Welt keine neutrale Haltung einnehmen.«

»Aber wie kann ich Mitgefühl empfinden, wenn ich klar erkenne, dass jemand sich irrational verhält?«, hatte ich ihn gefragt.

»Es ist kontraproduktiv, wenn wir sagen: ›Ich habe recht, und du hast unrecht‹«, ermahnte mich Deepak. »Jedes Urteil, egal auf welcher Seite des Zaunes Sie sich auch befinden mögen, ist und bleibt immer noch ein Urteil. Versuchen Sie stattdessen, alle Ihre Gedanken, Worte und Taten mit liebevoller Energie aufzuladen. Dieser positive Einfluss wird sich wellenförmig im Massenbewusstsein ausbreiten. So können Sie die Welt zum Besseren verändern.«

»Wie schaffe ich es denn, Liebe anstelle von Wut zu fühlen?«

»Erkennen Sie Ihre Wut an. Sie kann Motor für eine Veränderung sein. Aber viele Leute bleiben in diesem Gefühlszustand stecken, statt vorwärtszugehen. Dann schadet die Wut mehr, als dass sie nützt.«

Also versuchte ich, in mitfühlender Weise an Deb zu denken.

*Universum, ich danke dir im Voraus dafür, dass du mir hilfst, Gnade zu empfinden und zu vergeben.*

EINE THERAPEUTIN empfahl mir einmal, mir einen Menschen, der mich wütend machte, als Fünfjährigen an seinem ersten Tag im Kindergarten vorzustellen. Das erleichterte es mir ungemein, Mitgefühl für ihn aufzubringen. Es war nämlich gar nicht so einfach, sich vorzustellen, ein vor Angst zitterndes Kind anzubrüllen und zurechtzuweisen. Da wir alle Ängste und Verletzungen aus der Kindheit mit uns herumtragen, hat diese Visualisierung mir sehr dabei geholfen, in schwierigen Situationen cool zu bleiben. Hast du Ärger mit einem tyrannischen Chef? Stell ihn dir als heulenden Knirps vor, der keine Spielkameraden findet. Steckst du in der Wut auf deinen Exfreund fest, der dich schlecht behandelt hat? Vielleicht war er ja lange Zeit Bettnässer und schämt sich heute noch deswegen. Wir können nie wissen, welche tiefen seelischen Wunden ein anderer Mensch in sich trägt. Darum sollten wir *niemals etwas persönlich nehmen!*

»Du hast dir wirklich alle Mühe gegeben, was Deb angeht«, sagte unsere gemeinsame Freundin zu mir. »Mehr kannst du nicht tun. Vielleicht kommst du gegen die jahrzehntelange religiöse Konditionierung einfach nicht an, der sie ausgesetzt war.«

*Danke, Universum, dafür, dass du mir hilfst, Mitgefühl und Gnade zu empfinden, wenn ich an Deb denke, und dafür, dass du mir hilfst, es nicht persönlich zu nehmen.*

»EIN PROBESHOOTING! EIN PROBESHOOTING FÜR EINEN WERBESPOT!!!«, kreischte ich. Ich hatte eine E-Mail geöffnet, in der man mir ein Videoshooting in San Francisco anbot, und ich wollte, dass Clay, der sich gerade unten im Keller aufhielt, die gute Nachricht sofort erfuhr.

»GOTT SEI DANK!«, brüllte er zurück, und dank unserer Lautstärke wusste nun wahrscheinlich ganz Chicago davon. Die letzten Monate waren finanziell nicht gerade rosig verlaufen, und wir hatten gerade unseren Steuerbescheid erhalten. Wie sollte es anders sein, wofür waren Steuern erfunden worden? Um die Haushalte – nur nicht den eigenen – nachhaltig zu sanieren. Eine saftige Nachzahlung stand also an.

Jemand hatte eine Nachricht auf meinem Anrufbeantworter hinterlassen. Es war meine Voiceover-Agentin. Sie hatte noch mehr gute Nachrichten für mich.

»Hi Jen, Susan hier. Kannst du morgen für eine Voiceover-Session in die Stadt kommen? Und jetzt halt dich fest: Der Kunde ist Duncan Hines!«

*Mist!*

Duncan Hines war einer der führenden Hersteller von Backmischungen. Aber morgen sollte auch das Probeshooting für den Werbespot stattfinden.

»Monatelang hatte ich überhaupt keine Aufträge als Sprecherin, und jetzt gleich zwei Angebote an einem Tag«, stöhnte ich, als ich meine Agentin zurückrief. »Was machen wir denn da?«

»Ich versuche, sie dazu zu bewegen, dass sie das Voiceover auf den frühen Morgen vorziehen. Wenn du dann eine spätere Maschine nimmst, könnte es klappen«, sagte Susan. »Dieser Fernsehspot soll landesweit gesendet werden, Schätzchen. Lass dir das nicht entgehen!«

»Landesweit?«, jubelte ich innerlich.

Der Unterschied zwischen einem landesweit ausgestrahlten Spot und einem bloßen Probeshooting war … *gewaltig.* Ein Voiceover für einen landesweit gesendeten Werbespot, der ein paar Monate lief, konnte sechsstellige Einnahmen bringen. Für ein Probeshooting bekam man nur ein paar hundert Dollar.

»Natürlich nehme ich den späteren Flug«, sagte ich. »Und vielen Dank.«

Ich legte auf und ging sofort online, um meinen Flug umzubuchen. Der letzte Flug, mit dem ich es noch rechtzeitig zu dem Shooting in Kalifornien schaffen konnte, ging um 11 Uhr 30.

Susan rief an und teilte mir mit, dass die Session für Duncan Hines auf neun Uhr vorverlegt worden war. »Sie haben mir versprochen, dass ihr bis zehn Uhr fertig seid«, fügte sie noch hinzu.

*Upps, Ihr lieben Backwaren, das wird knapp!*

Mit dem Spot sollte eine mikrowellengeeignete Brownie-Backmischung angepriesen werden.

»Die neuen warmen Köstlichkeiten von Duncan Hines …«

Der Werbefilm quoll geradezu über vor sinnlich-süßer Schokolade. Deshalb hatte ich bei der Sprechprobe so ziemlich alles an sexy Schmelz in meine Stimme gelegt, was ich auftreiben konnte. Bei der eigentlichen Aufnahme-Session machte ich es genauso. Zunächst.

»Okay, geht das nicht ein bisschen fröhlicher?«, sprach mir die Produzentin in den Kopfhörer. Ich sah, wie sie hinter der Glasscheibe missbilligend das Gesicht verzog.

»Die neuen warmen Köstlichkeiten von Duncan Hines …«, sagte ich mit etwas mehr Lächeln in der Stimme. »Du kannst es kaum erwarten, dass die Mikrowelle endlich ›Pling‹ macht.« Ich lieferte mehrere Versionen nacheinander ab.

Die Produzentin blickte sich Hilfe suchend zu dem Mann neben ihr um. Sie sprachen einen Moment miteinander. Dann beugte sie sich vor und drückte auf die Sprechtaste:

»Okay, ich finde, es kommt noch nicht das richtige Feeling rüber. Sie ist mir noch zu sexy. Ich möchte aber nicht, dass sie sexy rüberkommt.«

Na gut. Kein sexy »Pling«.

»Ich spiele Ihnen jetzt mal die vorgesehene Musik vor. Passen Sie sich einfach dem Feeling an, das diese Musik transportiert«, riet mir die Produzentin.

»In Ordnung, Jenniffer. Hier kommt die Musik«, flötete der Tontechniker und drückte auf ein paar Knöpfe.

Ich saß da und hörte mir eine Klimpermelodie an, die zu den Lieblingscartoons meines Sohnes passte. Das war eindeutig nicht sexy.

Dummerweise stand auf dem Skript, welches man mir gegeben hatte, eindeutig die Regieanweisung »Sexy und sinnlich«. Irgendjemand in der Befehlskette wollte also offenbar Sexappeal. Nun ja. Das musste die Produzentin verantworten, nicht ich.

»Okay«, sagte ich, »das hat mir weitergeholfen, danke.«

»Dann los«, sagte der Tontechniker. »Aufnahme fünf.«

Ich sprach noch mehrere Fassungen und gab mir alle Mühe, kindlich-fröhlich und nicht sexy zu klingen, um die Produzentin zufriedenzustellen.

Ich sah zu, wie sie sich hinter der Glasscheibe die Aufnahmen noch mal anhörte. Sie strahlte bis über beide Ohren. »Ja, jetzt haben wir's«, sagte sie.

Ich schaute auf die Uhr. Es war 9 Uhr 40. Wenn der Verantwortliche bei Duncan Hines grünes Licht gab, konnte ich in ein paar Minuten schon auf dem Weg zum Flughafen O'Hare sein.

*Super.*

»Wir müssen es nur noch absegnen lassen«, sagte sie.

Ich wartete und durfte über Kopfhörer mitverfolgen, wie sie eine Telefonverbindung zu ihrem Boss herstellte. Dummerweise saß der in San Francisco. Er hatte also extra früh aufstehen müssen, um diese Aufnahme abzusegnen, und zwar nur, damit ich meinen Flug bekam. Man merkte ihm deutlich an, dass er davon nicht begeistert war. »Dann lassen Sie mal hören«, brummte er, offenbar noch im Halbschlaf.

»Die neuen warmen Köstlichkeiten von Duncan Hines
…« Ich hörte mich an wie eine Cheerleaderin auf Crack.
Es folgte eine lange Pause, dann polterte er: »Wer ist
diese Frau? Doch nicht so! Das hört sich ja an, als würde
sie einen Minivan fahren! Das sind Brownies, okay? Ich
will Schmelz in der Stimme, sssssssssexy Schokolade!!!!!!!!
Kapiert? Und *keine* Mutti, die ihren Nachwuchs zum Fuß-
balltraining karrt!«

Die Produzentin sah betreten und wütend zugleich
aus. »Hab verstanden!«, sagte sie. »Wir rufen Sie in ein
paar Minuten wieder an.«

Woher bitte wollte sie die paar Minuten nehmen? Hatte
sie eine Zeitmaschine in ihrer Designerhosentasche versteckt?

Sie legte auf und stützte frustriert den Kopf in ihre
Hände. Dann beugte sie sich vor und sagte seufzend: »Na
gut. Versuchen wir's noch mal mit der Pornovariante.«

Dem Typen in San Francisco gefiel meine »kindlich-
fröhliche Mutti« nicht, und der Produzentin gefiel meine
»sexy Mama« nicht. Ich konnte es unmöglich beiden recht
machen und sollte nun also einen Kuchenporno synchro-
nisieren.

*Nimm es nicht persönlich, Jen.*

»Die neuen waaarrrmen Kössstlichkeiten von Duncan
Hiiiness …« Ich gab den Schokokeksen und meiner
Stimme ihre verführerische Sinnlichkeit zurück. Doch mit
der Klimpermusik aus dem Kinderfernsehen im Hintergrund klang das absolut schwachsinnig.

Was soll's, ich darf meinen Flieger nicht verpassen.

»Ja, so müsste es gehen«, sagte der Mann, als die Produzentin ihm die neue Fassung vorspielte.

*SO?!*

Ich schaute auf die Uhr. Es war zehn nach zehn.

Ich stürmte aus dem Tonstudio und schnappte mir auf
der Michigan Avenue ein Taxi. »Wie schnell schaffen Sie's
zum Flughafen?«, fragte ich den Fahrer.

Damit hatte ich ihm praktisch einen Freibrief für halsbrecherische Raserei erteilt, und ich kann mich nicht erinnern, jemals zuvor im Leben solche Ängste ausgestanden zu haben. Ich klammerte mich am Sicherheitsgurt fest und betete.

*Danke im Voraus dafür, dass ich den Flug noch erwische.*
*… Danke im Voraus dafür, dass ich lebend am Flughafen ankomme, obwohl dieser Taxifahrer fährt wie ein Wahnsinniger.*

Um 11 Uhr 05 sprang ich am Flughafen O'Hare aus dem Taxi. Zum Glück musste ich kein Gepäck aufgeben. Aber ich brauchte immer noch meine Boardingkarte. Als ich versuchte, sie mir am Automaten auszudrucken, erschien auf dem Bildschirm die Meldung:»Bitte gehen Sie zum Gate, um sich einen Sitzplatz zuweisen zu lassen.« Doch wie sollte ich ohne Boardingkarte die Sicherheitskontrolle passieren?

Also rannte ich zum zuständigen Schalter, vor dem aber leider bereits mindestens zwanzig Leute standen. Ich tat, was alle hassten, die höflich in einer solchen Schlange warteten: Ich ging an ihnen vorbei und stellte mich vorne an.

»Entschuldigung, aber mein Flug geht in fünfundzwanzig Minuten und der Automat stellt mir keine Boardingkarte aus«, sagte ich zu der Frau hinter dem Schalter. Sie machte sich noch nicht einmal die Mühe, von ihrem Computerbildschirm aufzublicken.

»Was fällt Ihnen ein, sich vorzudrängeln?«, schimpfte ein Mann hinter mir.

»MEINE MASCHINE GEHT IN FÜNFUNDZWANZIG MINUTEN. KANN MAN DA NICHT EINMAL EIN BISSCHEN VERSTÄNDNIS HABEN?«, giftete ich zurück. Er funkelte mich böse an.

Die Schalterfrau stieß einen langen Seufzer aus und hielt mir ein Schriftstück hin.

»Ich habe Ihnen einen Sitzplatz vergeben, aber Sie müssen rennen, ist Ihnen das klar? Sie müssen noch durch die Sicherheitskontrolle und dann zu Flugsteig C«, fügte sie in unfreundlichem Ton hinzu.

»Danke schön«, sagte ich und riss ihr meine Boardingkarte aus der Hand.

Haben Sie auch schon diese Leute gesehen, die wie blöd durch ein Flughafengebäude rennen, so wie die Familie in dem Film *Kevin – Allein zu Haus*? Mit wehenden Mänteln, als ungeschickt hektische Unfallgefahren auf Rolltreppen und Laufbändern? Mir haben sie immer leidgetan, weil ich sie für schlecht organisiert oder einfach nur für unfähig hielt. Ich werde mich nie wieder über sie lustig machen!

Ich sprintete, aber statt Laufschuhen trug ich Stöckelschuhe und ein hübsches Kleid. (Schließlich war ich zu einem Probeshooting unterwegs, wie Sie sich hoffentlich erinnern.) Unterwegs entglitten mir meine Ausgabe der *US Weekly* und ein *Kit Kat*. Aber solange mir nicht mein Führerschein oder meine Boardingkarte abhanden kamen, kümmerte ich mich nicht darum. Ich kam am Gate an, als sie gerade dabei waren, die Türen zu schließen.

»Da sind Sie ja«, sagte die Stewardess.

»Ja … ooh … uff … hier bin ich«, keuchte ich.

Man ließ mich als letzten Passagier an Bord gehen – schweißüberströmt sank ich in meinen Sitz. Es war mir sehr peinlich. Allerdings nur bis zu dem Moment, in dem mir der Geruch in die Nase stieg, den mein Sitznachbar verströmte. Ich war vielleicht kurzzeitig vom Laufen verschwitzt. Aber er hatte garantiert in diesem Jahrzehnt noch nicht geduscht.

*Wie soll ich den Gestank dieses Herrn nicht persönlich nehmen?*

Nach etwa dreißig Flugminuten entdeckte ich, dass der vermeintliche Herr eine Sie war. Das machte die Sache nicht besser. Mir war nur noch schlecht.

Nach der Ankunft in San Francisco rief ich Susan an, um ihr zu sagen, dass ich es noch rechtzeitig zu dem Shooting schaffen würde.

»Freut mich, das zu hören«, sagte sie. »Aber ich habe schlechte Neuigkeiten, fürchte ich.«

»Schlechte Neuigkeiten?«

*Nein. Nicht heute. Bitte keine schlechten Nachrichten! Ich finde, ich habe gute Nachrichten verdient, nach dem ganzen Stress.*

»Sie wollen mich nicht für den Spot und engagieren eine andere?«

»Nein. Das ist es nicht.«

UFF!

»Aber ich hatte da etwas missverstanden. Das war nur ein Demo, kein endgültiger Spot.«

Mein Mut sank.

»Dieser ganze Stress … für lumpige dreihundert Dollar?« Meine Stimme versagte.

»Hey, dreihundert Dollar ist besser als nichts«, sagte sie, bemüht, das Positive zu sehen.

*Nimm es nicht persönlich.*

»Es ist echt schwer, spirituell zu sein, wenn Sie gerade ein paar Tausend Dollar davonschwimmen sehen«, sagte ich vor dem Shooting zu meiner Produzentin. »Dieser Spot hätte es mir ermöglicht, für mindestens ein Jahr die Krankenversicherung für meine ganze Familie zu bezahlen.«

»Es wird bestimmt eine neue Chance kommen«, sagte sie.

Die Hoffnung stirbt bekanntlich zuletzt, aber meine lag schon seit geraumer Zeit auf der Intensivstation.

*Schicke Jan und Kevin jetzt sofort eine E-Mail, Jen!*

Ich saß in meinem Auto, als ich plötzlich die Eingebung bekam, zwei meiner früheren Kollegen zu kontaktieren.

Jan arbeitete in leitender Position bei der *Chicago Tribune*. Sie und ich hatten über ein mögliches Radioformat gesprochen, das einigen Autoren der *Chicago Tribune* eine Plattform im *WGN Radio* bieten sollte. Ich schrieb inzwischen für die Blogging-Community der *Tribune*. Und weil ich zehn Jahre lang als Radiomoderatorin gearbeitet hatte, dachte ich an eine Synergie zwischen der Zeitung als Printmedium und dem Radiosender, die ja beide zum selben Unternehmen gehörten.

Kevin war Programmdirektor von *WGN*.

Beherzt griff ich zu meinem BlackBerry und schrieb beiden eine Nachricht.

»Habt ihr am Freitag Zeit, um über eine neue Radiosendung zu sprechen?«

Es dauerte nur Sekunden, da traf schon eine Antwort von Jan ein:

»Ich sitze hier gerade in einer Besprechung mit Kevin. Wir haben über dich geredet, und im selben Moment trifft deine Nachricht ein. Verblüffend!«

Jan würde mir nichts vormachen. Außerdem meldete sich Kevin drei Minuten später.

»Hab gerade mit Jan über dich gesprochen. Ja, lass uns über das Projekt reden.«

*Das ist ein verdammt gutes Zeichen!*

Wir trafen uns in einem Restaurant, und sechs Martinis und sechs Stunden später war die Idee für eine neue Radiosendung geboren.

»Ihr braucht mehr Frauen in eurem Sender«, sagte ich. »Wir stellen die Hälfte der Bevölkerung von Chicago, und ihr seid hier der Radiosender Nummer eins, aber alle eure Sendungen werden von Männern moderiert.«

Allerdings hatte Kevin gerade die beiden einzigen Radiomoderatorinnen in der Stadt gefeuert, was nicht gerade dafür sprach, dass er ein großer Fan von Östrogenen war. »Vielleicht könntest du dir die Moderation mit einem Mann teilen?«, sagte er.

*Alles andere wäre auch zu gut und zu unglaublich gewesen!*

Einige Wochen vergingen, und Kevin und Jan beantworteten keine meiner E-Mails. Schließlich fand ich heraus, warum.

»Hey, Jen, hast du schon von der neuen Radiosendung gehört, die nächste Woche auf *WGN* startet?«, fragte mich eine Freundin.

Sie hatten die Idee für die Sendung in die Tat umgesetzt und dabei einen *Mann* als Moderator engagiert.

Jan schrieb mir dann doch noch eine Mail: »Tut mir leid. Ich habe mich wirklich für dich eingesetzt, Kevin jedoch wollte der Sache lieber eine andere Richtung geben.«

Eine andere Richtung geben war die sanfteste Umschreibung für Machotum, die ich je vernommen hatte.

»Ich *hasse* die ganze Medienbranche!«, schrie ich, nachdem ich Clay von dieser Nachricht erzählt hatte. »Es ist wieder genau der gleiche Mist wie damals schon beim Fernsehen.«

»Ich glaube, beim Fernsehen ist es noch schlimmer«, sagte er. »Viel schlimmer …«, was mich aber nicht wirklich tröstete.

»JEN, HIER IST Marc. Kannst du am Mittwoch zu einem Pitch-Meeting nach New York kommen?«, hörte ich auf dem Anrufbeantworter. Marc war ein befreundeter Produzent, und wir wollten die von mir entwickelte Reality - show einem interessierten Sender anbieten.

Schnell ging ich online und buchte ein Hotelzimmer. Für die Lage war das Zimmer erstaunlich günstig. »Und dabei ist es mitten im Zentrum!«, berichtete ich Clay begeistert.

Bei diesem Meeting ging es für mich um eine Menge. Lief alles nach Plan, wäre ich Moderatorin, Produzentin *und* Ideengeberin in Personalunion, was bedeutete, dass ich gleich drei Gehaltsschecks bekam … wenn nur der Sender zustimmte.

*Endlich!*

Als ich im Hotel eintraf, wurde mir klar, warum das Zimmer so billig war. Die Heizung war nicht nur kaputt, sondern neben ihr klaffte in der Außenwand des Zimmers ein Loch, welches den Blick auf Downtown Manhattan freigab. Ein Zimmer mit Aussicht sozusagen. Oh, ich vergaß zu erwähnen, dass wir Februar hatten *und* es heftig schneite!

Auf meine heftige Reaktion hin meinte der Portier lakonisch: »Sie haben das Zimmer über eine andere Webseite bestellt, nicht über unsere. Also ist das nicht unser Problem.« Ich beneidete ihn um seinen Pragmatismus, der ihm ganz bestimmt so manche dunkle Stunde im Leben ersparte.

»Ich werde erfrieren!«, drohte ich ihm und sah wohl so aus, als wollte ich sofort damit anfangen.

»Wir bringen Ihnen ein paar zusätzliche Decken«, entgegnete er gönnerhaft. Der Ton seiner Stimme signalisierte: »Nun stell dich mal nicht so an, Herzchen.«

In der Hoffnung, auf diese Weise die Kälte auszusperren, stopfte ich die Decken in das Loch an der Heizung.

»Warum versuchst du nicht, ein anderes Hotel zu finden?«, fragte Clay, als ich ihm am Telefon von meiner Misere berichtete. Aber es war schon spät, und ich wollte mich auf das Meeting konzentrieren.

»Ganz einfach, weil ich etwas Schlaf brauche«, sagte ich und legte auf.

Es war so kalt, dass ich fast schon meinen Atem dampfen sehen konnte. Dann hörte ich von der Heizung her ein lautes Klopfen, auf das ein dumpfes Geräusch folgte.

*Was ist denn jetzt los?*

Ich schaltete die Nachttischlampe ein. Die Decken, die ich in das Loch gestopft hatte, waren heruntergefallen.

*Oh mein Gott!*

Auf dem Fensterbrett saß eine New Yorker Ratte von der Größe eines Waschbären und starrte mich an. Offenbar war das ihr Zimmer. Ich war so geschockt, dass ich noch nicht einmal schreien konnte. Ich erstarrte einfach und musste augenblicklich an die Szene in dem Film *Rata-touille* denken, als der Küchenchef zum ersten Mal bemerkte, dass in dem Pariser Restaurant eine Ratte den Kochlöffel schwang.

Ich griff zum Telefon und rief an der Rezeption an. Ich erinnere mich nicht genau an meine Worte, bin mir aber ziemlich sicher, dass »Scheißladen« und »Ratte« darin vorkamen. Und dann fielen mir meine Stiefel ein. Die Absätze konnte ich zur Verteidigung nutzen, falls die Bestie zum Angriff überging.

Während ich langsam nach den Stiefeln tastete, lieferten die Ratte und ich uns einen Wer-zwinkert-wohl-zuerst-Wettstreit. Die Ratte hatte sich keinen Zentimeter bewegt, seit ich das Licht eingeschaltet hatte. Aus der schnellen Bewegung ihres Bauches heraus schloss ich aber, dass sie sehr heftig atmete. Also zog ich meine schwarzen Stiefel an und stellte mich kampfbereit aufs Bett.

Ich bot einen bemerkenswerten Anblick mit meinen Fußballshorts von 1992 (sehr hübsch, mit Löchern und ausgefransten Rändern), meinem Chicago-Bulls-T-Shirt (ebenfalls aus den frühen Neunzigern) und kniehohen schwarzen Lederstiefeln. In diesem desaströsen Outfit stand ich stocksteif mehrere Minuten auf dem Bett und wartete darauf, dass endlich Hilfe eintraf. Jedenfalls kam es mir vor wie eine Ewigkeit. Warum passiert das gerade mir und gerade jetzt?, fragte ich mich. Wenn wir wirklich immer da sind, *wo wir sein sollen*, welchen Sinn machte das hier dann, verdammt? Handelte es sich um eine Art Warnung, um ein düsteres Vorzeichen für das bevorstehende Meeting? Sollte ich besser nicht hier in New York sein? Wie sah der göttliche Plan für mein Leben jetzt gerade aus?

Endlich klopfte es an der Tür.

»Herein«, sagte ich.

Sobald sich die Tür öffnete, flüchtete ich wie ein geölter Blitz nach draußen auf den Flur. Der Nachtportier betrat das Zimmer, und die fette Ratte sprang zurück in das Loch neben der Heizung, durch welches sie hereingekommen war. Inzwischen vollführte ich auf dem Flur eine Art irischen Stepptanz in der Hoffnung, etwaige Rattenköttel von mir abzuschütteln.

»Oh mein Gott! Igittigitt!«, schrie ich dabei.

Der Nachtportier packte meine Sachen zusammen und bat mich, nach unten in die Hotelhalle vorzugehen. Mittlerweile war es ein Uhr morgens. Der Nachtportier kam mir mit meinem Gepäck hinterher und verkündete mir die gute Nachricht, dass er ein anderes Zimmer für mich habe.

»Ich dachte, es wäre kein anderes Zimmer frei«, sagte ich.

»Sie haben doch noch eines gefunden«, entgegnete er.

Während wir vor dem Aufzug warteten, musterte er *meinen* Aufzug.

»Hatte leider keine Zeit, mich ausgehfertig zu machen«, knurrte ich ihn an.

Die Aufzugtüren öffneten sich und gaben eine Fuhre alkoholisierter Touristen frei. Ich hoffte, dass sie zu betrunken waren, um von meiner unpassenden Bekleidung und der Nachtcreme auf meinem Gesicht Notiz zu nehmen.

Der Nachtportier fuhr mit mir ins oberste Stockwerk.

»Ohhh, das Penthouse«, frotzelte ich.

»Ja«, sagte er mit todernster Miene.

*Wie bitte?*

Wir gingen zu der einzigen Tür weit und breit.

»Etwas anderes war nicht mehr frei«, sagte er und steckte den Schlüssel ins Schloss.

»Ich glaub's ja nicht!«, ächzte ich. »Bin wohl ein echter Glückskeks.«

Es war eine Apartment-Suite mit Küche, Wohnzimmer und Schlafzimmer, groß genug, um darin Rollschuh zu laufen.

»Lassen Sie es uns wissen, wenn Sie weitere Wünsche haben«, sagte der Nachtportier und trug mein Gepäck ins Schlafzimmer.

*Wirklich: Wir sind in jedem Augenblick da, wo wir sein sollen.*

MEIN TREFFEN mit den Reality-TV-Produzenten am nächsten Tag lief gut. Das Rattenabenteuer erwies sich als ausgezeichnete Geschichte, um das Eis zu brechen.

Ich gönnte mir den Besuch einer Broadwayshow, und auf dem Rückweg zum Hotel kaufte ich eine kleine Flasche Sekt und einen Bagel, um den vielversprechenden Geschäftstermin zu feiern. Als ich mir im luxuriösen Penthouse schließlich ein Glas Sekt einschenkte, überkam mich wieder das unbändige Gefühl, die Story meinem Vater erzählen zu wollen. Er fehlte mir so sehr.

»Oh Gott, ich hoffe, aus diesem Projekt wird was«, sagte ich also zu dem leeren Zimmer. »Bitte, Dad, hilf mir, dass ich den Job bekomme! Es ist wirklich höchste Zeit, dass es bei mir endlich wieder aufwärts geht.«

Ich zündete die Kerzen an, die ich im Wohnzimmer der Suite entdeckt hatte, und setzte mich auf das Sofa.

*Ich fasse es nicht, dass ich dieses riesige Penthouse für mich allein habe!*

Draußen vor den Fenstern rieselte der Schnee auf Manhattan. Spontan überkam mich das Gefühl, mein Vater wäre ganz nah bei mir, fast so, als besuche er mich im Hotel.

*Bist du hier, Dad?* »Wenn du hier bist, dann puste diese Kerze aus«, sagte ich laut und schaute die Kerze an, die vor mir auf dem Tisch stand.

Es vergingen nur ein paar Sekunden, dann erlosch plötzlich die Flamme.

*Oh mein Gott!* Ich schaute nach, ob möglicherweise ein Fenster offen stand. Nein, das war nicht der Fall. Und die anderen drei Kerzen brannten weiterhin.

»Wenn du das *wirklich* warst, dann puste noch eine Kerze aus!«, verlangte ich.

Ich starrte die Kerzen an, doch es geschah nichts. Aber ich konnte fast sehen, wie mein Vater wütend die Augen verdrehte. »Mädchen! Da hab ich nun gerade diese blöde Kerze für dich ausgeblasen, und jetzt willst du den Zirkus noch mal? Bist du anspruchsvoll geworden! Eine echte Prinzessin auf der Erbse!«

Schweigend trank ich meinen Sekt aus und starrte dabei in die verbliebenen Kerzenflammen. Dann ging ich schlafen.

NACH MEINER Rückkehr aus New York ließen diese Fernsehproduzenten nichts mehr von sich hören. Wochen vergingen. Eines Tages schaltete ich den Fernseher ein und sah, dass *meine* Sendung ausgestrahlt wurde, mit dem kleinen Detail, dass nicht ich als Moderatorin da vorne saß und die Sendung einen anderen Namen trug.

*Was zum T… War das Leben denn wirklich ein einziges Déjà-vu?*

Ich rief Marc an. »Die haben unsere Show geklaut! Wie können die so was tun?«

»Gedanken sind so frei, dass sie gerne geklaut werden. Das kommt in diesem Geschäft immer wieder vor«, sagte er. »Ist zwar eine echte Scheiße, die man ruhig auch so nennen kann, aber dagegen tun kann man nichts. Hab Geduld! Unsere Stunde kommt noch.«

*Nimm es nicht persönlich.*

DIE FÜR MICH am schwersten zu lernende spirituelle Lektion war es, die Verhaltensweisen anderer Menschen nicht als persönliche Angriffe zu betrachten. Das schlechte Benehmen anderer mir völlig fremder Menschen erreichte mich mal stärker, mal schwächer dosiert; von der humorlosen Mutter am Spielplatz bis zum selbstsüchtigen Fernsehproduzenten in New York.

»Vielleicht bedeutet dieser erneute Fehlschlag ja nur, dass doch noch etwas Besseres auf mich wartet?«, fragte ich Therese hoffnungsvoll am Telefon.

»Hättest du den Auftrag bekommen, diese Sendung zu produzieren, wäre das für dich nicht mehr die gleiche spirituelle Reise gewesen«, meinte sie nur lakonisch.

»Mag sein. Aber dafür wäre ich jetzt reich. Dafür hätte ich das Opfer gebracht«, scherzte ich.

»Du wirst auf andere Weise zu Wohlstand gelangen«, entgegnete Therese. »Er wird von innen kommen, nicht von außen.«

# 4

# Kardinäle, Träume und Gänsehaut

## Achte auf die Zeichen!

Antwort der katholischen Kirche Allerheiligen:

> KATHOLISCHE HUNDE
> KOMMEN IN DEN HIMMEL –
> EVANGELISCHE HUNDE KÖNNEN
> MIT IHREM PASTOR SPRECHEN.

»HALLO, MEIN SCHATZ, hier ist deine Mutter«, hörte ich auf dem Anrufbeantworter. Alle ihre Nachrichten fingen so an. Es war fast wie ein Lied. Ihre Stimme wanderte die Tonleiter hinauf und hinunter, und man merkte deutlich, dass sie einmal Sopranistin gewesen war.

»Ich möchte, dass du jetzt gleich Kanal 11 einschaltest, okay? Da ist Wayne Dyer zu Gast. Es ist ein neues Buch von ihm erschienen: *Keine Ausreden!* Du solltest dir das unbedingt anhören.«

Meine Mom gab mir ständig Tipps, welche Gurus oder spirituellen Ratgeber gerade im Fernsehen auftraten. Erzählte ich ihr von einem Autor, den ich interviewt hatte, dann tat sie das gerne als »Predigen« ab. Sah sie den Autor dann im Fernsehen, war er sofort ein Heiliger.

»Ich bin sicher, dass er dich inspirieren wird, Liebling«, sagte sie.

Außerdem war Mom geradezu besessen davon, mir ständig irgendwelche Stellenangebote zuzumailen, die sie vorher aus dem Internet herauskopierte. Sicherlich meinte sie es gut, wie so ziemlich alle Mütter dieser Welt es immer irgendwie gut meinen, doch es nervte mich zusehends, wenn ich schon wieder eine ihrer Listen in meinem Postfach entdeckte.

»Mit so einem Auftritt – und das prophezeie ich dir! – könnte deine Karriere als Schriftstellerin einen enormen Schub erfahren, mein Schatz! Das muss doch irgendwie zu schaffen sein, dass auch du wie Wayne Dyer in diese Sendungen eingeladen wirst!«

In der Vorstellung meiner Mutter musste ich nur zum Hörer greifen, den Sender anwählen, sagen, wer ich bin, und – schwupp! – schon böte man mir ein langes Interview oder gleich eine ganze Sendung an, mein eigenes PBS-Special.

»Du bist Autorin, Schatz. Und du hast viel mehr Witz als Wayne Dyer«, sagte sie.

»Danke für die Blumen, aber so einfach ist das nicht, Mom.«

Trotzdem schaltete ich bei Wayne ein, und das Erste, was ich ihn sagen hörte, war: »Jede Ausrede, die Sie vorbringen, beruht auf einem Denkfehler.«

Ich schnappte mir einen Stift und notierte diesen Satz. *Ausrede = Denkfehler.*

»Danke, Mom!«, sagte ich aus vollem Herzen und meinte *Danke, Wayne!*. Ich hätte mich gerne vor die Röhre gehockt, war jedoch in Eile und hatte zudem noch immer meine Mutter in der Leitung. »Ich kann mir das jetzt nicht anschauen. Ich muss los.«

»Oh, wirklich? Was hast du denn vor?«, fragte sie und hoffte vermutlich, dass meine Antwort lauten könnte: »Ich habe ein Bewerbungsgespräch bei CBS, um meinen alten Job zurückzubekommen.« Sie tat sich immer noch schwer damit, zu begreifen, warum ich einen gut bezahlten Job bei einem großen Sender aufgegeben hatte. (Nebenbei bemerkt, das verstanden die meisten Leute nicht.)

»Ich halte wieder einen Vortrag in Woodstock«, sagte ich.

Die Buchhandlung in Woodstock hatte in einem italienischen Restaurant einen Abend organisiert, den sie »Abendessen, Vortrag und Signierstunde mit Jen« nannte. Siebzig Frauen hatten sich angemeldet, um bei Lasagne und Rotwein über Spiritualität zu fachsimpeln.

»Okay. Viel Spaß, mein Schatz«, sagte Mom und legte auf.

Auf der anderthalbstündigen Fahrt nach Woodstock klingelte mein Handy. Wieder meine Mutter.

»Jaaa, Mom?«, fragte ich.

»Weißt du, Schatz, ich habe nachgedacht. Vergiss das mit dem PBS-Special. Was du wirklich tun solltest, ist, auf die Bühne zurückzukehren.«

Dieses Thema hatte ja bereits mein alter Schulfreund James zur Sprache gebracht, als ich ihm in Chicago über den Weg lief. Und nun Mom. Und wie es der Zufall wollte, hatte ich mich außerdem gerade mit Stef, einem früheren Schauspielkollegen, getroffen und darüber gesprochen, wie ich in Zusammenarbeit mit einem gerade neu eröffneten Theater in Chicago meine One-Woman-Show realisieren konnte.

»Ich habe seit über zehn Jahren auf keiner Theaterbühne gestanden, Mom«, gab ich zu bedenken.

»Na und? Du hältst andauernd Vorträge. Das sind doch wohl öffentliche Auftritte und auch nichts anderes als Theater, oder etwa nicht?«

»Mag sein. Aber ich weiß gar nicht, ob ich im Moment Zeit für so was habe.«

»Hey, jetzt denke mal an Wayne Dyer! Jede Ausrede beruht auf einem Denkfehler.«

*Ist das denn eine Ausrede? Ich habe in letzter Zeit wirklich viel zu tun.*

»Wenn du es wirklich tun willst, Schatz, dann wirst du auch die Zeit dafür finden.«

»Danke, Mom.«

»Und ich habe dir eben wieder einen Link geschickt. Da kannst du dich als Moderatorin bei QVC bewerben.«

»QVC? Dieser alberne Verkaufskanal? Ich habe wirklich keine Lust, mit Joan Rivers Schmuck zu verhökern!«

»Okay, okay. Ich möchte dir ja nur helfen«, sagte sie hörbar gekränkt.

»Ja. Das weiß ich ja auch zu schätzen. Ich ruf dich bald wieder an, Mom.«

Nach dem Telefonat fing ich an, meine Situation zu analysieren:

*Wie sollte ich denn diese Show überhaupt auf die Beine stellen? Würde Stef mir auch wirklich dabei helfen? War er dafür überhaupt der Richtige? Konnte ich tatsächlich allein eine ganze Bühnenshow bestreiten? Würde das auch nur ein einziger zahlender Zuschauer aushalten? Was, wenn ich dafür gar nicht gut genug war? Oh mein Gott ...*

Während ich fuhr und hinaus auf die Maisfelder schaute, spulte sich mein innerer Monolog immer weiter ab und brachte mich langsam, aber sicher an den Rand eines Nervenzusammenbruchs.

*Kannst du mir ein Zeichen geben, ob ich diese Show wirklich machen soll? Das wäre schön ...*

Woodstock liegt mitten in ausgedehntem Farmland, und nun näherte ich mich meinem Ziel. Mein Blick fiel auf eine große Reklametafel. Darauf war die Werbung einer Airline zu sehen, mit einem Mann, der in einem Flugzeugsitz saß ... Stef?

Ich traute meinen Augen nicht. Die riesenhaft vergrößerte Version meines Freundes schaute mich von der Reklametafel herab an. Und ich war auf dem besten Weg in den Straßengraben. Ich fuhr rechts ran, griff zum Handy und rief ihn an.

»Machst du Reklame für eine Airline? Auf überdimensionalen Werbetafeln hier in der Gegend?«

»Yep. Ich wusste nur nicht, dass die schon draußen ist. Wieso?«

»Hab dich gerade gesehen. Ich habe den Himmel gefragt, ob ich mit dir und deiner Truppe meine Show realisieren soll, und im nächsten Moment – zong! – sehe ich deine Reklametafel! Du sitzt in einem startenden Flugzeug und schaust mich an!«

Mir gefiel die Symbolik des Startens und Abhebens. War das nicht ein deutliches Zeichen, dass dieses Projekt unter einem guten Stern stand?

Er lachte. »Hast recht! Das ist ein Zeichen! Nix wie los. Gehen wir die Sache an.«

Nach meinem Vortrag in dem Restaurant in Woodstock kam eine mir völlig unbekannte Frau auf mich zu.

»Jenniffer, haben Sie je daran gedacht, aus diesem Vortrag so was wie eine One-Woman-Show zu machen?«

Ich starrte sie nur an. So viele Zeichen. Als wollte mir das Universum einen Tritt in den Hintern geben.

*Ich glaube, ich sollte diese Show machen.*

DIE SHOW ZU schreiben erwies sich als nicht ganz so einfach, wie ich es mir vorgestellt hatte. Die Uhr tickte, und ich hatte erst zwei Seiten geschrieben. Jedes Mal, wenn ich mich an den Computer setzte, war es, als ob ich mit meinem Wagen gegen eine Wand fuhr. Aus Tagen wurden Wochen, und nun sollten schon bald die Proben beginnen. Das Problem war nur, dass ich noch immer kein Skript hatte!

*Ich brauche ein Zeichen, Dad. Wo ist mein Kardinal?*

James van Praagh hatte mir gesagt, dass unsere geliebten Verstorbenen uns oft in Gestalt von Wildtieren erschienen oder uns in Träumen besuchten. Mein Vater erschien mir immer als Roter Kardinal. Für gewöhnlich erschien mir genau dann ein solcher Vogel, wenn ich eine kleine Erinnerung daran benötigte, dass mein Vater gar nicht weit weg von mir war.

Mein Vater war am Vatertag des Jahres 2001 gestorben. In jedem Jahr fällt dieser Feiertag auf ein anderes Datum, aber es ist immer ein Sonntag. Dad war an einem 17. Juni gestorben. Im Jahr 2008 fiel der Vatertag erneut auf einen 17. Juni. An diesem Tag litt ich unter der schlimmsten Schreibblockade, die ich je erlebt hatte. So beschloss ich, mit meinem Hund einen Spaziergang zu machen, in der Hoffnung, dadurch meinen Kopf freizubekommen.

Ich ging oft spazieren, aber normalerweise nicht mit meinem Hund Max. Mein Mann und ich hatten ihn aus dem Tierheim gerettet. Er war ein wunderbarer Hund, ein echter Gefährte und Freund, aber als Begleiter auf einem Spaziergang eine einzige Katastrophe. Max stürzte sich auf alles, was sich bewegte, und zog so sehr an seiner Leine, dass er sich dabei fast strangulierte. Das war ziemlich nervig. Aber an diesem besonderen Tag war mir nach Gesellschaft zumute, und außer Max war leider niemand greifbar.

Nachdem Max mich eine ganze Weile hinter sich hergeschleift hatte, gelangten wir zu einer Kirche. Es handelte sich um jene Kirche, in der mein Vater seine zweite Frau geheiratet hatte. Ich war also schon mal da gewesen, hatte seitdem allerdings nie wieder einen Fuß hineingesetzt. Mit einem Mal überkam mich das Gefühl, ein Besuch dieser Kirche könnte mir weiterhelfen.

Würde sich die Schreibblockade auflösen, wenn ich niederkniete und betete? Käme dann vielleicht auch noch etwas himmlische Inspiration dazu?

Ich parkte Max vor der Tür. Dann drückte ich die Klinke herunter, aber die Kirche war abgeschlossen. Ich war alles andere als eine fleißige Kirchgängerin, aber immerhin war Sonntag, und selbst mir war in Erinnerung geblieben, dass es sich dabei um einen besonders religiösen Tag handelte, an dem Kirchen normalerweise geöffnet zu sein hatten. Ich klopfte lautstark an der Tür. Allmählich kamen mir die Tränen.

*Lieber GOTT, hab Erbarmen mit mir! Ich weiß, ich be-
suche dich nicht gerade oft. Aber gerade heute wäre ich
so gerne bei dir gewesen!*

Ich setzte mich auf die Stufen, stützte meinen Kopf in
die Hände.

*Da will ich Gott nun mal nahe sein, und selbst da stellt
sich mir etwas in den Weg.*

Ich spähte durch das kleine Glasfenster in der Tür. Drinnen brannte kein Licht, niemand hatte Kerzen angezün-
det, kein einziger Gottesdienstbesucher hielt sich noch
dort auf. Ich sah nur leere Kirchenbänke. Also band ich
Max wieder los.

Als wir uns erst ein paar Meter von der Kirche entfernt
hatten, kam der Hund auf die glorreiche Idee, einen großen Haufen mitten auf den Rasen zu setzen. Das war ganz
offensichtlich seine Art, mir seine Zuneigung zu zeigen
und mich damit über die erlittene Schmach hinwegzu-
trösten.

*Aber ... Halt! Doch nicht auf Gottes Rasen!*

Ich bückte mich, um mit einem Plastikbeutel den
dampfenden Hundedreck zu entfernen. Wieder liefen
mir Tränen übers Gesicht. Ich ging zu den Mülltonnen
hinter der Kirche. Als ich den Beutel mit Max' Haufen in
die Tonne warf, sah ich einen wunderschönen Roten Kardinal. Der Vogel saß auf dem Zaun, keine zwei Meter von
mir entfernt.

»TSCHIEP! TSCHIEP!«

Da ich schon so lange keinen Kardinal mehr gesehen
hatte, hätte ich doch eigentlich sehr erfreut und erleichtert sein müssen. Stattdessen ärgerte ich mich.

*Das war doch purer Zufall.*

Als Max und ich weitergegangen waren, vernahm ich
plötzlich eine Stimme. Ob Sie es mir glauben oder nicht,
ich nahm diese Stimme kristallklar wahr.

*Du musst nicht in eine Kirche gehen, um mich zu fin-
den, Jen. Ich bin immer genau hier, ob bei den Müllton-*

*nen oder auf einer Kirchenbank. Ich bin immer, immer bei dir.*

Doch statt Erleichterung zu verspüren, geriet ich schlichtweg in Panik.

*Na super! Jetzt fange ich schon an, Stimmen zu hören! Werde ich etwa verrückt?*

Er schien gut gefressen zu haben, denn kurz darauf überkam es Max erneut. Zum Glück war ich mit einem weiteren Plastikbeutel bewaffnet und steuerte kurz darauf die nächste Mülltonne an, um die Hundehinterlassenschaft zu entsorgen. Gerade als ich den Deckel der Tonne hochhob, begrüßte mich erneut ein leuchtend Roter Kardinal. Er saß nur einige wenige Zentimeter von meiner Hand entfernt.

»TSCHIEP! TSCHIEP!«

Mir blieb die Luft weg. Einen Kardinal zu sehen war ja schön, aber gleich zwei hintereinander, und immer ausgerechnet dann, wenn ich Hundedreck entsorgte? Das war ja geradezu unheimlich! Ich blickte hoch zum Himmel und legte fest, dass dies der richtige Zeitpunkt war, um meine Bestellung aufzugeben.

*Beim Schreiben dieser Show brauche ich deine Hilfe, Dad. Ich weiß, dass ich es eigentlich kann, dass es eigentlich in mir steckt. Dennoch brauche ich Führung, nenne es: Inspiration! Kannst du mir dabei helfen, meine Schreibblockade zu überwinden? Du bist der beste Autor, den ich kenne. Lass mich doch ein wenig an deiner Erfahrung teilhaben. Bitte.*

Als mein Vater noch unter den Lebenden weilte, arbeitete er zu viel, ging zu spät ins Bett und heiratete zu oft. Wir hatten nicht wirklich viel Zeit miteinander. Das änderte sich erst, als ich zwanzig wurde, denn von da an konnten wir uns in seinen Lieblingsbars treffen.

Erst als er krank wurde, verschob er seine Prioritäten, und unser Verhältnis veränderte sich. Eigentlich entstand es überhaupt erst. Einmal fuhr ich ihn von einer seiner

Behandlungen nach Hause, nur wenige Monate, bevor er an einem Gehirntumor starb. Trotz der schrecklichen Diagnose strahlte mein Dad eine erstaunliche Ruhe aus. Er legte mir die Hand auf den Unterarm und sagte: »Weißt du, ich werde wohl schon bald nicht mehr lesen, schreiben und Klavier spielen können. Auto fahren kann ich jetzt schon nicht mehr. Und all diese Dinge habe ich immer sehr, sehr gerne getan. Aber darauf kommt es nicht wirklich an, Jen, denn ich kann immer noch *lieben*. Liebe ist das Einzige, was wir mitnehmen können.«

*Ich kann nicht glauben, dass er nun schon sieben Jahre tot ist.*

Ich malte mir aus, wie mein Dad sich im Himmel über all die Hundekacke schieflachte, mit der Max meinen Spazierweg pflasterte. Er hatte immer ein Faible für fäkalen Humor gehabt. Vicki, seine dritte Frau, erzählte mir, mein Vater hätte mehr Zeit auf dem stillen Örtchen verbracht als irgendein anderer Mann auf dem ganzen Planeten. Daher wäre eigentlich eine Kloschüssel der passende Grabstein für meinen Dad gewesen. (Der einzige andere Ort, dem er so viel persönliche Aufmerksamkeit gewidmet hatte, war die *Billy Goat Tavern* gewesen.)

Als ich wieder zu Hause eintraf, ging ich sofort nach oben an meinen Computer. Ich setzte mich davor und schrieb drei Tage lang am Stück. Nach einer Woche war das Skript für meine Show fertig.

IN DEN TAGEN vor der Premiere ging so ziemlich alles schief. Die Bühnendekoration wurde nicht rechtzeitig fertig. Außerdem gab es mit der Beleuchtung Probleme. Wir hatten die Show noch kein einziges Mal komplett und in einem Stück geprobt.

*Komm schon, Dad. Ich brauche ein Zeichen, dass alles gut laufen wird! Ich habe solche Angst.*

Ich unternahm ein paar weitere Hundespaziergänge, auf denen Max zwar reichlich Haufen produzierte, und doch begegnete mir an den Mülltonnen kein einziger Kardinal. Langsam, aber sicher ging alle Hoffnung flöten.

Am Abend vor der Premiere bekam ich einen Anruf aus dem Theater.

»Das Wochenende ist ausverkauft!«, rief der Theaterbesitzer aufgeregt.

Ich legte auf und bekam eine entsetzliche Panikattacke. Wir hatten nicht nur keine wirkliche Generalprobe gemacht, ich hatte zudem seit über einem Jahrzehnt nicht mehr auf einer Theaterbühne gestanden. Wenn dieses Projekt in die Hose ging, dann war das ganz allein meine Schuld.

*Bitte, Dad. Lass mich wissen, dass alles gut gehen wird.*

Während ich mich an jenem Abend in den Schlaf weinte, stellte ich mir immer wieder dieselbe Frage: Warum um alles in der Welt hatte ich mich in einen solchen Schlamassel hineingeritten?

Als ich schließlich einschlief, träumte ich, dass ich über eine Wiese mit schönen Blumen lief. Hohes Gras wehte im Wind. Ich fühlte mich wie eine Darstellerin in *Wiedersehen in Howards End*, *Maurice* und *Zimmer mit Ausblick* zugleich: Emma Thompson würde mich sogleich auf der anderen Seite des Hügels begrüßen. Ich war irgendwohin unterwegs, und ich schien das Ziel genau zu kennen. Ich erreichte eine schmale Straße, die zum Meer führte. Ich folgte ihr, und salzige Luft stieg mir in die Nase. Irgendwie fühlte es sich an wie an der Ostküste. In der Ferne sah ich eine kleine Hütte. Als ich näher kam, hörte ich Musik und Gelächter. Es war eine Bar, eine Freiluftbar, und die Gäste waren ganz offensichtlich in Feierlaune. Die Bar sah aus wie die *Billy Goat Tavern*, in der mein Vater so gerne war. Nur dass die Bar nicht in der Stadt lag, unter der Michigan Avenue Bridge, sondern draußen am Meer. An der Theke gab es noch einen freien Barhocker. Ich schaute mich um und erkannte niemanden von den Gästen. Alle schienen bester Laune zu sein. Hier war gerade Happy Hour, Drinks zum halben Preis, alles bestens. Die Nachmittagssonne erhellte die Bar, und ihre Strahlen spielten auf dem Wasser. Der Barmann sah mich an, als ob er mich schon ewig kennen würde.

»Hey, Jen! Ich habe eine Nachricht für dich«, sagte er und stellte ein altes Telefon mit Wählscheibe und dicker Schnur auf die Theke, das aus den Siebzigerjahren übrig geblieben schien.

»Ein Anruf für dich«, sagte er lächelnd.

Zögernd nahm ich den Hörer.

»Hallo, Jen! Hier ist dein Dad!«

Am anderen Ende der Leitung hörte ich klar und deutlich die Stimme meines Vaters.

»Hör sofort damit auf, dir Sorgen zu machen, Jen! Ist das klar? Alles wird bestens laufen. Du kannst es. Ich weiß, dass du es kannst. Mach dich nicht verrückt. Alles wird sich wunderbar fügen.«

Seine Stimme klang genau so, wie ich mich an ihn erinnerte. Tim Weigel rief mich aus dem Grab an. Ich war sprachlos. Und natürlich rief er mich in einer Bar an!

»Wo bist du gewesen, Dad? Ich versuche schon seit Tagen, dich zu kontaktieren«, sagte ich unter Tränen.

»Oh mein Liebling. Ich bin hier. Denke niemals, ich wäre nicht hier. Ich bin immer hier. Allerdings kann ich nicht jedes Mal zurückrufen, wenn du mich anrufst. Aber glaub mir: Ich bin bei dir, auf jedem Schritt deines Weges.«

Ich wischte mir die Tränen ab und presste den Hörer an mein Ohr.

»Ich hätte mich schon viel früher gemeldet, aber du hast ja keine Ahnung, wie teuer Ferngespräche von hier sind!« Er lachte.

Laut lachend wachte ich auf. Der Traum war so was von klar gewesen. Ich hatte immer noch Dads vergnügtes Gelächter im Ohr, als ich mich aufsetzte, um alles aufzuschreiben, damit ich es bloß nicht vergaß.

NACHDEM DIE Show ein paar Wochen gelaufen war, fing ich an, mich richtig wohl in meiner Haut zu fühlen.

An einem Abend geschah etwas sehr Bemerkenswertes. Ich kam zu jener Stelle der Show, an der ich in Therese Rowleys Rolle schlüpfte und sie mir eine Nachricht meines toten Vaters übermittelte. Gerade als ich zum Sprechen ansetzte, durchströmte mich ein unglaubliches Wärmegefühl. Ich bekam am ganzen Körper eine Gänsehaut. Ich setzte an, und dann kamen mir Worte über die Lippen, die überhaupt nicht in meinem Skript standen: »Dein Dad sendet dir gerade jetzt – in diesem Moment! – nichts als reine Liebe«, hörte ich mich sagen und atmete heftig zur Seite aus, wie es Therese manchmal bei ihren Sitzungen praktizierte. »Ganz viel Liebe.«

Ich atmete ein paarmal tief durch, und die Gänsehaut verschwand wieder. Danach kehrte ich zu meinem eigenen Text zurück und spielte den Rest der Szene wie gewohnt.

Nach der Show kam Therese zu mir. Sie lächelte strahlend. Sie hatte fast alle meine Auftritte besucht.

»Hast du heute Abend gespürt, dass jemand in der Nähe ist?«, fragte sie. Therese ermutigte die Leute stets, die eigene Intuition zu entwickeln.

»Also, es gab einen Moment, in dem ich den Atem anhielt«, fing ich an zu erklären.

»Das lag daran, dass dein Vater genau hinter dir stand«, sagte sie.

»In der Szene, in der ich bei dir zu Besuch bin, richtig?«

»Ja. Er stand unmittelbar hinter dir, und er hat mich im Zuschauerraum angeschaut und zu mir gesagt: ›Ist sie nicht großartig?‹ Er trug einen leuchtend gelben Blazer.«

Die Vorliebe meines Vaters für schrille farbige Blazer war legendär. Diese hatte mein Dad entwickelt, als er mit seiner dritten Frau anbandelte und kurz bevor er seine zweite verließ.

»Ich bekam eine Gänsehaut«, sagte ich.

»Das ist völlig normal, wenn Geister in der Nähe sind«, sagte Therese, als spräche sie davon, dass Schwalben tief fliegen, wenn ein Gewitter naht. »Du hast heute deinem Text einen neuen Satz hinzugefügt«, fuhr sie fort.

Nachdem sie schon so viele Aufführungen gesehen hatte, kannte sie meine Show in- und auswendig.

»Schön, dass es dir aufgefallen ist.«

*Er sendet dir ganz viel Liebe …*

JE MEHR SICH die Zeit der Shows dem Ende zuneigte, umso trauriger wurde ich und zudem urlaubsreifer. Das Theater, in dem ich auftrat, fasste etwa achtzig Zuschauer. Die erste Reihe bestand aus einer Reihe von Tischen auf Bühnenhöhe. Daher hatte ich die vorderen Zuschauer immer sehr gut im Blick. Und so fiel mir eines Abends ein Mann auf, der mit verschränkten Armen in der ersten Reihe saß. Er war in Begleitung von drei Frauen und machte ein Gesicht, als ob sie ihn regelrecht ins Theater geschleift hatten.

Ich liebte Herausforderungen und war geradezu besessen davon, diesem Mann ein Lachen oder wenigstens ein Lächeln abzuringen oder überhaupt irgendetwas, was wie eine Reaktion aussah. Aber je mehr ich mich auf ihn fixierte, desto missmutiger wirkte er. Als ich zu der Stelle kam, an der ich James van Praaghs Theorie darüber beschrieb, was geschah, wenn wir starben, fing dieser Mann an, angewidert zu schnaufen. Er verdrehte die Augen und schüttelte den Kopf.

Ich war entsetzt und zugleich bemüht, *es nicht persönlich zu nehmen*, aber aus irgendeinem Grund konnte ich die Negativität dieses Typen nicht abschütteln.

Nach der Show verkroch ich mich in meiner Garderobe und wollte nicht herauskommen.

»Hör mal, Jen, hier sind ein paar Leute, die dich gerne sprechen möchten«, sagte mein Inspizient draußen vor der Tür.

*Warum will mich jemand sehen? Für den heutigen
Abend hätte ich die Goldene Himbeere verdient. Will
sich da einer an meinem Versagen erfreuen?*

Ich holte tief Luft und öffnete die Tür, um mich der
Situation zu stellen. Zu meiner Überraschung stand keine
Situation, sondern besagter Mann vor der Tür mit besagten drei Frauen. Er blickte immer noch finster, die Arme
abwehrend vor der Brust verschränkt, die Körpersprache
eines Legasthenikers sprechend, aber die Frauen strahl-
ten bis über beide Ohren.

»Du meine Güte, Jenniffer, das war einfach wundervoll«, sagte schließlich eine von ihnen. »Es hat uns unglaublich gut gefallen.«

*Uns! Man höre und staune.*

Ich schaute den Mann an, der auf den Boden starrte.

»Gehört der auch zu Ihnen?«, fragte ich die Frau neben
ihm.

Sie warf einen Blick auf ihren Begleiter, der immer noch
den Kopf gesenkt hielt.

Sie lachte. »Ach, machen Sie sich wegen dem keine Gedanken. Der hat uns bloß hergefahren.«

»Und am Wochenende kommen wir mit einer ganzen
Gruppe von Frauen wieder«, sagte eine der anderen beiden Frauen aufgeregt. »Ich kann es kaum erwarten, mir
die Show noch mal anzuschauen!«

»Dann darf der aber nicht noch mal mitkommen«,
scherzte ich.

Der Mann wich noch immer meinem Blick aus. Ich
legte ihm meine Hand auf die Schulter.

»Ich hoffe, Sie haben keine bleibenden Schäden erlit-
ten«, sagte ich, bemüht, die Situation aufzulockern. »Ich
verspreche, ich beiße nicht.«

Er lächelte nervös, weigerte sich aber weiterhin, mir ins
Gesicht zu sehen.

AM NÄCHSTEN TAG traf ich mich mit meinem Freund Rob Sullivan auf einen Kaffee. Rob ist Autor, Lebensberater und Vortragsredner. Ich erzählte ihm von meinem Erlebnis mit dem Mann mit den verschränkten Armen.

»Schau dich mal hier in diesem Café um und suche alles, was blau ist«, sagte Rob lächelnd.

Ich ahnte, dass es sich dabei um irgendeine Weisheitsübung handeln musste, also spielte ich mit. Ich ließ meinen Blick durch das Lokal schweifen und registrierte alle blauen Gegenstände.

»Okay«, sagte ich. »Hab ich.«

»Jetzt sag mir, was alles grün ist.«

*Grün? Aber ich habe nicht nach grünen Dingen gesucht! Was soll denn der Quatsch?* Ich suchte nach einer klugen Erwiderung, aber mir wollte nichts Geistreiches einfallen.

»Wenn wir uns völlig auf eine bestimmte Sache fokussieren, entgeht uns oft alles andere, was auch noch da ist. Überlege mal, wie viel Energie es dich gekostet hat, dich auf diesen Mann zu konzentrieren. Darüber bist du gar nicht dazu gekommen, dich zum Beispiel über die fröhliche Truppe Frauen um ihn herum zu freuen, die dir applaudiert hat und sogar noch mal wiederkommen will. Für dieses positive Feedback warst du nicht offen, weil du es zugelassen hast, dass diese eine Person deine ganze Aufmerksamkeit beansprucht.«

Ich schaute Rob an und lächelte.

»Hab verstanden. Dann beantworte mir jetzt bitte eine persönliche Frage: Bist du gerade fest liiert?«

Es gab da eine Freundin, die Single war und von der ich glaubte, dass sie perfekt zu einem positiven Menschen wie Rob passen würde.

»Warum fragst du?«

»Ich möchte dir gerne das Senf-Girl vorstellen …«

# 5

# Ich liebe das Senf-Girl

*Pflege gute Kontakte zu den Toten.*

Weitere Antwort der katholischen Kirche
Allerheiligen an die evangelische Kirche gegenüber:

> BEKEHRT HUNDE
> ZUM KATHOLIZISMUS
> UND BEFREIT DADURCH
> IHRE SEELEN!

»DU MUSST UNBEDINGT meine Freundin Jennifer Connor
kennenlernen«, sagte meine Freundin Joyce. »Ihr werdet
euch mögen. Und ihr habt so viel gemeinsam. Wir nennen sie das ›Senf-Girl‹.«

*Soso. Das Senf-Girl. Das Senf-Girl?*

Der Name allein bewirkte, dass ich neugierig einer Verabredung zum Mittagessen zustimmte. Das Oberhaupt
einer Senffirma hatte ich mir zuerst einmal als Mann vorgestellt. Als alten Mann. Als geizigen Typ mit Schnurrbart
und Bierbauch und einem bitteren Zug um den Mund. Da
lag ich völlig falsch! Das Senf-Girl war Firmenchefin und
schaute mich an aus unglaublich blauen Augen. Sie hatte
blondes Haar und ein entwaffnendes Lächeln. Das Senf-
Girl schien ungefähr in meinem Alter zu sein.

Gleich bei unserer Vorstellungsrunde schenkte sie mir
eine Tragetasche voller Flaschen mit den von ihr produ-
zierten Senfsorten – von honigsüß bis Dijon. Ich nahm
eines der Gläser, um es mir näher anzuschauen: Das Senf-

Girl war tatsächlich darauf abgebildet und lächelte mir vom Etikett entgegen.

»Da scheinst du ja so was wie die Galionsfigur der Gewürzbranche zu sein«, scherzte ich.

Wäre ich lesbisch, stünde das Senf-Girl neben Angelina Jolie ganz oben auf der Liste meiner Traumfrauen.

»Ich wusste einfach, dass es eine super Idee ist, euch beide miteinander bekannt zu machen«, mischte Joyce sich ein und drängte das Senf-Girl, seine Geschichte zu erzählen. »Wie war das noch mal, als du mit deinem toten Vater gesprochen hast, weil deine Senffirma gerade den Bach runterging?«

So erfuhr ich, dass das Senf-Girl an der Universität von Wisconsin Kunstgeschichte studiert hatte und damals regelmäßig in einem Imbiss aß, dessen Besitzer den Senf für seine Hamburger nach traditioneller Art noch selbst herstellte.

»Immer wieder schaute ich ihm fasziniert dabei zu, wie er seine Senfmischungen zusammenstellte und mit der Hand verrührte«, erzählte mir das Senf-Girl. »Ich sagte zu ihm: ›Sie sollten dieses Zeug in Flaschen füllen und verkaufen! Es ist einfach himmlisch!‹ Nie zuvor hatte ich so guten Senf gegessen.«

Der Imbissbesitzer nahm sie eines Tages beiseite und erzählte ihr davon, sich zur Ruhe setzen zu wollen. Er fragte sie, ob sie seine Rezepte haben wolle.

»Ich dachte: Was zum Teufel soll ich mit Senfrezepten?« Sie lachte schallend. »Aber dann traf ich mich doch mit ihm, und mehrere Stunden lang weihte er mich in seine Geheimnisse ein.«

Nach mehreren missglückten Versuchen gelang es dem Senf-Girl schließlich, die verschiedenen Senfsorten zuzubereiten. Sie verwendet ausschließlich natürliche (sogar glutenfreie!) Zutaten. Mehrere Monate und erschöpfende Geschäftsbesprechungen später gründete die Kunstgeschichtsstudentin aus Wisconsin ihre eigene Senffirma.

»Ich dachte: ›Wie ist das nur alles gekommen? Ich glaube es einfach nicht!‹ Aber ich liebte diesen Senf, und ich war bereit, alles Erdenkliche zu tun, um ihn auf den Markt zu bringen.«

*Herrlich, seinen Senf dazugeben zu wollen und daraus eine Geschäftsidee zu machen.*

Fünf vor zwölf beschloss ihr Geldgeber plötzlich, dass er doch lieber aus der Sache aussteigen wollte. Plötzlich fehlten die finanziellen Mittel, um weiterzumachen.

Das Senf-Girl fuhr zur Jagdhütte seiner Familie im nördlichen Wisconsin, um dort in Ruhe nachdenken zu können. In der Nähe dieser Hütte war ihr Vater mit einem Sportflugzeug tödlich verunglückt. Damals war sie gerade fünf Jahre alt. Die Hütte erschien ihr als der perfekte Ort, um sich darüber klar zu werden, wie es nun weitergehen sollte.

»Wenn ich dort oben bin, fühle ich mich meinem Vater nahe«, sagte sie.

Bereits auf ihrer Fahrt zur Hütte war sie im ständigen Dialog mit ihrem Vater.

»Ich bat ihn immer wieder um Hilfe. Wenn er mir Zeichen gibt, dann in Form von doppelten Regenbogen oder vierblättrigen Kleeblättern.«

»Doppelte Regenbogen?«, fragte ich. So etwas hatte ich noch nie gesehen. Ich dachte, dass es sie nur im Märchen gibt.

»In regenreichen Gegenden kommen sie öfters vor, aber im Mittleren Westen sind sie ausgesprochen selten«, sagte sie.

Als sie an der Hütte eintraf, sah sie, dass der Rasen gemäht war und es deshalb keine Kleeblätter mehr gab. Und was die Regenbogen anging … »Es regnete die ganze Zeit. Die Sonne ließ sich kein einziges Mal blicken, also gab es auch keine Regenbogen«, sagte sie.

Trotz dieses Mangels an »Zeichen« hielt sich beim Senf-Girl hartnäckig das Gefühl, sie müsse unbedingt auf dem

Senf-Pfad weitermarschieren. Mit diesem Entschluss ge-
wappnet, startete sie ihren Wagen, um zurückzufahren.
Dann hielt sie inne, stieg aus, kniete sich neben ihrem
Wagen auf den Boden und betete.

»Ich habe einfach nur geweint und gesagt: ›Bitte! Dad!
Schick mir irgendeine Botschaft. Ich muss wissen, ob ich
mit dieser Sache weitermachen soll«.

Auf der Fahrt nach Hause machte sie spontan an einer
Kirche halt.

»Ich sah, dass dort gerade ein Gottesdienst stattfand.
Also sagte ich: ›Dad, ich werde in der Predigt nicht auf das
Wort *Senffarben* hoffen können, aber wenn der Priester
in seiner Predigt das Wort *Gelb* erwähnt – oder wenigstens *Orange* –, dann nehme ich das als Aufforderung dazu, mit meinem Senfprojekt weiterzumachen. Wenn nicht,
gebe ich auf.‹ Ich atmete tief durch und ging hinein.«

Sie setzte sich in die hinterste Reihe und wartete geduldig. Der Priester stand auf und begann mit seiner Predigt.
»Auf unserer Reise gibt es immer wieder Zeiten, in denen
wir nicht wissen, wie es weitergehen soll, und in denen
auch die Menschen in unserer Umgebung uns keinen Rat
geben können. Dann fragen wir uns, welcher Schritt unser
nächster sein soll.«

Sie lauschte aufmerksam.

»Aber dann will ich euch an Matthäus 13 erinnern: Das
Himmelreich ist gleich einem Senfkorn, das ein Mensch
nahm und auf seinen Acker säte, das zwar kleiner ist als
alle Samenkörner, aber wenn es gewachsen ist, ist es grö-
ßer als die Kräuter und wird ein Baum, sodass die Vögel
des Himmels kommen und sich niederlassen in seinen
Zweigen ... Bei allen Sorgen sollten wir uns des Senf-
korns besinnen. Wir müssen darauf vertrauen, dass alles
sich auf bestmögliche Weise entfaltet.«

Sie wäre fast aus der Kirchenbank gefallen.

»Ich fasste die Frau in der Reihe vor mir an den Schultern und fragte: ›Hat er wirklich *Senfkorn* gesagt? Träume

ich?‹ Ich glaubte meinen Ohren nicht zu trauen! Das war *Gelb* genug für mich!«

Das Senf-Girl fand einen neuen Geschäftspartner, und nach ein paar Jahren voller Blut, Schweiß und Tränen ist »Senf-Girl-Senf« heute landesweit im Handel erhältlich.

Seit diesem ersten Mittagessen sind das Senf-Girl und ich die besten Freundinnen. Sie kann mich nicht nur unter den Tisch trinken, ich habe außerdem den Verdacht, dass ihrem Senf Crack beigemischt ist, denn ich verwende ihn andauernd … für Eier, Cracker, Möhren, Brezel, einfach alles. (Besonders liebe ich die Dijon-Variante.)

EIN PAAR WOCHEN nachdem ich das Senf-Girl kennengelernt hatte, wurde ich dazu eingeladen, mit ein paar Freunden unserer Familie in den Urlaub zu fliegen. Wir sollten mit einer kleinen zehnsitzigen Privatmaschine fliegen. Da meine Flugangst steigt, je kleiner das Flugzeug ist, sind normalerweise starke Beruhigungsmittel nötig, damit ich überhaupt an Bord eines so kleinen Flugzeugs gehe.

Als wir am Flugplatz eintrafen, brach gerade ein Unwetter los. Nicht einfach irgendein Unwetter, sondern ein Gewitter von jener Sorte, bei dem der Sturm die Bäume rechtwinklig verbiegt. Meine Nervosität steigerte sich, als uns in der kleinen Wartehalle unser Pilot entgegenkam. Möglicherweise war er bereits zweiundzwanzig. Möglicherweise war er ein Minderjähriger mit gefälschter Pilotenlizenz.

»Wir können erst starten, wenn das Gewitter vorbei ist und der Wind nachlässt«, informierte er uns. Ich schaute mich nach Rauschmitteln zur Beruhigung meiner Nerven um. »Es gibt auf diesem Flugplatz nicht zufällig eine Bar?«, fragte ich.

»Wir haben einen Automaten für Kaffee und Kakao«, sagte er lächelnd.

Das war nun wirklich keine Hilfe …

»Dann gibt es also keinen Wein?«, fragte ich. Immerhin gab es Popcorn für die Kinder, wieso also keinen Pinot Grigio für Erwachsene?

Er warf mir einen verächtlichen Blick zu, der mir signalisierte, dass von ihm keine weitere Hilfe zu erwarten war. Also flüchtete ich auf die Damentoilette und versuchte, nicht zu hyperventilieren.

*Bitte, Dad. Hilf mir. Wenn ich beruhigt an Bord dieses Flugzeugs gehen kann, gib mir ein Zeichen. Ich sterbe vor Angst, und ich muss wissen, ob du mich beschützt.*

Nach diesem kleinen Selbstgespräch wurde mir klar, dass es ziemlich unrealistisch war, auf ein Zeichen meines Vaters zu hoffen. Kardinäle und doppelte Regenbogen findet man normalerweise nicht auf kleinen Privatflugplätzen. Draußen tobte das Gewitter so heftig, dass alle Vögel aus Sicherheitsgründen irgendwo Unterschlupf gesucht hatten. Und einer Bar glich dieser geflieste Raum auch nicht wirklich. Mein Herz raste, während ich verzweifelt versuchte, irgendwie an diesem Flug vorbeizukommen.

*Vielleicht können wir ja stattdessen ein Auto mieten und nach Rhode Island fahren?*

Während ich in den Warteraum zurückging, krachte draußen der Donner. Ich versuchte, mich abzulenken, indem ich mir Larry King anschaute. Er hatte das Medium Sylvia Browne zu Gast. Wie es der Zufall wollte, lautete der Titel dieser Sendung »Kann man mit Verstorbenen sprechen?«.

*Offensichtlich nicht, Dad!*

Während George, der Sohn meiner Freundin, am Automaten die Geschmacksrichtung seines Kaffees wählte, warf er einen Blick auf den Fernsehschirm.

»Diese Lady sieht aber komisch aus«, meinte er und fragte dann: »Wie schmeckt denn wohl ›Irish Cream‹?« Ohne eine Antwort abzuwarten, drückte er auf die entsprechende Taste.

»Mit Whisky drin würde er auf jeden Fall zehnmal besser schmecken«, sagte ich und hatte noch mehr Lust auf einen Drink.

Vom Eingang des Flugplatzgebäudes her lärmte es ganz plötzlich.

»Das müssen Sie sich unbedingt ansehen!«, rief uns einer der Flugzeugmechaniker zu.

Ich zögerte aus Angst, da draußen könnte sich ein Unfall ereignet haben. Aber dann sah ich, dass der Mann übers ganze Gesicht lächelte. »So etwas habe ich noch nie gesehen«, sagte er.

Die Mädchen hinter dem Abfertigungsschalter folgten ihm nach draußen. George verfolgte weiter Larry Kings Sendung.

»Ihr Kinder könnt also schon Geister sehen, solange ihr euch erinnert?«, fragte Larry zwei Teenager. Sie warben bei ihm für eine auf A&E laufende Show über Kinder, die Verstorbene sehen.

Draußen vor den Glastüren hatte sich eine Gruppe von Flugplatzmitarbeitern versammelt. Sie zeigten hinauf in den Himmel.

Ich klopfte George auf die Schulter. »Komm, wir sehen mal nach, was die so aufregend finden«, sagte ich.

Während wir zur Tür gingen, sah ich, dass es kurz nach 21 Uhr war. Die Sonne war bereits untergegangen. Ich schaute hinauf in den dunklen Himmel.

»Ein doppelter Regenbogen«, sagte einer der Piloten.

*Ein doppelter Regenbogen? In der Abenddämmerung? Im Regen?!*

»Wenn die Sonne nicht mehr scheint, wie kann es da einen Regenbogen geben?«, fragte eine Frau.

Jetzt erst sah ich ihn. Da war er. Ehrfürchtig starrte ich auf die wunderschönen Farben. Leuchtend hoben sie sich gegen die dunkelgrauen Wolken ab. Es war tatsächlich ein riesiger doppelter Regenbogen, der sich über den ganzen Himmel wölbte.

»So etwas habe ich so spätabends noch nie gesehen«, sagte ein anderer Pilot.

Schweigend genossen wir alle das Naturschauspiel und wussten, dass wir Zeugen von etwas Wunderbarem waren. Und ich wusste, dass unser Flugzeug sicher in Newport, Rhode Island, landen würde.

NACH MEINER RÜCKKEHR aus Newport genoss ich es, einen ganzen Tag mit Britt zu verbringen.

»Ist es okay, wenn ich für eine Weile ins Fitnesscenter verschwinde?«, fragte Clay.

»Kein Problem«, antwortete ich. Britt und ich spielten auf dem Boden des Wohnzimmers mit Britts Eisenbahn.

Clay war gerade gegangen, als das Telefon klingelte. Ich schaute aufs Display. Die Nummer kannte ich nicht. Da der Anruf aus einem anderen Bundesstaat kam, ging ich ran.

»Hi Jenniffer, sind Sie startklar für Ihr Interview? Gleich nach der Werbepause sind wir auf Sendung. In zwei Minuten geht's los«, hörte ich eine Stimme offensichtlich zu mir sagen.

Ich erstarrte. Ich hatte wohl glatt vergessen, dieses Interview in meinen Terminkalender einzutragen! Ich musste also zeitgleich ein *sehr* wichtiges Gespräch führen und verhindern, dass mein Sohn dazwischenfunkte, indem er zum Beispiel laut »Es brennt! Es brennt! Die Feuerwehr tommt!« rief.

Mein Puls fing an zu rasen.

*Vielleicht ist Clay noch nicht im Fitnesscenter eingetroffen, und ich kann ihn mit einer SMS nach Hause zurückbeordern?*

Ich sprintete durchs Zimmer, schnappte mir mein Black-Berry und simste. Nur noch dreißig Sekunden bis zum hochwichtigen Radiointerview, und ich musste einen quietschfidelen, hyperaktiven kleinen Jungen bändigen.

*Wie hatte ich nur dieses Interview vergessen können?*

Ich starrte auf mein BlackBerry. Nichts.

*Verdammter Mist!*

»Und da sind wir schon wieder!«, sagte die Stimme am Telefon. »Es ist mir eine besondere Freude, Ihnen unsere heutige Interviewpartnerin vorzustellen …«

Ich warf einen besorgten Blick auf Britt, der sich gerade eine Folge von *Feuerwehrmann Sam* anschaute und dabei auf- und abhüpfte.

*Bitte komm zurück, Clay! Bitte schau auf dein Handy.*

Die Moderatorin sagte: »Nun, Jenniffer, verraten Sie mir bitte, wie Sie dazu kamen, Ihren sicheren Arbeitsplatz beim Fernsehen aufzukündigen und sich stattdessen auf eine spirituelle Suche zu begeben – getrieben von dem Wunsch, mit Ihrem verstorbenen Vater in Kontakt zu treten.«

Ich begann zu reden, während ich gleichzeitig mit dem Telefon am Ohr die Treppe hinaufrannte, um verschiedene »Britt-Notfallspielzeuge« zu holen. Ich wusste, mir blieb nur ein sehr kleines Zeitfenster, bis er sich beim Fernsehgucken langweilen und lautstark nach Abwechslung verlangen würde. Ich schnappte mir seine Schmusedecke, sein Feuerwehrauto und ein paar Buntstifte. Was ich währenddessen der Moderatorin erzählt habe, weiß ich nicht mehr. Ich war völlig darauf konzentriert, Schlimmeres zu verhüten.

Als ich, etwas außer Atem, mit dem rettenden Beschäftigungsmaterial wieder bei Britt eintraf, kam mir plötzlich ein Satz aus einem der diversen Eso-Bücher in den Sinn, die ich gewälzt hatte:

»Jeder von uns hat ein ganzes Team von Hilfsgeistern zur Verfügung, die nur darauf warten, uns zu unterstützen. Aber das können sie nur, wenn wir ihnen dazu die Erlaubnis erteilen.«

Es stapeln sich immer mindestens fünfzehn Bücher auf meinem Nachttisch, also erinnere ich mich nicht mehr, ob dieses Zitat nun von Marianne Williamson, Doreen Virtue oder Judith Orloff stammte, aber ich sah es plötzlich glasklar vor Augen. Zwar bereitete mir die Vorstellung einige Probleme, es stünde sozusagen eine private Engelschar zu meiner Verfügung, die nichts Besseres zu tun hatte, als darauf zu warten, dass ich ihnen einen Auftrag erteilte.

Ich befand mich in einer wirklich verzweifelten Lage. Britt zupfte bereits an meinem Hosenbein. Ich wusste sofort, was er wollte: Mami, Fangen spielen! Ich beneidete meine Freundinnen, die Töchter hatten. Mädchen konnten sich im Restaurant stundenlang selbst beschäftigen, wozu zwei Buntstifte und eine Serviette genügten. Britt hingegen brauchte ständig Action. Ich blickte zur Decke und konzentrierte mich.

*Wenn ihr mich hören könnt – Engel, Dad, Oma, Geistführer, wie immer ihr gerne genannt werden möchtet –, hiermit erteile ich euch die Erlaubnis, mir bei der Bespaßung meines Sohnes zu helfen, und zwar sofort. Spielt mit ihm. Lenkt ihn ab. Was immer ihr auf Lager habt. Ich muss jetzt dieses Interview durchziehen und ich kann nicht gleichzeitig mit ihm Fangen spielen.*

Dann setzte ich mich auf die Couch und atmete tief durch. Britt wandte sich seinem Feuerwehrauto zu.

»Wer war der interessanteste Mensch, den Sie auf Ihrer Reise getroffen haben?«, fragte mich die Moderatorin.

Während ich antwortete, sah ich, wie Britt sich auf die Seite legte und das Feuerwehrauto hin- und herschob. Er war mucksmäuschenstill.

»Dann bereuen Sie es also nicht, Autorin geworden zu sein und wahre Geschichten zu erzählen, die Ihnen am Herzen liegen?«, fragte sie.

Ich hielt kurz inne und dachte nach, ehe ich antwortete. Ja. Ich war glücklich damit, nicht länger im Nachrichtengeschäft zu arbeiten. Lediglich was den Rat, seinen Träumen zu folgen, anging, hielt ich mich nicht gerade für ein vernunftbegabtes Beispiel. Weder für Clay noch für mich zeichnete sich ein neuer Job am Horizont ab, und die Wirtschaftskrise verschlang so ziemlich rapide unsere Ersparnisse.

»Ich denke, es war die richtige Entscheidung«, sagte ich. »Aber man muss an jedem Tag eine Menge Vertrauen – vor allem in sich selbst – aufbringen, und das ist nicht immer leicht.«

Ich schaute zu Britt hinüber. Er spielte immer noch still und vergnügt.

»Dann möchten Sie die Menschen also dazu ermutigen, an Medien und andere paranormal Begabte zu glauben?«

»Ich erteile anderen Leuten keine Ratschläge, was sie tun sollen. Ich berichte nur über meine eigenen Erfahrungen. Alles davon ist wahr. Ich habe nichts erfunden. Ich möchte, dass die Menschen ihre eigenen Schlüsse daraus ziehen. Und ermutigen möchte ich vor allem diejenigen, die sich ihrer Wahrnehmungen schämen. Sie sollen sie als Gabe sehen und für sich was daraus machen.«

Für dreiundzwanzig Minuten spielte Britt tief versunken und leise mit seinem Feuerwehrauto, sodass ich das Interview in Ruhe zu Ende bringen konnte. Er benahm sich, nun ja, wirklich wie ein … *Engel.* Ob ich dieses wunderbare Benehmen meines Sohnes nun dem »Sondereinsatz-Team« meiner persönlichen Weigel-Engel oder lediglich einem perfekten Zufall zu verdanken habe, werde ich niemals wissen, dafür weiß ich, dass es nie schaden kann, um Hilfe zu bitten!

EINES TAGES fragte mich meine Produktionspartnerin Laura: »Könntest du für einen Dreh ins Napa Valley reisen?«

Ein rettender Strohhalm.

»Hmm. Mal nachdenken – habe ich Lust auf einen Trip ins wunderschöne Weinland? Ich bin dabei.«

Auf dem *Staglin Music Festival for Mental Health* sollte ich Gäste interviewen. Nachdem bei Garen und Shari Staglins Sohn Brandon vor zwanzig Jahren Schizophrenie diagnostiziert worden war, hatte das Ehepaar Millionen Dollar Spendengelder für die psychiatrische Forschung gesammelt. Nun veranstalteten sie dieses große Wohltätigkeitsfest mit jeder Menge Prominenten der A-Kategorie, Köchen der internationalen Spitzenklasse und grandioser Livemusik.

»Wie es aussieht, wirst du Ron Howard, Glenn Close und Pat Benatar treffen«, berichtete Laura.

*Nichts wie hin!*

WÄHREND WIR die erste Serie von Interviews vorbereiteten, genoss ich das herrliche Panorama. Ich stand oben auf einem malerischen Hügel und fragte mich, wie es wohl wäre, sich jeden Tag an einem solchen Ausblick erfreuen zu können.

Plötzlich klingelte mein Handy. Es war mein Mann, mit Panik in der Stimme. »Die Schmusedecke ist weg!«, rief er. Ohne seine Schmusedecke schlief Britt grundsätzlich nicht – und war überhaupt nur sehr schwer zu bändigen.

»Wie, sie ist weg?«, fragte ich. »Wo hast du sie denn zuletzt gesehen?«

»Sie hat auf unserem Bett gelegen. Ich habe schon alles auf den Kopf gestellt, aber sie ist wie vom Erdboden verschluckt!«

Ich konnte die Wut und Frustration in seiner Stimme deutlich hören. Ich entfernte mich ein Stück von den anderen, um besser mit ihm reden zu können. »Leider kann ich von hier aus wenig tun, um dir zu helfen«, flüsterte ich.

»Ich werde noch verrückt! In letzter Zeit verliere ich *andauernd* Dinge!«

In den vergangenen Wochen hatte er sein Handy und einen Briefumschlag mit Geld darin verlegt. Die Schmusedecke war also Fall Nummer drei.

»Und weißt du, wer dahintersteckt?«

»Dahinter soll jemand stecken?«

»Ja!«

»Und wer?«, erkundigte ich mich behutsam.

»Meine Mutter!«

Nun war er offenbar völlig verrückt geworden.

Clays Mutter Kathy war vor fünf Jahren gestorben. Ich fragte nach, weil ich glaubte, meinen Ohren nicht zu trauen. »Du denkst, deine tote Mutter versteckt diese Sachen?«

»Überleg doch mal. All diese Dinge stehen für Sicherheit: Geld. Ein Telefon. Britts Decke. Das würde ihr ganz ähnlich sehen, wenn sie auf diese Weise versuchte, mich auf etwas hinzuweisen.«

Clay war ein überaus praktisch veranlagter Mensch. Dass er einen solchen Gedanken überhaupt in Erwägung zog, deutete auf ziemlichen Stress hin. Aber »Miss C«, wie ich meine Schwiegermutter nannte, hatte einen sonderbaren Sinn für Humor besessen. Wenn also tatsächlich irgendjemand von der anderen Seite versuchte, uns einen Streich zu spielen, dann Clays neunmalkluge Mutter Kathy Champlin.

»Okay«, sagte ich. »Wenn du das wirklich glaubst, dann solltest du mit ihr sprechen. Setze dich mit Britt ins Wohnzimmer und sage: ›Kathy, ich liebe dich, aber hör sofort damit auf, dich in meine Angelegenheiten einzumischen.‹ Und bitte dann Britt, ihr das ebenfalls zu sagen, aber auf sehr liebe Art und Weise. Vielleicht hört der Spuk dann auf.«

*Wenn schon, denn richtig. Da muss Clay jetzt durch.*

Ich konnte selbst nicht recht glauben, was ich ihm da vorschlug, aber Clay war in einer Verfassung, in der er dankbar nach jedem Strohhalm griff, ohne lange nachzufragen.

»Jen, der Vizegouverneur ist bereit für ein Interview«, hörte ich hinter mir den Aufnahmeleiter.

»Ich muss auflegen. Mach einen Versuch und lass mich wissen, wie es gelaufen ist!« Ich legte auf.

Nach einer guten Stunde Arbeit sah ich, dass Clay mir eine Nachricht auf die Mailbox gesprochen hatte.

»Ich habe die Schmusedecke wiedergefunden«, sagte er, mit hörbarem Lächeln in der Stimme. »Ruf mich zurück.«

Während im Hintergrund Pat Benatars Stimme dröhnte, die gerade mit ihrem Soundcheck beschäftigt war, rief ich zu Hause an und lauschte seinem Bericht:

»Na ja, ich habe Britt runter ins Wohnzimmer gebracht und ihn auf den Schoß genommen. Dann habe ich gesagt: ›Wir lieben dich, Grandma Kathy, aber es geht nicht, dass immer wieder Sachen verschwinden. Gib uns also bitte Britts Schmusedecke zurück.‹

Dann bat ich Britt, er solle seine Oma ebenfalls bitten, dass sie die Schmusedecke zurückgibt. Ich bat ihn, mich so zu umarmen wie früher Oma Kathy. Er umarmte mich, dass mir fast die Luft wegblieb. Ein paar Minuten saßen wir einfach nur da. Ich wurde ein bisschen traurig. Also ging ich mit ihm nach oben, um noch einmal in seinem Zimmer nach der Decke zu suchen, fand sie aber nirgendwo. Britt begann zu weinen. Während ich mir noch ein hilfloses ›Tut mir leid, Schatz, aber ich weiß einfach nicht, wo sie geblieben ist‹ abrang, zeigte unser Junge plötzlich in die Mitte des Zimmers. ›Da ist sie doch, Daddy. Meine Decke.‹«

Immer noch hörbar erstaunt, fuhr Clay fort: »Und sie lag tatsächlich mitten im Zimmer auf dem Boden. Dabei hatte ich doch eben noch alles abgesucht und sie nicht gesehen. Dann schaute ich einen kurzen Moment in eine andere Richtung, und da war sie, wie aus dem Nichts.«

»Das ist ja der Wahnsinn«, sagte ich ehrfürchtig.

»Das war wirklich sonderbar«, sagte Clay, spürbar bemüht, mir klarzumachen, dass er nicht verrückt geworden war. »Ist das Pat Benatar?«

Im Hintergrund ertönte *Hit Me with Your Best Shot.* »Stimmt«, sagte ich. »Sie macht gerade ihren Soundcheck. Ich muss weiterarbeiten. Bin so beruhigt, weil die Schmusedecke wieder da ist!«

»Ich auch. Wer weiß, vielleicht finde ich mit dieser Methode ja auch mein Handy wieder«, scherzte er.

»Kann ja nicht schaden, wenn du auch wegen des Handys mal auf der anderen Seite nachfragst«, schlug ich vor.

»Alles okay bei Ihnen?«, fragte Jose, mein Kameramann, während ich das Handy wieder einsteckte.

»Clays tote Mutter lässt bei uns zu Hause immer wieder Sachen verschwinden. Ich habe ihm gesagt, dass er sich das verbitten soll!«

Jose lächelte. Er hatte mein erstes Buch gelesen und war gegenüber diesen Dingen aufgeschlossener als die meisten Leute.

»Und, hat es funktioniert?«, fragte er, während er mir die Mikrofontasche reichte.

»Sieht ganz so aus«, antwortete ich.

# 6

# Parken wie ein Rockstar, ein straffer Po und ein Traumjob
## Danke ganz einfach dem Universum.

Die evangelische Kirche gegenüber
antwortete der katholischen Kirche Allerheiligen:

> HUNDE SIND NUR TIERE.
> STEINE KOMMEN SCHLIESSLICH
> AUCH NICHT IN DEN HIMMEL.

*LIEBES UNIVERSUM, ich danke dir im Voraus dafür, dass ich immer einen Parkplatz finde, wenn ich einen brauche.*

»Ich glaub's einfach nicht, was du immer für ein Glück hast!«, sagte meine Freundin, als ich genau vor dem Restaurant, in dem wir uns zum Mittagessen verabredet hatten, einen Parkplatz bekam.

»Das ist kein Glück«, sagte ich. »Ich habe nur mein Vokabular verändert.«

Auf diese Idee, dem Universum im Voraus zu danken, brachte mich das Buch *Gespräche mit Gott* von Neale Donald Walsch. Walsch schreibt, dass man bereits in dem Moment, in dem man sagt, man *wolle* etwas haben oder man *brauche* etwas, noch mehr Mangel erzeugt, schließlich sei genau das ja die Energie, die hinter dieser Aussage steht.

»Ich *will* den perfekten Job.« Oder: »Ich *brauche* mehr Geld.« Das Universum liefert uns immer das, was wir bestellen.

Walschs Buch zufolge ändert sich unsere Situation sofort, sobald wir uns verinnerlichen, dass wir ja bereits alles haben, was wir brauchen. Es geht lediglich darum, die Dinge nun auch *zuzulassen*, sie in unser Leben *hereinzulassen*. Zwischen zwei Buchdeckeln las sich das wunderbar, doch fiel es mir schwer, wirklich daran glauben zu können, dass ich mir die Realität eines perfekten Jobs einfach dadurch erschaffen könne, indem ich dem Universum im Voraus dafür dankte. Also beschloss ich, zunächst mit etwas Kleinerem zu experimentieren: Parklücken finden.

*Danke im Voraus dafür, dass ich direkt vor dem Restaurant parken kann wie ein Rockstar.*

Jeder, der schon einmal in der Innenstadt von Chicago war, weiß, dass es praktisch unmöglich ist, an der Straße eine Parklücke zu finden. Als ich damit begann, dem Universum im Voraus für »Rockstar-Parklücken« zu danken, hielt ich im Auto einen kleinen Notizblock bereit, um meine diesbezüglichen Erfolge protokollieren zu können.

*Niemand wird es mir glauben, wenn ich es nicht schwarz auf weiß belegen kann.*

Ich erinnere mich noch gut an den Tag, an dem ich mit dem Experiment begann. Ich war zum Büro meiner Agentin gefahren. Das Büro befindet sich an einer stark befahrenen Straße mit nur wenigen Parkbuchten, unmittelbar östlich der Michigan Avenue.

»Nichts ist unmöglich«, sagte ich mir immer wieder und kam mir dabei ziemlich albern vor.

Als ich mich dem Büro näherte, wurde ich unruhig. »Es ist nur noch ein paar Blocks entfernt«, dachte ich. »Besser, du suchst dir jetzt schon einen Parkplatz.«

Ich sah, wie rechts von mir ein Wagen ausparkte. Sofort setzte ich den Blinker und wartete geduldig. Ich notierte das Resultat auf meinem Block. »Heilige Scheiße! Ich habe eine Parklücke gefunden, die einen Block weit entfernt liegt. Wer hätte das gedacht?« Eine Parklücke nur einen Block weit weg grenzte für mich schon an ein Wunder! Ich stieg aus und ging den Häuserblock entlang zum Büro meiner Agentin. Als ich dort ankam, sah ich eine freie Parklücke *genau vor dem Haus.*

*Beim nächsten Mal solltest du mehr Vertrauen haben!*

Nach diesem ersten Erfolg beschloss ich, im Dienste der – meiner eigens dafür entworfenen – Wissenschaft zu allen Terminen mit dem Auto zu fahren, selbst wenn sie so nah waren, dass ich zu Fuß gehen könnte. Zwei Tage später musste ich wieder ins Büro der Agentin. Ich stieg ins Auto, »betete« und fuhr los. Ich versuchte, mich darauf zu konzentrieren, innerlich zu »wissen«, dass ich eine Parklücke unmittelbar vor dem Haus bekommen würde. »Danke für die perfekte Parklücke«, sagte ich immer wieder vor mich hin. »Danke für die perfekte Parklücke.«

Ich musste einmal um den Block fahren, dann geschah es: Direkt vor der Tür parkte jemand aus. »Volltreffer!« Dann schaute ich in mein Portemonnaie und stellte fest, dass ich kein Kleingeld für die Parkuhr hatte.

»So eine heilige Sch…«, wollte ich gerade sagen, doch dann schaute ich auf die Parkuhr. Auf dieser waren noch achtundvierzig Minuten Parkzeit für mich übrig.

*Ich habe nicht nur eine Parklücke gefunden, sie ist auch bereits bezahlt. Das ist echt der Wahnsinn!*

Nach einer Weile wurde mein Parklücken-Glück zum Running Gag der Familie und bei meinen Freundinnen. Abends in der Rush Street tanzen gehen? Vergiss das Taxi, ich fahre uns hin! Ein neues Restaurant eröffnet in der Innenstadt? Mit Jen finden wir eine Parklücke direkt davor.

Meine Glückssträhne war wirklich eindrucksvoll. Nachdem ich – ohne Witz! – 253 Mal hintereinander die perfekte Parklücke gefunden hatte, hörte ich auf zu zählen.

Da mein neues Vokabular im Hinblick auf mein Parklücken-Karma so perfekt funktionierte, beschloss ich, mich an ein heikleres Thema heranzuwagen – an mein Gewicht.

ALS ICH MEINEN fast achteinhalb Pfund schweren Sohn zur Welt brachte, hatte ich während der Schwangerschaft dreißig Kilo zugenommen. *Dreißig!* Ich war ziemlich aktiv, trieb regelmäßig Sport, aber trotzdem fiel es mir sehr schwer, die letzten fünf bis sieben dieser Babykilos wieder loszuwerden. Eigentlich hatte ich für meine Größe von eins siebzig immer eine ziemlich normale Figur gehabt, und diese zusätzlichen Pfunde nervten einfach.

Während der Schwangerschaft aß ich nur Nahrungsmittel von bester Qualität. Zum Wohle des Kindes behandelte ich meinen Körper wie einen Tempel. Kein Alkohol, kein Koffein, keine Softdrinks. Schließlich beherbergte ich ja ein Kind in meinem Bauch. Es ging nicht mehr um mich, Jen Weigel, sondern ausschließlich darum, in mir ein gesundes Kind heranwachsen zu lassen. Also fragte ich mich, warum ich eigentlich nach der Geburt wieder zu meinen früheren ungesunden Ernährungsgewohnheiten zurückkehren sollte. Mein Körper war jetzt zwar keine Herberge für ein Kind mehr, aber immerhin beherbergte er mich. Warum sollte ich ihn also nicht genauso gut behandeln wie zur Zeit meiner Schwangerschaft? Wenn Sie Zucker in den Tank schütten, können Sie bei Ihrem Auto ja schließlich auch nicht erwarten, dass es gut funktioniert. Unser Körper ist das Gefährt, mit dem wir durchs Leben reisen. Er braucht Nahrung, keine ungesunden Stimulanzien.

Ich erinnerte mich daran, was ich bei Deepak Chopra gelesen hatte: Wir können tatsächlich essen, was wir wollen, solange wir es bewusst essen. »Je besser die Nahrung ist, die Sie Ihrem Körper zuführen, auf umso gesündere Dinge werden Sie Appetit haben«, schreibt er.

In vielen spirituellen Kulturen ist es traditionell üblich, vor dem Essen die Speisen zu segnen und generell eine sehr spirituelle Einstellung gegenüber der Nahrung zu pflegen. Ich habe so eine Freundin. Sie breitet ihre Hände über dem Teller aus und segnet die Speise, bevor sie zu essen beginnt. Auf mich wirkte das immer etwas seltsam, und ich fand es peinlich, wenn wir auswärts aßen. Aber als ich sie darauf ansprach, fand ich ihre Erklärung wirklich einleuchtend und sinnvoll.

Sie pflegte zu sagen: »Wenn wir unser Essen als Nahrung für unseren Körper betrachten, das Gefährt also, das wir vorübergehend in diesem Leben benutzen, dann wird jenes Essen auch besser von den Zellen absorbiert und schenkt uns Energie.«

Ich hatte das Essen an sich immer als eine Unannehmlichkeit betrachtet, die meinen Hintern dicker werden ließ. Also bedeuteten diese Gedanken eine ziemliche Neuorientierung für mich.

*Danke im Voraus dafür, dass ich mein Essen gut verdaue und dass es mir viel Energie gibt.*

Zusätzlich zu meinen Ernährungsgewohnheiten wollte ich auch mein Körperbild verändern. Wie die meisten Frauen hatte ich immer schon Probleme mit meiner Figur (Brüste zu klein, Hintern zu groß). Da konnte meine Mutter noch so oft sagen: »Du siehst toll aus, mein Schatz.«

Zwar ist es seit Jennifer Lopez ziemlich hip, etwas mehr Hintern zu haben, und sie hat ihn sich auch noch versichern lassen! Aber ich wünschte mir immer noch, wie Gwyneth Paltrow auszusehen. Aber – Gott sei Dank! – stand mein holder Gatte Clay auf große Hintern.

Ich dachte über die Worte aus *Gespräche mit Gott* nach und fragte mich, ob Worte als solche tatsächlich einen physikalischen Effekt auf meinen Körper haben konnten: Für den Fall, dass Gedanken als solche Energie besaßen, führte ich meinem Problem mit dem dicken Hintern nicht sogar noch Energie zu, wenn ich mich beim Anprobieren von Kleidern jedes Mal über ihn ärgerte? Oder wenn ich jedes Mal beim Essen betonte: »Diese Pizza landet garantiert direkt auf meinem Hintern!« Oder wenn ich mir einredete, bestimmte Outfits wegen meines dicken Hinterns absolut nicht tragen zu können?

Mir gefiel nicht, was ich im Spiegel sah. Aber hatte ich mir diese Realität nicht selbst erschaffen?

Ich beschloss, das alles zu verändern, indem ich mir regelmäßig selbst Komplimente machte.

»Wusstest du eigentlich, dass ich einen perfekten Hintern habe?«, fragte ich Clay und versuchte, dabei nicht zu lachen.

»Was?«, fragte er.

»Ich werde das ab jetzt laut sagen und vielleicht fange ich dann wirklich an, es zu glauben.«

»Okaaay.«

»Hiermit verkünde ich aller Welt, dass ich einen perfekt geformten Hintern habe, und ich danke dem Universum dafür.«

»Nun, ich danke dem Universum auch dafür«, sagte er und gab meinem Hintern im Vorbeigehen einen Klaps.

AUF EINER FAHRT zum Fitnesscenter überlegte ich mir ein Mantra.

»Liebe zu sein ist meine Norm, mein Körper ist fit und mein Po in Form. Ich bin ein Teil Gottes, voll Gnade und Licht, frei von Pickeln ist mein Gesicht«, reimte ich und sagte es ständig vor mich hin.

Nach einer Weile ging mir dieses Mantra in Fleisch und Blut über. Und ich schwöre bei … nun ja, *Gott*, dass mein Körper sich tatsächlich veränderte!

»Hast du abgenommen?«, fragte eine Freundin.

»Du siehst großartig aus«, sagte eine andere.

Als ich mein Vokabular veränderte und anfing, besser zu essen, entwickelte mein Körper Appetit auf andere Dinge.

*Deepak hat recht!*

»Möchtest du einen Latte macchiato?«, fragte mich Clay eines Morgens.

»Nein danke«, sagte ich.

*Wie bitte?*

Es war die ganze Zeit eine scheinbar unverzichtbare Angewohnheit von mir gewesen, meinen Tag mit einem Latte macchiato zu beginnen. Was ging denn da plötzlich mit mir vor?

»Indem du saubere Nahrung zu dir nimmst, hebst du deine Schwingung an«, sagte meine das Essen segnende Freundin, als wir uns zum Lunch trafen. »Deine alte Lebensweise funktioniert nicht mehr, weil du dir dein Körpergefäß jetzt völlig neu aufbaust.«

*Oooh! Ein Körper-Upgrade!*

Während sie das sagte, wurde mir bewusst, dass ich auch viel seltener ein Verlangen nach Alkohol verspürte. Statt jeden Abend ein Glas Wein zu trinken, trank ich nur noch ein oder zwei pro Woche.

»Behalte das aber für dich«, scherzte ich. »Meine Familie darf es nicht erfahren. Wir haben traditionell ein sehr herzliches Verhältnis zum Alkohol.«

Es gab noch eine andere Regel, die ich nun befolgte: *Stell dich niemals auf die Waage.*

Die Waage war keine gute Freundin. Abends aß man Sojasauce zum Sushi, und am nächsten Morgen auf der Waage machte sich das zurückgehaltene Wasser im Körper auf der Skala bemerkbar und ruinierte einem den Tag! Frauen spürten es doch sowieso, wenn sie ein paar Pfunde zugelegt hatten. Statt auf die Waage zu steigen, sollte man einfach ein »Test-Kleidungsstück« griffbereit halten. Solange es noch passte, wusste man, dass das Gewicht okay war.

Ich hatte eine alte Jeans aus meiner Collegezeit, die mir alles sagte, was ich wissen musste. Niemand sollte sich von einer Zahl, die einen zwischen den Zehen heraus anstarrt, die gute Laune verderben lassen.

Wie es der Zufall wollte, begann mein Mann exakt in der Phase meiner sich verändernden Essgewohnheiten, an einem Kochkurs teilzunehmen. Er begann, regelmäßig exzellente Gerichte zu kochen, und zwar alles andere als fettarm. Wir reden hier von französischer und italienischer Küche, also jede Menge Sahne, Butter, Speck und Pasta! Die Portionen waren allerdings immer klein, und die Zutaten waren immer frisch. Die Freude, die es ihm bereitete, für seine Familie zu kochen, schmeckte man den Speisen an. Ich glaubte fest daran, dass wir, wie es im Film *Bittersüße Schokolade* beschrieben wurde, die Energie spürten, die Clay – und das gilt für jeden Koch – auf die von ihm zubereitete Speise übertrug.

Hatte der Koch schlechte Laune, würde die Mahlzeit nicht so gut schmecken. Wurde das Essen mit Liebe und Aufmerksamkeit zubereitet, würde es ein Genuss sein. Ich aß nun regelmäßig Speisen, die von vielen Leuten als »Dickmacher« betrachtet wurden, aber ich nahm nie wieder auch nur ein Kilo davon zu.

»Die Franzosen machen es richtig«, sagte ich, während ich Clays Kaninchenravioli mit Rotweinsoße genoss. »Sie essen Butter und trinken Wein und werden trotzdem nicht dick. Danke im Voraus dafür, Universum, dass ich diese Mahlzeit perfekt verdauen werde.«

Genoss man jeden einzelnen Bissen, aß man viel weniger. Nachdem ich mein Vokabular auf positive Mantras umgestellt und generell meine Einstellung zum Essen geändert hatte, aß ich alles, worauf ich Lust hatte. Sie haben richtig gehört. Alles, worauf ich, verdammt noch mal, *Lust* hatte! Warum?

Machte man sich mal wirklich klar, dass Essen *Nahrung für den Körper* war, hatten »verbotene Speisen« wie Cookies oder Kartoffelchips keine Macht mehr über einen. Man konnte ein Stück Torte essen, würde es aber garantiert nicht aufessen oder jedenfalls nicht schon beim Verspeisen des ersten Stücks Appetit auf ein zweites haben. Aß man bewusst, dann verputzte man nicht mal eben so eine Tafel Schokolade. Man nährte seine Seele mit positiver Energie. Dafür war es nicht notwendig, sich den Bauch mit Keksen vollzustopfen.

LIEBE JEN,

Sie kennen mich nicht …

Als ich meine E-Mails checkte, entdeckte ich eine von einer Frau namens Clare, und ich wurde neugierig.

Ich möchte Ihnen unbedingt schreiben, um Ihnen zu danken …

Rasch scrollte ich die Liste hinunter, um zu sehen, ob es noch andere wichtige Mails gab, ehe ich mich wieder Clares Brief zuwandte. Ich öffnete eine E-Mail mit »JOB – DRINGEND« in der Betreffzeile. Von meiner Mutter. Das war ja klar.

Wir sind auf der Suche nach enthusiastischen Geschichtenerzählern mit Erfahrungen auf den Gebieten Drehbuch, Produktion und Interviews.

Das klang interessant. Es handelte sich um eine zwar unbezahlte Tätigkeit, aber eben auch eine unglaubliche Chance, in der landesweit drittgrößten Unternehmensbranche Fuß zu fassen.

ARGGHH! Ich hatte die E-Mail meiner Mutter kaum zu Ende gelesen, da klingelte auch schon das Telefon.

»Ich hätte dich auch gleich angerufen«, sagte ich zu ihr. »Warum schickst du mir Angebote für unbezahlte Jobs, Mom?«

Meine Krankenversicherung, die ich abgeschlossen hatte, als meine One-Woman-Show lief, musste bald verlängert werden, und nicht nur meine Mutter machte sich deswegen Sorgen …

»Mom, wenn du mir Stellenangebote schickst, dann bitte nur solche, die in etwa so klingen: Faszinierende Aufgabe, exzellent bezahlt. Bitte keine unbezahlte Sklavenarbeit.«

»Ich versuche ja nur, dir zu helfen«, sagte Mom enttäuscht.

»Ich weiß das wirklich zu schätzen. Lass uns später wieder telefonieren«, sagte ich und legte auf. Nun hatte ich Zeit, Clares E-Mail zu Ende zu lesen.

Ich würde Sie gerne zum Abendessen einladen, um Ihnen zu erzählen, wie die Lektüre Ihres Buches mir geholfen hat, meinen Traumjob zu finden.

Normalerweise gehe ich nicht mit völlig fremden Leuten essen, aber Clare hatte mein Buch von Amy geschenkt bekommen, einer gemeinsamen Freundin. Also verabredeten wir uns zu dritt zum Sushi.

»Hi!«, empfing mich Clare und umarmte mich herzlich zur Begrüßung. Sie hatte große, freundliche Augen und ein sympathisches Lächeln.

»Schön, dass es mit unserer Verabredung geklappt hat«, sagte Amy, während wir das Restaurant betraten. Wir setzten uns und bestellten Cocktails.

Clare erzählte mir, wie mein Buch zu ihr gelangt war: »Amy ließ mir keine Ruhe damit, dass ich unbedingt dein Buch lesen sollte, Jenniffer. Aber ich bin eine ziemlich wählerische Leserin, und so kam es, dass es lange unbeachtet auf meinem Nachttisch lag. Mit Esoterik habe ich es eigentlich nicht so.« Sie lachte. »Medien und Geistheiler sind nicht mein Ding. Wahrscheinlich habe ich es deshalb auf die lange Bank geschoben, dein Buch zu lesen. Amy hatte mir nämlich ein bisschen über den Inhalt erzählt und dass sie eines der Medien aufsuchen wollte, über die im Buch berichtet wurde. Dann ging ich eines Abends mit meinem Hund spazieren und begegnete dabei einer Frau, die ihre kleine Tochter dabeihatte. Die Tochter spielte mit meinem Hund, und wir kamen ins Gespräch. Die Frau sagte, sie sei Unternehmensberaterin. Ich sagte ihr, dass ich eine eigene Firma gründen möchte und durchaus Beratung gebrauchen könnte. Also tauschten wir unsere Visitenkarten aus. Anschließend mailte ich Amy, dass ich eine wunderbare Frau namens Therese getroffen hatte, die mich bei einer Tasse Tee unternehmerisch beraten würde …«

»Und nicht irgendeine Therese!«, fiel Amy Clare aufgeregt ins Wort. »Therese Rowley.«

»Langsam: Du hast Therese zufällig in Chicago auf der Straße getroffen?«, fragte ich etwas ungläubig.

»Ja. Und ich hatte keine Ahnung, dass sie in deinem Buch vorkommt, denn ich hatte es ja noch gar nicht gelesen. Amy sprach zwar seit Monaten davon, dass sie sich bei einem Medium namens Therese einen Termin geben lassen wollte. Aber woher sollte ich ahnen, dass es sich um ein und dieselbe Therese handelte? Wie schon gesagt« – Clare wedelte mit der Hand – »mit Esoterik hatte ich nie viel am Hut. Aber es kann doch kein Zufall sein, wenn einem unter neun Millionen Chicagoern ausgerechnet diese Frau über den Weg läuft? Also beschloss ich, dein Buch zu lesen.«

»Und?«, fragte ich neugierig, da Clare mich nun mit hochgezogenen Augenbrauen ungeduldig wartend anstarrte.

»Ich habe es genau so gemacht wie du!«

»Was genau meinst du?«

»Ich habe mein komplettes Vokabular verändert. Statt Sch… sage ich nur noch Danke! Da war doch diese Stelle, an der du davon schreibst, dass wir ganz buchstäblich noch mehr Mangel und Bedürfnisse erzeugen, wenn wir *Ich will* oder *Ich brauche* sagen«, sagte sie begeistert, als müsse sie mich von meinem eigenen Buch überzeugen. Ich mochte sie, und das nicht nur, weil sie mein Buch mochte. Sie hatte diese herrlich offene Art, die mir sehr zusagte.

»Weil du immer bekommst, worum du bittest«, ergänzte ich. »Es kommt auf die Energie hinter der Aussage an.«

»Stimmt genau!«, sagte Clare. »Aber wenn ich dem Universum im Voraus dafür danke, als besäße ich das Gewünschte bereits ...«

»Ändert sich deine Situation«, ergänzte ich wieder.

»Genau! Also sagte ich jeden Tag: ›Danke im Voraus, Universum, für den Job, der mich näher zu meinen Mädchen in Guatemala bringt.‹«

Clare leistete ehrenamtliche Arbeit für Waisenkinder in Guatemala. Die Mädchen dort stellten Schmuck her, der dann in den USA verkauft wurde. Von den Erlösen wurden Nahrungsmittel, Obdach und Kleidung für sie bezahlt. Dieser Aufgabe widmete sich Clare mit ganzer Hingabe.

»An meiner damaligen Arbeitsstelle war das Klima ziemlich rau und unerfreulich geworden. Man hatte mir bereits gesagt, dass Entlassungen drohten. Dann reiste ich wie jedes Jahr nach Guatemala, um dort meine freiwillige Arbeit für die Waisenkinder zu leisten. Dort kam ich mit einem der Gründer dieser Organisation ins Gespräch. Er schaute mich an und fragte: ›Wären Sie daran interessiert, unsere Stiftung zu leiten? Wir möchten unsere finanzielle Basis verbessern, um mehr für die Kinder hier tun zu können.‹«

Wenige Monate später kündigte Clare bei ihrem bisherigen Arbeitgeber, wo sie sich schon länger nicht mehr wohlfühlte. Seitdem arbeitete sie hauptberuflich für jene Mädchen in Guatemala.

Clare hob ihr Glas zu einem Trinkspruch.

»Daher möchte ich dir danken, Jenniffer. Du hast mir die Augen für die Möglichkeit geöffnet, genau das zu bekommen, was ich möchte.«

Während ich Clare zuhörte, spürte ich plötzlich das völlig unpassende Gefühl von Eifersucht in mir hochkommen.

Da dankte mir jemand dafür, dass mein Buch Träume erfüllte, gerade so, als wüsste ich alle Antworten. Ich selbst hingegen hatte absolut keine Ahnung davon, wie es für mich beruflich weitergehen würde und wovon ich unsere Krankenversicherung bezahlen sollte. Zwar dankte ich dem Universum regelmäßig im Voraus dafür, dass es mir Parklücken und eine gute Verdauung bescherte, aber warum kam ich eigentlich nicht auf den Gedanken, diese Methode auch bei der Jobsuche anzuwenden? Vielleicht war ich ja nicht konsequent genug? Oder fehlte es mir beruflich an einem klaren Ziel?

Jedenfalls hatte ich plötzlich dieses ganze spirituelle Gerede satt und wollte nur, dass mich jemand anrief und mir einen gut bezahlten Job anbot, von dem ich die Krankenversicherung für meine Familie bezahlen konnte.

»Ich habe einfach einen Samen gestreut«, sagte ich. »Du bist diejenige, die ihn gegossen hat und wachsen ließ.«

Ich fragte mich, wie viel ich noch gießen musste, bis mir das Glück so zulachen würde, wie es Clare gerade zulachte.

»Ich kenne inzwischen so viele Leute, die diese Methode anwenden, und alle erzielen fantastische Resultate«, sagte Amy.

*Na super. Immer mehr Leute erfüllen sich ihre Träume. Hat einer davon zufällig einen Job für eine Autorin?*

»Und wirklich erstaunlich ist ja«, fuhr sie fort, »dass ich mich überhaupt nicht für diese Dinge interessiert hatte. Aber jetzt bin ich da aufgeschlossener geworden.«

Allmählich kam meine Freude an diesem Treffen zurück. Und ich wusste auch, warum.

»Ich freue mich wirklich, dass du mir davon erzählt hast«, sagte ich. »Es ist ein Ansporn für mich, selbst stärker zu praktizieren, was ich anderen predige.«

AM NÄCHSTEN MORGEN, nachdem ich dem Universum dafür gedankt hatte, dass mein Frühstück perfekt verdaut wurde und nicht ansetzte, fügte ich ein Mantra für meine berufliche Zukunft hinzu.

Ich danke dir für berufliche Aufgaben, die mir Freude machen und es mir ermöglichen, meine Hypothek abzuzahlen. Danke, dass du mich daran erinnerst, dass nichts unmöglich und immer genug für alle da ist. Danke, dass du mir Clare und Amy geschickt hast, um mich daran zu erinnern. Danke.

# 7

## Lass dir keine Märchen erzählen
### Wie man NICHT auf Gurus hereinfällt ...

Die katholische Kirche Allerheiligen hängte
ein Schild aus, auf dem ihre endgültige Antwort
an die evangelische Kirche gegenüber zu lesen war:

> ALLE STEINE
> KOMMEN IN DEN HIMMEL.

»ICH BIN SCHWANGER«, schrie meine Freundin Julie ins Telefon.

Sie hatte alles versucht – von der künstlichen Befruchtung bis hin zur Fruchtbarkeitsklinik –, um ein Kind zu empfangen. Nichts davon hatte funktioniert. Als letzte Hoffnung entschied sie sich dann, bei Therese ein Reading machen zu lassen. Da sie christlich erzogen war, ließ sie sich erst darauf ein, als sie erfahren hatte, dass Therese katholisch war.

»Dann kann es ja nicht so schlimm sein«, hatte Julie gescherzt.

Therese hatte sich mit der Energie befasst, die in Julie ruhte, und hatte festgestellt, dass sie emotional sehr stark mit der Fürsorge für ihre Eltern belastet war. Ein Teil ihres Unterbewusstseins wollte ganz einfach nicht, dass Julie nun auch noch die Verantwortung einer Mutter auf sich nahm.

»Es lastet schon jetzt so viel auf deinen Schultern. Der unterbewusste Drang, dich um andere zu kümmern, bestimmt deine ganze Identität. Natürlich steckt mehr in dir, als diese Rolle auszufüllen. Was eine mögliche Schwangerschaft angeht, trägst du eine Verletzung mit dir herum, etwas, was du noch nicht verarbeitet hast, etwas, was du dir selbst noch nicht vergeben hast«, hatte ihr Therese damals gesagt.

Wie sich herausstellte, hatte Julie als Teenager eine Abtreibung vornehmen lassen. Seitdem glaubte sie, sie verdiene es nicht, Mutter zu werden. Therese sagte dazu: »Gott liebt dich und möchte, dass du Mutter wirst. Wenn du dir selbst vergibst, wirst du ein Kind empfangen.«

Zwei Monate später war Julie schwanger.

»Ich freue mich so für dich«, sagte ich, als Julie mir berichtete, was bei Thereses Reading herausgekommen war. »Ist es nicht verrückt, wie sehr Selbstverurteilung und Schuldgefühle unserem Glück im Weg stehen können?«

»Vorher habe ich nicht an diese Dinge geglaubt, aber jetzt bin ich überzeugt«, sagte Julie.

NACH DIESEM TELEFONAT fand ich, dass auch ich mal wieder dringend eine energetische »Feineinstellung« nötig hatte.

»Hey, Therese, hier ist Jen«, sprach ich ihr auf den Anrufbeantworter. »Ich brauche ein Reading.«

Seit ich Therese im Jahr 2001 kennengelernt hatte, ließ ich in jedem Jahr mehrere Readings von ihr machen. Tauchte ein Problem mit meiner Familie auf oder ein beruflicher Konflikt, dann genügte ein kurzer Anruf bei Therese, um die Angelegenheit »aus meinem Energiefeld zu entfernen«. Hinterher fühlte ich mich jedes Mal besser. Eine Sitzung bei ihr bezeichnete ich gerne als »spirituelle Chiropraktik«, nur dass die positiven Wirkungen Monate oder sogar Jahre anhielten. Damit eine Sitzung effektiv war, musste man Therese nicht unbedingt persönlich aufsuchen. Ich zog es allerdings vor, ihr Gesicht zu sehen, während sie mir etwas über frühere Leben erzählte oder mir »Seelenlektionen« erteilte.

»Woran möchtest du denn heute arbeiten?«, fragte sie, während ich mich in ihrem Büro in den Sessel setzte.

»Ich frage mich, warum mir keiner mehr einen interessanten Job anbietet. Es muss doch da draußen etwas für mich geben!«

Therese war vielleicht nicht davon überzeugt, dass es für jeden von uns da draußen einen Traumjob gab, aber vom Vorhandensein verschiedener Seelenlektionen, mit denen wir im Leben immer wieder konfrontiert wurden, war sie überzeugt. Jeder Mensch musste andere Seelenlektionen lernen. Solange wir uns ihnen nicht stellten und sie meisterten, zeigten sie sich immer wieder in unterschiedlicher »Aufmachung«. Eine meiner Seelenlektionen war mein Bedürfnis nach Anerkennung.

Therese konzentrierte sich und schloss die Augen. Nach ein paar Minuten begann sie damit, ihre Hände schnell hin- und herzubewegen. Ich wartete sehnsüchtig darauf, dass sie mir beschrieb, was sie in meinem Energiefeld so alles entdeckte.

Therese schwieg eine Weile.

»Der Geist sagt mir, dass ich schweigen soll«, erklärte sie mir.

»Wie bitte?«

»Du machst dich viel zu sehr von Worten abhängig«, sagte Therese. »Gerade jetzt, in diesem Moment, wird von mir erwartet, dass ich mit dir Energiearbeit mache, ohne dir etwas dazu zu sagen.«

*Also das ging mir ja völlig gegen den Strich!*

»Therese! Ich mag es, wenn du redest!«, protestierte ich. Das Beste an einem Reading mit Therese war, dass man es als Audioaufnahme mit nach Hause nehmen und es sich selbst und anderen vorspielen konnte.

»Du bist viel zu abhängig geworden von den Berichten aus früheren Leben und den anderen Erklärungen. Du musst dich für eine Weile auf die Stille einlassen, auf das Schweigen«, sagte sie. »Das soll ich dir mitteilen.«

Hatte Therese möglicherweise recht damit? Ich war an einem Punkt angelangt, an dem ich immer gleich zu ihr rannte, sobald mir etwas Sorgen machte. Ich setzte jedes Mal voraus, Therese würde das Problem oder die Person einfach aus meinem Energiefeld »wegpusten«, also die Sache für mich in Ordnung bringen.

»Du vergisst, dass auch du selbst über Macht verfügst«, sagte sie nun. »Du verlässt dich viel zu sehr auf diese Sitzungen mit mir.«

Während der nächsten eineinhalb Stunden bewegte Therese schweigend ihre Hände und arbeitete an meiner Energie. Als ich ihr Büro verließ, fühlte ich mich wirklich gut zentriert. Jedoch war ich traurig, dass sie mir diesmal keine MP3-Datei voller Geschichten mitgegeben hatte. Ich hätte sie in den darauffolgenden Wochen gut gebrauchen können, um mir die Tretmühle meines Alltags zu erleichtern.

EIN PAAR TAGE danach lag ein Päckchen in meinem Briefkasten. »Viel Freude mit dieser DVD« war als Notiz beigefügt.

Ich war fürs Radio von einer Frau interviewt worden, die mir von einem Heiler namens Meister John Douglas erzählt hatte. »Er hat mein Leben verändert«, sagte sie. Und nun hatte sie mir einen DVD-Mitschnitt seiner Vorträge geschickt.

Meister John stammte aus Australien. Schon seit seiner Kindheit konnte er die Energie der Menschen sehen und sogar ihre Gedanken hören. Er sagte, dass er mit, wie er es nannte, »Meister-Engeln« zusammenarbeitete, um Menschen zu heilen, und dass er Energiefrequenzen im Körper und spirituelle Dimensionen messen konnte.

Ich schob die DVD in den Player und schaute mir seine Vorträge an. Seit dem Erscheinen meines ersten Buches wurde ich immer wieder von den Anhängern verschiedener Heiler oder Autoren kontaktiert, doch nur die Energie

von Meister John empfand ich als etwas sehr Bemerkenswertes. Sie war so tröstlich. Ich wusste, dass ich auf jeden
Fall hingehen würde, wenn Meister John nach Chicago
kam, ob der mich dabei nun »heilen« würde oder nicht.

»WILLKOMMEN«, sagte die Frau, die am Empfangstisch von
Meister Johns Seminar saß. Sie gab mir einen Stapel CDs
und etwas gedruckten Lesestoff. »Diese Meditationen
werden Ihnen bestimmt Freude machen«, sagte sie.

Ich nahm den Stapel und suchte mir einen Sitzplatz.

Ich hatte bereits eine ganze Menge spiritueller Seminare besucht. Bei diesem hier lag etwas Besonderes in
der Luft, was förmlich mit den Händen zu greifen war.
Bei den meisten Teilnehmern handelte es sich um einge-
schworene Meister-John-Anhänger. Ich machte mir ein
wenig Sorgen, dass sie von mir verlangen würden, einen
lila Trainingsanzug anzuziehen, sollte ich bleiben wollen.

Offenbar war dies bereits der zweite Tag des Seminars.
Ich verhielt mich möglichst still in der Hoffnung, so würde
niemandem auffallen, dass ich Tag eins »geschwänzt«
hatte. Wie eine Fliege an der Wand lauschte ich, während
die Leute von ihren Erlebnissen am Vortag berichteten.

»Habt ihr auch diese Veränderung der Energie gespürt,
als wir den Waldspaziergang machten?«, fragte ein Mann.

»Zu Hause lasse ich ständig die Ortsheilungs-CD laufen«, sagte eine Frau. »Als ich für ein Wochenende weg-
fahren musste, ging vorher meine Stereoanlage kaputt,
sodass ich während meiner Abwesenheit die CD nicht
abspielen konnte. Bei meiner Rückkehr war die Energie
bei mir zu Hause ganz dunkel und scheußlich. Ich konnte
es dort erst wieder aushalten, als die Ortsheilungs-CD einmal durchgelaufen war.«

*Das hört sich nach zu viel Arbeit an. Wo bin ich hier
hingeraten?*

Eine Therapeutin sagte: »Bei mir saßen mehrere Klienten im Wartezimmer, doch dann ging mein iPod kaputt,

sodass ich die Ortsheilungs-CD nicht abspielen konnte. Daraufhin schickte ich meine Klienten nach Hause, weil ich nicht mehr in der Lage war, Therapiesitzungen abzuhalten. Ohne die CD war es einfach nicht dasselbe.«

*Was ist Ortsheilung?*

Ich bin stets dafür, die Talente anderer Leute zu respektieren, aber ich fand, dass einige hier es mit dem Personenkult doch etwas übertrieben.

Meister John erhob sich und begann zu sprechen. Er hatte ein überaus liebenswürdiges Gesicht mit sanften Augen. Der Klang seiner Stimme war beruhigend.

»Wenn ihr sehen könntet, wie schon ein einziger negativer Gedanke euer Energiefeld beeinträchtigt, ihr würdet nie wieder negativ denken«, sagte er. »Negativ zu denken ist, als würdet ihr euch im Sonntagsanzug in Schlamm wälzen. Jeder von uns hat seine ganz eigene einzigartige Schwingung. Ich kann ganz deutlich sehen, in welchem Maße ihr tatsächlich eurem höchsten Pfad folgt.«

Ich spielte mit dem Gedanken, Meister John um eine persönliche Beratung zu bitten, bekam aber etwas Angst vor den Konsequenzen. Was war, wenn er mir mitteilte, dass ich mich auf dem falschen Pfad befand?

»Als Jugendlicher war ich in der Lage, die Schmerzen der Menschen zu lindern, indem ich ihnen durch Handauflegen Energie übertrug«, sagte er. »Ich wusste nicht wirklich, was ich tat. Aber ich sah, dass ich mithilfe der Energie in meinen Händen und meiner gezielten Absicht Liebe und Heilung übertragen konnte.«

Meister John erzählte, er habe in Australien einen Politiker beobachtet, der für ein Regierungsamt kandidierte. Dabei wäre deutlich zu sehen gewesen, wie die Chakren des Politikers sich jedes Mal verschlossen, sobald er die Unwahrheit sagte.

»Sie zogen sich zusammen und wurden dunkel«, erklärte Meister John.

Eine Frau stand auf und sagte, Meister John habe ihr dabei geholfen, sich von einer Lyme-Borreliose zu befreien. »Heute bin ich schmerzfrei, und das alles verdanke ich Meister John.«

Er habe mit der Hand über sie hinweggestrichen und damit die Viren abgetötet, behauptete sie. Dass so etwas möglich sein sollte, erschien mir undenkbar. Nun meldeten sich immer mehr Leute zu Wort und berichteten, was Meister Johns heilende Berührung bei ihnen bewirkt hatte.

*Wie konnte das sein?*

Sicher gab es – wie für so vieles, was sich unserem Verständnis entzieht – eine erschreckend logische Erklärung. Meister John erklärte es so: »Es gibt eine universale energetische Kraft. Wir müssen uns von Furcht befreien und uns selbst lieben lernen. Wer Menschen nicht vergibt, die ihm Unrecht getan haben, der hält eine Menge blockierter Energie in seinen Körperzellen fest, welche in der Folge Krankheiten hervorrufen kann.«

Eine Frau meldete sich. »Ich habe Sie das noch nie gefragt, John, aber ich stehe in enger Verbindung mit meiner verstorbenen Großmutter. Ich stelle mir gerne vor, dass sie manchmal über mich wacht. Glauben Sie, dass geliebte Verstorbene uns ebenfalls bei der Heilung helfen können?«

Meister John runzelte die Stirn.

»Drüben, auf der anderen Seite, gibt es viele dunkle Energien, die eure spirituelle Entwicklung hemmen wollen. Ich rate euch *grundsätzlich* davon ab, mit Verstorbenen Kontakt aufzunehmen. Ich glaube, es ist am besten, sie in Ruhe zu lassen.«

Ich glaubte meinen Ohren nicht zu trauen.

*Sie in Ruhe lassen?*

Ich hatte Jahre damit zugebracht, anderen Leuten zu empfehlen, dass sie Verbindung zu ihren geliebten Verstorbenen suchen und nach Zeichen von ihnen Ausschau halten sollten, und nun behauptete dieser Heiler, meine Ansichten seien grundfalsch?

*Vielleicht befinde ich mich auf dem falschen Pfad.*

Ich war drauf und dran, mich zu melden und in die Runde zu werfen, ich hätte Beweise dafür, dass unsere geliebten Verstorbenen uns wirklich helfen konnten und alles andere als dunkle Energien waren. Sie waren Engel! Aber gerade als ich dazu ansetzen wollte, hörte ich meine innere Stimme: *Das ist nicht der richtige Ort und nicht der richtige Zeitpunkt, Jen. Sprich hier nicht darüber.*

Ich fühlte mich wie eine Trickfilmfigur, der soeben der Mund zugenäht worden war. Ich wurde schlagartig traurig. Meine bisherigen Erkenntnisse waren keine Spinnereien, sie entsprachen der Wahrheit, das wusste ich doch. Und dennoch war ich hier mit einem offenkundig sehr begabten Menschen konfrontiert, der genau das Gegenteil behauptete. Sollte ich nun meine gesamte Recherche auf diesem Gebiet in die Mülltonne treten?

Meister John stand jetzt vor einem großen Panoramafenster. Während er sprach, sah ich, wie ein wunderschöner Roter Kardinal sich draußen auf einen Ast setzte.

*Netter Versuch. Aber das ist bloß ein Zufall.*

Augenblicke später landete ein zweiter Kardinal auf demselben Ast.

*Noch ein Zufall. Dad kann mir keine Zeichen geben. Nichts als Wunschdenken.*

Nun landete noch ein dritter Kardinal auf dem Baum, auf demselben Ast wie die beiden anderen. Noch nie hatte ich drei auf einmal gesehen. Unwillkürlich musste ich lächeln.

Nach dem Seminar ging ich mit Meister Johns Assistentin Mittagessen. Wir redeten über mein Buch. Dann sagte sie ganz offen, dass sie hoffte, ich könnte John mit einigen meiner Medienkontakte zusammenbringen. Zwar stimmt es, dass viele meiner Freunde beim Fernsehen arbeiteten, nur würden sich die wenigsten von ihnen gerne mit einem röntgenäugigen Heiler treffen.

»Ich muss sagen«, begann ich vorsichtig, »dass ich mit Meister Johns Theorie absolut nicht übereinstimme, sondern weiß, dass es wichtig ist, den Kontakt zu Verstorbenen zu halten.«

Sie winkte ab. »Seine Haltung liegt ganz einfach darin begründet, dass er ein paar schlechte Erfahrungen gemacht hat mit unheimlich negativen Energien.« Sie war auf rührende Weise bemüht, seinen Standpunkt zu verteidigen. »Je mehr Heilungsarbeit jemand macht, desto mehr negative Geister tauchen auf und versuchen, ihn von seiner guten Arbeit abzuhalten.«

»Okay. Aber was soll schlecht daran sein, wenn ein Mensch Freude und Trost dadurch erfährt, dass die tote Mutter oder der tote Bruder ihm nahe sind und liebevoll über ihn wachen?«

Ich erzählte ihr von den drei Kardinälen, die während Meister Johns Vortrag draußen auf dem Baum gelandet waren.

»Nun, da findet das Universum offenbar einen Weg, der für Sie funktioniert, um Sie zu erreichen«, sagte sie. »Sind Sie erst einmal fest davon überzeugt, dass Rote Kardinäle ein tröstliches Zeichen Ihres Vaters sind, dann werden Sie immer wieder Kardinäle sehen. Wenn jemand stattdessen glaubt, ein Regenbogen würde ihm Mut machen, dann wird er Regenbogen sehen. Wir alle finden auf unsere eigene individuelle Weise Trost.«

Sie hielt einen Moment inne, um etwas mehr Zitronensaft in ihren Tee zu geben.

»Nach unserem letzten Auftritt in Fairfield, Iowa, rief ein Mann an und schimpfte am Telefon herum. Er sagte: ›Ich brauche Meister Johns Engel nicht, um geheilt zu werden. Ich habe meine eigenen Geistführer und Engel, die mir helfen.‹ Ich erwiderte: ›Da haben Sie recht. Meister Johns Weg zur Heilung ist nicht der einzige Weg. Aber wenn Sie

Meister Johns heilende Energie nutzen, wird die Heilung schneller eintreten.‹«

*Woher weiß sie das?*

»Meister John ist ein überaus fähiger Heiler, und er kann Dinge tun, zu denen andere Heiler nicht in der Lage sind. Das habe ich im Lauf der Jahre immer wieder mit eigenen Augen gesehen«, sagte sie, als habe sie meine Frage gehört.

»Manche Leute machen sich vollständig von Heilern abhängig und vergessen darüber, selbstständig zu denken«, wandte ich in Erinnerung an mein Gespräch mit Therese ein. Ich wählte meine Worte mit Bedacht, um sie nicht zu kränken. »Können wir nicht alle diese kosmische Energie anzapfen, von der Meister John spricht, und uns selbst heilen, ohne dass wir dafür einen Guru brauchen?«

Ich musste an eines von Thereses Lieblingsbibelzitaten denken: Johannes 14,12: »Wer an mich glaubt, wird die Werke, die ich vollbringe, auch vollbringen, und er wird noch größere vollbringen, denn ich gehe zum Vater.«

»Nehmen Sie die Musik als Beispiel«, sagte Meister Johns Assistentin. »Angenommen, Sie mögen John Denver oder vielleicht Ludwig van Beethoven. Sosehr Sie deren Musik auch mögen, wenn Sie selbst sie zu spielen versuchen, werden Sie feststellen, dass Sie musikalisch nicht in der gleichen Liga spielen wie solche Ausnahmetalente, die über eine besondere Gabe und zudem über jahrelange Praxis verfügen. Und vermutlich würde es Ihnen schwerfallen, Kompositionen von ähnlicher Qualität hervorzubringen.«

»Dann kommt es also darauf an, die besondere Begabung von Heilern wie Meister John wertzuschätzen und zu respektieren, ohne sich davon abhängig zu machen oder in einen Personenkult zu verfallen«, sagte ich. »Die Worte Wertschätzung und Respekt gefallen mir viel besser als Verehrung. Verehrung spielt sich auf der Ego-Ebene ab, denke ich. Gurus und Heiler sollten inspirieren, motivieren und lehren. Doch wenn sie Verehrung verlangen, hat das nichts mehr mit echter Spiritualität zu tun.«

Mit einem auffällig großen Ego schien Meister John nicht ausgestattet zu sein. Jedoch hatte ich im Lauf der Jahre manchen Autor und Heiler erlebt, der »wahre Spiritualität« predigte, aber seine ihn verehrenden Assistenten behandelte, als wären sie Kaugummi unter seinen Schuhsohlen.

»Ich wünschte, ich hätte noch meine eigene Radiosendung«, sagte ich. »Dann würde ich Meister John liebend gerne interviewen, was bestimmt ein sehr anregendes Gespräch werden würde.«

Ich hatte meine Radiosendung verloren, als während meiner Babypause ein neuer Chef eingestellt wurde, der seine eigenen Leute mitbrachte.

»Gestern habe ich Oprah angeschaut«, sagte sie. »Dr. Oz sprach darüber, dass Physiker mittels einer mathematischen Gleichung beweisen können, dass es elf Dimensionen gibt, die alle parallel existieren. Dann schaute Dr. Oz in die Kamera und sagte: ›Wenn Sie jemanden kennen, der mehr als elf Dimensionen sehen kann, rufen Sie mich an!‹ Nun, Meister John kann mehr als elf Dimensionen sehen. Ich weiß nicht, wie viele Heiler das von sich behaupten können.«

Plötzlich ging mir ein Licht auf. Einer meiner guten Freunde arbeitete als Produzent für die Radiosendung von Dr. Oz bei *Oprah und Freunde*.

»Ich könnte Meister John mit meinen Freund John St. Augustine bekannt machen«, sagte ich. »Er arbeitet für Dr. Oz …«

EINE WOCHE später fand das Abendessen mit den zwei Johns statt. Ich erzählte John St. Augustine, also dem »heiligen« John, von meiner Begegnung mit dem »Meister« John und davon, wie sehr seine angeblichen Heilungserfolge mich verwirrten und zugleich faszinierten. Seit der »heilige« John den Job bei *Oprah and Friends* angenommen hatte, war wohl so ziemlich jeder derzeit auf Erden praktizierende und Bücher schreibende Heiler schon einmal über seinen Schreibtisch gewandert, sodass er sich von Meister Johns Lebenslauf nicht allzu sehr beeindrucken ließ.

Als wir uns zum Dinner hinsetzten, verspürte ich plötzlich einen brennenden Schmerz in meiner linken Niere. Der machte mir schon seit ein paar Wochen immer wieder zu schaffen. Ich war deswegen zweimal beim Arzt und einmal in der Notaufnahme gewesen, und trotz zwei MRTs hatte niemand die Ursache für die Beschwerden herausfinden können. Ich zuckte zusammen, als ich mich an den Tisch setzte, und Meister John bemerkte das.

Er kniff die Augen zusammen und hielt die Hände vors Gesicht, als wollte er etwas abmessen.

»Ich bin mir hundertprozentig sicher, dass Ihre Niere extrem übersäuert ist«, sagte er, während er immer noch sonderbar mit den Händen wedelte.

*Woher weiß er, dass es die Niere ist?*

Er fing an, mit dem Finger schnelle Kreise in die Luft zu malen, immer noch mit zusammengekniffenen Augen.

Der »heilige« John schaute mich an und flüsterte: »Was tut er denn da?«

»Keine Ahnung«, flüsterte ich zurück.

In diesem Moment hatte ich plötzlich das Gefühl, dass jemand meine Niere massierte. Ich habe keine Ahnung, wie so etwas möglich ist, aber ich fühlte, dass sich in mir etwas bewegte, und es waren eindeutig keine Blähungen!

»Ich gebe etwas Heilung hinein und entferne die Säure«, erläuterte Meister John, der immer noch die Finger bewegte.

»Spürst du etwas?«, erkundigte sich der »heilige« John.

»Ja. Es ist wie eine ›innerkörperliche‹ Massage. Sehr seltsam.«

Nach ein paar Minuten hörte Meister John auf, die Finger herumzuwirbeln, und schaute uns wieder an. »Ihre Niere ist immer noch ziemlich übersäuert. Es wird eine Weile dauern, bis die Säure völlig aus Ihrem Körper verschwunden ist. Sie sollten so schnell wie möglich ein paar Spurenelemente zu sich nehmen.«

»Was ist denn das?«, fragte ich.

»Die bekommen Sie in jedem Reformhaus. Sie helfen, Ihren Säurehaushalt ins Gleichgewicht zu bringen.«

»Okaaay«, sagte ich und bemühte mich zu verarbeiten, was da gerade mit mir geschehen war.

Währenddessen erklärte Meister John dem »heiligen« John seine Sicht der Dinge. »Es gibt vieles, was eine Heilung behindern kann«, sagte er. »Der physische Körper eines Menschen kann mit gefährlicher negativer emotionaler Energie angefüllt sein, wie wir alle sie in unserem Leben mehr oder weniger stark erzeugen. Diese grobstofflichen Energien blockieren den bioelektrischen Fluss in unseren Zellen und rufen körperliche Schwächezustände hervor.«

Ich fragte mich, welche Art von negativer emotionaler Energie wohl hinter meinen Nierenschmerzen steckte.

»Um dabei zu helfen, diese dysfunktionalen Muster zu durchbrechen, arbeite ich mit den Meister-Engeln daran, negative Überzeugungen durch Liebe zu ersetzen. Dadurch ermögliche ich es den Menschen, sich weiterzuentwickeln und zu gesunden.«

EIN PAAR TAGE nach dem Essen mit den beiden Johns ging ich in ein Reformhaus und kaufte mir meine »Spurenelemente«. Es handelte sich um eine klare Flüssigkeit, die man in Wasser einrührte. Das Ganze schmeckte so scheußlich, dass ich mich nach der ersten Einnahme ungefähr fünf Minuten lang trocken erbrechen musste.

Nach wenigen Tagen waren meine Nierenschmerzen komplett verschwunden.

»Ich glaube, der Junge hat es wirklich drauf«, sagte ich über Handy zum »heiligen« John. »Ich kann es nicht erklären, aber meine Schmerzen sind weg, und du weißt, was ich vorher schon alles vergeblich versucht hatte.«

Es würde bestimmt sehr interessant werden, wenn Meister John auf Oprah traf. Ich fragte mich, wie sie auf seine sonderbaren Fingerbewegungen und zusammengekniffenen Augen reagieren würde, während er ihre Schilddrüse heilte.

»Ich werde ihn für meine eigene Radiosendung interviewen«, sagte Saint John. Diese lief jeden Samstag auf Oprah Radio. »Dann gebe ich Dr. Oz die CD, und dann schauen wir mal.«

Ich legte auf und bemerkte eine Frau im Wagen hinter mir, die drängelte und viel zu dicht auffuhr. Ich schaute auf den Tacho und sah, dass ich bereits mit der höchsten erlaubten Geschwindigkeit unterwegs war.

*Vielleicht ist es ja ein Notfall?*

Ich zog nach rechts und ließ sie vorbei. Es war ein milder Abend, und wir fuhren beide mit geöffneten Seitenfenstern. Als sie mich überholte, drehte sie sich zu mir um und schrie: »Wo hast du denn fahren gelernt?!«

*Was für eine Zicke!*

Ich sah, dass am Hinterteil ihres Autos gleich fünf verschiedene Jesus-Aufkleber prangten. Von »Jesus liebt mich« bis »Hupe, wenn du Jesus auch LIEBST«. Diese Frau war ein wahrer Christus-Fan und wollte, dass alle Welt davon wusste.

Bald darauf kam eine rote Ampel, und schon hatte ich sie eingeholt und stand neben ihr. (Ist das nicht herrlich, wenn du die verrückten Raser, die dich überholen, an der nächsten Ampel wiedertriffst?) Sie hatte ihr Handy am Ohr und schimpfte lautstark. »So eine gequirlte Scheiße, Allan!«, schrie sie.

Der Typ am anderen Ende der Leitung konnte einem leidtun. Sie fluchte schlimmer als mein Vetter, wenn er zu viel Dosenbier getrunken hatte. An ihrem Rückspiegel baumelte ein Kreuz. Müsste eine Frau, die behauptete, ein Jesus-Fan zu sein, sich nicht etwas jesusmäßiger verhalten, anstatt eine solche Schimpfkanonade ins Handy zu brüllen?

Ich konnte nicht anders, beugte mich zum rechten Seitenfenster herüber und rief ihr zu: »Hey! Was würde Jesus tun?«

Da dies der Text eines ihrer Autoaufkleber war, ging ich davon aus, dass sie mit dieser Botschaft etwas anfangen konnte.

Sie nahm das Handy vom Ohr, schaute mich unverschämt an und erwiderte: »Kümmer dich gefälligst um deinen eigenen Scheiß!«

Dann sprang die Ampel auf Grün, und sie entschwand in ihrer teuren Lexus-Limousine.

Meine Toleranz für Christen, die andere Menschen wie den letzten Dreck behandeln, aber jeden Sonntag in der Kirche mit breitem Lächeln in der ersten Reihe sitzen, hält sich in engen Grenzen! Diese Frau glaubte vermutlich, wenn sie in der Kirche Bußgebete herunterleierte, würde das die Negativität ungeschehen machen, mit der sie im Alltag ihre Umwelt verpestete.

*Würde Jesus andere beleidigen und schikanieren?*

Ganz bestimmt nicht. Ungläubige wie ich fallen vielleicht manchmal derartig aus der Rolle, aber nicht Jesus, verdammt noch mal!

Ein paar Wochen später flogen Clay, Britt und ich nach Los Angeles, um Clays Familie zu besuchen. Wir übernachteten in einem Hotel, und nur so zum Spaß nahm ich meine Meister-John-CDs mit.

»Ich werde die Ortsreparatur-CD im Hotelzimmer laufen lassen, und die Geistreparatur-CD jeden Morgen«, sagte ich zu Clay.

»Was immer dir seelisch Flügel verleiht«, sagte Clay, der

meinen spirituellen Experimenten gegenüber sehr tolerant ist.

Gleich am ersten Tag rannte Britt mit Lichtgeschwindigkeit durch die Hotelhalle und stieß sich an einem Wandvorsprung den Kopf. Ich glaube, sein Geschrei war im ganzen Hotel zu hören. Die Wunde über seinem Auge schwoll schneller an, als wir Eis und einen Waschlappen zum Kühlen finden konnten. Es war schlimm, das hilflos mit ansehen zu müssen.

Nachdem Britt sich wieder beruhigt hatte, fuhr Clay zu seiner Familie. Britt und ich ließen uns vom Zimmerservice verwöhnen und schauten uns den Film *WALL.E – Der Letzte räumt die Erde auf* an.

Bevor wir ins Bett gingen, nahm ich Meister Johns Gesundheitsreparatur-CD und schob sie in meinen Laptop. Ich baute aus Kissen ein »heilendes Nest« um Britt und mich und lauschte auf die Worte, die aus dem Computer drangen.

»Sie werden nun an einer energetischen Heilbehandlung für Ihren Körper mitwirken«, sagte Meister John mit seiner angenehmen Stimme.

Die Schwellung über Britts linkem Auge war mittlerweile golfballgroß. Er lag neben mir und lutschte an seinen Fingern.

»Entspannen Sie sich und lassen Sie los«, sagte Meister John.

Während ich der CD lauschte, stellte ich mir vor, dass Britt von Engeln umgeben war.

*Danke im Voraus, lieber Meister John und liebe Meister-Engel, dass Britts Kopf jetzt schnell wieder heil wird.*

»Ich erbitte diese Heilung und physische Transformation …«

Diese Meditation dauert insgesamt nur elf Minuten, und nach etwa sechs Minuten sagt Meister John:

»Nun werden Sie die physische Transformation durch die Meister-Engel aktivieren. Seien Sie dabei sehr spezifisch. Einige der Transformationen werden augenblicklich erfolgen.«

Ich visualisierte Engel, die ihre Hände auf Britts Kopf legten und den Schmerz entfernten. Und genau in diesem Moment ging die Schwellung über seinem Auge zurück. *Das gibt's doch nicht!*

Ich fühlte mich wie in einer Episode von *Twilight Zone*. Eben war die Schwellung noch da, und im nächsten Augenblick – war sie weg. Ich konnte zusehen, wie sie dahinschrumpfte.

Am nächsten Morgen inspizierten wir Britts Verletzung im Tageslicht. »Wow! Das sieht ja *sehr* viel besser aus«, sagte Clay.

Da war nur noch ein kleiner blauer Fleck über dem linken Auge zu sehen. Der rote Kratzer und die Schwellung waren komplett verschwunden. Es war unglaublich.

Nach unserer Rückkehr aus Los Angeles benutzte ich Meister Johns CDs regelmäßig. Von der »Ortsreparatur« zu Hause bis zur »Geistreparatur« auf Autofahrten, ich wurde ein echter Meister-John-Junkie.

»Diese Gesundheitsreparatur-CD tut mir wirklich gut«, sagte ich zu Clay. »Ich finde, du solltest sie mal gegen die Schmerzen in deinem Fuß benutzen.«

»Du wirst doch wohl nicht die ganze Welt bekehren wollen?«, fragte er. Clay hatte nichts gegen mein neues Steckenpferd einzuwenden, solange ich nicht anfing, in der Nachbarschaft missionierend an Türen zu klopfen.

»Aber wo denkst du hin?«, sagte ich. »Ähm, jedenfalls *noch* nicht …«

Eines Nachmittags war ich unterwegs zu einem Vortragstermin. Ich schaltete die Autostereoanlage ein, um meine inzwischen gewohnte »spirituelle Reinigung« mit der Geistreparatur-CD vorzunehmen. Doch die CD ließ sich nicht abspielen.

*Was zum Teufel …?*

Mehrmals ließ ich sie auswerfen und schob sie wieder ins Gerät. Nichts.

Ich griff nach meiner CD-Mappe und nahm die Gesundheitsreparatur-CD heraus. Das war nicht meine erste Wahl, aber immer noch besser als gar keine Meister-John-CD. Ich schob sie in den Player, doch wieder blieben die Lautsprecher stumm.

»Warum funktionierst du nicht?!«, schrie ich meine Stereoanlage an. »So ein Mist!«

Ich war so durcheinander, dass ich mich gar nicht mehr darauf konzentrieren konnte, mich gedanklich auf meinen Vortrag vorzubereiten.

*Du hast nur noch dreißig Minuten, Jen. Reiß dich zusammen!*

Als ich auf den Parkplatz des Veranstaltungsortes fuhr, atmete ich tief durch und versuchte, mich zu beruhigen. Mir wurde bewusst, wie abhängig ich von Meister Johns CDs geworden war. Ohne sie fühlte ich mich hilflos. Mir fiel die Frau wieder ein, die bei seinem Seminar erzählt hatte, dass sie ohne die Ortsreparatur-CD nicht mehr in der Lage war, ihre Patienten zu behandeln. Genau das Level hatte ich nun erreicht. Also entsann ich mich meiner »Danke im Voraus«-Technik und sagte:

*Danke im Voraus, Universum, dafür, dass du mir hilfst, heute einen wirklich guten Vortrag zu halten. Danke im Voraus dafür, dass du mir hilfst, meine Wahrheit auszustrahlen und aus dem Herzen zu sprechen. Danke, dass du mich beschützt und führst. Danke.*

Zu meiner Erleichterung lief der Vortrag fantastisch, und ich verkaufte fünfundvierzig Bücher.

EIN PAAR TAGE später bekam mein Sohn in der Küche einen Weinkrampf. »Was hast du denn, Baby?«, fragte ich.

Britt war hochsensibel, und ich fragte mich, ob er sich vielleicht von meiner inneren Anspannung hatte anste -

cken lassen, denn ich machte mir wieder einmal Sorgen wegen meiner beruflichen und finanziellen Situation.

*Am besten, ich spiele mal schnell die Geistreparatur-CD.*

Ich lief ins Wohnzimmer, holte die CD und schob sie in der Küche in den CD-Spieler. Während die Musik lief, streichelte ich Britt den Rücken. Aber er beruhigte sich nicht wieder, sondern weinte und schrie immer lauter.

»Buu-buu«, sagte ich und legte ihm die Hände auf den Bauch.

Als Baby hatte Britt unter Säurereflux gelitten, einem Rückfluss von Magensäure in die Speiseröhre, Kehle oder Mund. In letzter Zeit wurde er in dieser Hinsicht manchmal rückfällig. Ab dem Alter von zwei Monaten waren ihm immer wieder Prilosec und Prevacid verordnet worden, aber ich war überzeugt, dass dadurch seine Beschwerden nur schlimmer wurden, ganz zu schweigen davon, dass sein Körper mit Farbstoffen und Chemikalien vollgepumpt wurde. Als Britt nun rückfällig geworden war, verschrieb der Arzt erneut Prevacid.

*Es musste doch eine andere Behandlungsmöglichkeit geben …*

»Nehmen Sie Kamillentee«, empfahl Meister John. »In Europa ist es üblich, dass die Mütter ihren Säuglingen Kamillentee zu trinken geben. Die Kamille reduziert auf natürliche Weise die Schwellungen in der Speiseröhre.«

Ich stellte den Teekessel auf den Herd und lief ins andere Zimmer, um die Gesundheitsreparatur-CD zu finden, was mir aber nicht gelang.

*Mist. Sie ist im Büro.*

Ich lief zurück zu Britt, und nun konnte ich ihn gar nicht mehr beruhigen.

»Es tut mir so leid«, sagte ich und hielt ihn im Arm. »Ich wünschte, ich könnte einfach Meister John anrufen, damit er dich mit seinen heilenden Händen behandelt.«

Doch Britt schrie immer heftiger, sodass ich völlig die

Fassung verlor. Ich fühlte mich hilflos, während ich ihn hin- und herschaukelte. Tränen liefen mir übers Gesicht. Schnell wischte ich sie weg und hoffte, dass Britt sie nicht bemerkte.

*»Wer an mich glaubt, wird die Werke, die ich vollbringe, auch vollbringen.«*

Ich fing an, vor mich hin zu summen, eine Gewohnheit, mit der ich mich als Kind selbst beruhigt hatte. Also summte ich und wiegte Britt dabei sanft hin und her. Britt beruhigte sich wieder, und ich auch.

*Danke im Voraus, Universum, dass du mir hilfst, mein Kind zu trösten. Danke, Engel, dass ihr seine Schmerzen von ihm nehmt. Danke, dass ihr Britt helft, sich sicher zu fühlen. Danke, dass ihr ihm helft, sich geliebt zu fühlen. Danke, dass ihr mir helft, mich geliebt zu fühlen.*

Britt hörte auf zu weinen. Nach ein paar Minuten spürte ich, wie unsere Atmung sich synchronisierte. Die Anspannung in meinen Schultern löste sich, und wir bewegten uns langsam hin und her wie in einem Schaukelstuhl. Indem ich mich und meine Energie zentrierte, gelang es mir, ihn zu beruhigen und auch mich selbst.

Er drückte mich fest an sich, und ich fühlte, wie eine unglaubliche Welle der Liebe durch meine Brust in seine strömte. Es war fast, als wäre ich in ein warmes Bad eingetaucht. Das Gefühl erfüllte jede Zelle meines Körpers. In diesem Moment gab es nichts Schöneres auf der Welt.

Erst mit der Geburt meines Sohnes wurde mir bewusst, was Liebe wirklich ist.

AM NÄCHSTEN TAG bekam ich eine sehr knappe Nachricht von John St. Augustine: »Ruf mich an.«

Sofort als ich in meinem Büro eintraf, rief ich ihn zurück. »Was gibt's? Hat Oprah endlich Meister John getroffen?«, scherzte ich.

»Nein, ich hatte einen sehr intensiven Traum, über den ich dringend mit dir sprechen möchte.«

Ich erinnete mich, dass ich ein paar Jahre früher genau das Gleiche zu John gesagt hatte, bevor er mit seiner Arbeit für Oprah begann. Damals hatte ich geträumt, dass ich ihm sagen sollte: »Du bist Oprah, und Oprah ist du. Wir sind alle eins. Niemand ist etwas Besseres als andere. Denke daran, dass deine Geschichte genauso wichtig ist wie ihre oder die aller anderen Menschen.« Als ich mitten in der Nacht aus diesem Traum aufgewacht war, hatte ich John sofort eine E-Mail geschickt, bevor ich diese Botschaft für ihn wieder vergaß.

Zwar arbeitete John für Oprahs spirituelles »Kraftzentrum«, er selbst aß aber lieber Hamburger und schaute sich Baseball an, als grünen Tee zu trinken und an Yoga-Retreats teilzunehmen. Trotz seiner bodenständigen, pragmatischen Natur besaß John einen besseren sechsten Sinn als die meisten anderen Leute. Und wenn eine Botschaft bei ihm klar und deutlich durchkam, gab er sie stets an die Person weiter, für die sie bestimmt war.

»Was hast du denn geträumt?«, fragte ich.

»Ich habe John Denver getroffen«, sagte er.

John war mit dem verstorbenen Sänger befreundet gewesen. Sein Tod hatte ihn sehr getroffen.

»Wir machten einen Spaziergang und kamen an einen kleinen Flugplatz. Die Sonne schien. Ein Flugzeug wartete auf mich, und er sagte: ›Auf mich auch.‹ Er zeigte auf ein sehr kleines einsitziges Flugzeug, das eher wie ein kleines Raumschiff aussah. Er ging auf es zu und stieg ein. Auf mich wartete ein großes, silbernes viermotoriges Flugzeug. Ich ging an Bord, und obwohl kein Pilot zu sehen war, startete die Maschine. Dann kam eine Durchsage über die Lautsprecher: ›Es hat einen Absturz gegeben – wir werden sofort landen.‹ Mein Flugzeug landete … und rechts von uns lag Johns kleines Flugzeug. Es war gegen einen großen Stein geprallt. Ich lief hin und öffnete das Cockpit. John schaute mich an, als wäre überhaupt nichts geschehen. Ich sagte zu ihm: ›Bist du okay?‹ Da schaute er mir tief in die Augen, legte seine rechte Hand auf meine und sagte: ›Mach dir um mich keine Sorgen. Du kannst es dir nicht leisten, dich selbst zu verlieren. Achte darauf, dass du dich nicht selbst verlierst.‹«

»Verliere dich nicht selbst, hat er gesagt?«, wiederholte ich.

»Ja. Und ich spürte den sehr deutlichen Impuls, dass ich dir unbedingt von diesem Traum erzählen sollte. Ich weiß nicht, was momentan in dir vorgeht, aber ich wollte diese Botschaft unbedingt an dich weitergeben. Verliere dich nicht selbst, okay?«

»Danke, John. Ich glaube, du hast mich damit an etwas sehr Wichtiges erinnert – und genau zum richtigen Zeitpunkt.«

AM NÄCHSTEN TAG erzählte ich Therese von diesem großen Moment der Nähe zu Britt, als ich ihn in der Küche tröstete.

»Manchmal geschieht es, dass wir sehr intensiv in eine Sache eintauchen, um herauszufinden, welche Elemente daraus wir gut für den Alltag nutzen können«, sagte sie. »In der Geschäftswelt machen wir das andauernd. Man nimmt eine Theorie oder irgendeine praktische Methode und experimentiert eine Weile damit. So können wir herausfinden, was davon für uns gut funktioniert. Das übernehmen wir dann, passen es an unsere eigenen Bedürfnisse an und finden bei diesem Prozess mehr über unser authentisches Selbst heraus.«

Ich war so besessen von den Fähigkeiten eines anderen Heilers gewesen und hatte darüber völlig verdrängt, dass ich durchaus selbst über die Fähigkeit verfügte, mein Kind zu trösten und zu beruhigen.

*Aber was genau ist denn mein authentisches Selbst?*

Zwar hatten mir Meister Johns CDs gut gefallen, aber ich hatte in meinem Leben auch Lektionen von Don Miguel Ruiz, Jesus, Buddha und meiner Großmutter Virginia angewandt. Ich mochte es, mir aus den verschiedenen Lehren das herauszupicken, was sich für mich stimmig anfühlte. Ich hatte mich für die »gemischte Platte« entschieden, statt mich auf ein einzelnes Gericht festzulegen. Und ich wusste, dass ich damit nicht allein war.

# 8

## Esse, trinke, lache!

*Lass es dir gut gehen.*

Schild an der Episkopalkirche St. Cyril:

> IM BETT ZU LIEGEN UND
> »OH GOTT!« ZU SCHREIEN
> IST KEIN ERSATZ FÜR
> DEN GOTTESDIENSTBESUCH!

»WIE SCHAFFEN Sie es, eine so gute Figur zu behalten?«

Ich zappte mich durch die Programme und landete bei Oprahs Interview mit Gwyneth Paltrow.

»Ich treibe jeden Tag zwei Stunden Sport«, antwortete Gwyneth.

*Zwei gottverdammte Stunden?!*

Ich hätte vor lauter Wut beinahe meine Fernbedienung gegen die Mattscheibe geworfen. Ich schaffte es gerade mal eben für zwanzig Minuten ins Fitnessstudio, und diese Traumfrau verkündete: »Du kannst wie ich aussehen, wenn du dir einen persönlichen Trainer und zwei Stunden Sport pro Tag leisten kannst, um deinen Körper zu modellieren.«

*Und was sollen all die anderen Frauen tun?*

»Warum macht Oprah keine Sendung darüber, was normale Leute in zwei Minuten für ihre Fitness tun können, und nicht darüber, was die Stars in zwei Stunden vollbringen?«, schrie ich ins Telefon. Meine Freundin Missy und ich schauten gleichzeitig fern und unterhielten uns.

»Machen wir denn nun endlich mal unseren Ausflug?«, fragte sie. Missy war meine älteste Schulfreundin. Wir kannten uns seit der Highschool. Sie wohnte an der Westküste. Seit Monaten redeten wir davon, eine Frauentour zu machen, aber irgendwie kam jedes Mal etwas dazwischen.

»Ja. Lass uns einen Termin fest in den Kalender eintragen«, legte ich fest.

Ich erinnerte mich an das, was Caroline Myss gesagt hatte, als ich sie zu ihrem Buch *Sacred Contacts* interviewte: »Jeder Mensch sollte sich selbst etwas Gutes tun. In dieser Kultur gilt das als selbstsüchtig oder narzisstisch. Aber es geht dabei nicht um Selbstsucht, sondern um Selbstfürsorge. Es ist, wie wenn Sie sich bei einem Notfall im Flugzeug zunächst selbst die Sauerstoffmaske aufsetzen, ehe Sie Ihrem kleinen Kind helfen. Wenn Sie während des Alltags auch öfter mal sich selbst etwas Gutes tun, werden Sie eine bessere Mutter, Partnerin, Arbeitskollegin sein.«

»Nächsten Donnerstag bin ich in der Stadt. Lass uns zusammen zu Abend essen und die Sache planen«, sagte Missy.

»Oh, an dem Abend stelle ich im Auditorium Theater Liz Gilbert vor, die Autorin von *Eat Pray Love*.«

»Das ist ja cool!«

»Ich besorge dir eine Karte, und anschließend gehen wir zusammen aus«, sagte ich.

IN DEN TAGEN vor dieser Veranstaltung wurde ich zunehmend nervös. Liz Gilbert war das gelungen, wovon die meisten Autorinnen nur träumen: Ihr Buch hatte zwei Jahre lang auf der Bestsellerliste der *New York Times* gestanden, und nun würde Julia Roberts die Hauptrolle in der Hollywood-Verfilmung spielen.

»Dein Schreibstil erinnert mich total an ihren, Schatz«, sagte meine Mutter. »Wie kommt es, dass du nicht selbst im Auditorium Theater Vorträge hältst?«

»So einfach ist das nicht«, seufzte ich.

Aber tatsächlich hoffte ich insgeheim, dass vielleicht – und ich wusste, das war verrückt – eine von Liz' Chicagoer Freundinnen mein Buch gelesen und ihr gesagt hatte, wie gut es ihr gefiel. Schließlich waren schon viel erstaunlichere Dinge geschehen, oder etwa nicht?

Ihre Agentin stellte mich als »Jenniffer Wiiiegel« vor, also war das wohl nicht der Fall.

Aber was wären wir ohne unsere Träume?

»Es wird eigentlich WEI-gel ausgesprochen«, sagte ich, während wir uns die Hände schüttelten.

Liz war eine wirklich angenehme Gesprächspartnerin. Wir hatten den gleichen Sinn für Humor. Ich hatte das Gefühl, dass wir, wenn wir uns unter anderen Umständen getroffen und mehr Zeit zum Reden gehabt hätten, gewiss gute Freundinnen geworden wären. Aber die Umstände waren einfach nicht danach. Ich war lediglich die Dame, die für Liz' Zwischenstopp in Chicago die kurze Anmoderation machen würde. Ende vom Lied.

Das Wörtchen »kurz« bedarf einer näheren Erklärung: Niemand hatte mir klar gesagt, wie lange meine Anmoderation eigentlich sein sollte. Ich hatte das schon Dutzende Male gemacht, deshalb machte ich mir keine Sorgen. Liz' Agentin hatte mir außerdem gesagt, ich dürfte ruhig mein Buch und meine One-Woman-Show erwähnen. Und hinterher dürfte ich in der Lobby mit Liz meine Bücher zum Verkauf anbieten.

*Das ist Größe.*

Ein paar Tage vor dieser Veranstaltung erhielt ich per E-Mail ein Skript. Mein Text enthielt eine Menge organisatorischen Kram: »Bitte schalten Sie Ihre Handys aus« und »Ein herzliches Dankeschön an *Barbara's Bookstore* und das Auditorium Theater« und so weiter und so weiter. Auch sollte ich erwähnen, wie viele Wochen *Eat Pray Love* bereits auf der Bestsellerliste stand (mehr als einhundert Wochen!!!) und wie viele Exemplare bereits verkauft waren (mehr als sechs Millionen!!!). Es folgte die Regieanweisung:»Jen redet fünf Minuten, MAXIMAL.« Das stand da wirklich in Großbuchstaben! Ich übte mich einen Moment im Kopfrechnen. Würde ich nach so viel Organisatorischem überhaupt noch Zeit haben, mein Buch oder meine Show zu erwähnen? Wohl kaum.

*Mist!*

Die Agentin sagte zu mir:»Nach Liz' Vortrag gehen Sie zusammen zu den beiden Stühlen seitlich auf der Bühne. Dort bekommen Sie einen Stapel mit Publikumsfragen. Sie müssen nicht selbst aussuchen, sondern erhalten von uns eine fertige Auswahl.«

*Die machen mir meinen Job wirklich leicht.*

»Denken Sie daran, nach Ihrer Anmoderation das Mikrofon vom Podium mitzunehmen«, sagte der Bühnenassistent zu mir.

Vor Veranstaltungsbeginn standen Liz und ich einen Moment hinter dem geschlossenen Vorhang und hatten Gelegenheit, ein paar Worte zu wechseln. Wir staunten beide über die beeindruckenden Dimensionen des Auditorium Theater. Die Decke schien hundert Meter hoch zu sein.

»Wie hoch wohl deren Heizkosten sind?«, scherzte Liz.

»Geradezu wie in Las Vegas«, sagte ich.»Beeindruckend schön, aber was für eine Energieverschwendung!«

Ich hätte sie liebend gerne in die Bar auf der anderen Straßenseite entführt, wo wir uns lachend bei einem guten Glas Wein unterhalten und uns, weit ab von den anderen Leuten, unsere schriftstellerischen Notizen hätten zeigen können.

Ich meine, in gewisser Weise ähneln sich unsere Wege. Sie hat in Italien, Indien und Indonesien nach Spiritualität gesucht und ein Buch darüber geschrieben. Ich habe in Rockford, Evanston und Lily Dale nach Spiritualität gesucht und ein Buch darüber geschrieben. Ihr Buch hat sich sechs Millionen Mal verkauft. Meines hat sich ungefähr zehntausend Mal verkauft. *So viel zum Thema Ähnlichkeit ...*

Als ich auf die Bühne ging, um Liz vorzustellen, war ich absolut fasziniert davon, wie prächtig das Auditorium Theater aus dieser Perspektive wirkte. Ich war stets zu Weihnachten hierhergekommen, um mir mit meinem Vater *Die Nussknacker-Suite* anzusehen. Das war eine unverrückbare Tradition gewesen. Und nun stand ich hier und sprach zu Hunderten von Menschen.

Ich begann mit dem Organisatorischen. Die Aufforderung, die Handys auszuschalten, verpackte ich in ein paar Witze – schließlich war es mir bei meiner One-Woman-Show in der tragischen Szene, als mein Vater an einem Gehirntumor starb, doch tatsächlich passiert, dass plötzlich *Sexy Back* von Justin Tmberlake ertönte, weil das jemand als Klingelton für sein Handy auserkoren hatte.

*Vergiss das Mikrofon nicht!*

Dann sprudelten ein paar Geschichten aus mir heraus. Ich hatte das nicht vorbereitet, sondern kam einfach in Fluss. Plötzlich pfiff jemand. Das war nicht einfach irgendein Pfiff, sondern ein Signal des Bühnenassistenten, dass ich meine Redezeit überschritten hatte. Es hörte sich an wie ein Bauarbeiter, der einer Blondine hinterherpfiff.

*Mist! Hoffentlich ist Liz jetzt nicht sauer.*

Rasch brachte ich den Vortrag zu einem professionellen Abschluss und ging von der Bühne. Die Agentin lächelte mich an und sagte: »Das war ein bisschen zu lang.« Ich schaute auf die Uhr. Ich hatte acht Minuten geredet.

Aber das war noch nicht das Schlimmste. Ich hatte das blöde Mikrofon auf dem Podium vergessen! Plötzlich sah ich, wie Liz mit einem Mikrofon in der Hand über die Bühne ging. Sie ließ für einen Moment ihre achthundert Fans im Stich, um zu erledigen, was eigentlich mein Job gewesen wäre. Ich kam mir wie eine komplette Idiotin vor.

»Ist das Ihres?«, fragte sie mit einem Lächeln.

Als dann die Frage-und-Antwort-Runde an der Reihe

war, saß ich neben Liz und nahm den Stapel mit Publikumsfragen entgegen. Zum Glück hatte ich Liz' Vortrag aufmerksam verfolgt, denn viele dieser Fragen drehten sich um Dinge, über die Liz bereits ausführlich gesprochen hatte.

*Wie gut, dass ich aufgepasst habe!*

Ich legte die Karten weg und beschloss, meine eigenen Fragen zu stellen. (Ich hatte es ohnehin schon vermasselt, indem ich zu lange geredet und dann auch noch das Mikrofon vergessen hatte, was gab es also zu verlieren?)

»Nun befinden Sie sich ja schon eine Weile auf dieser spirituellen Reise. Gibt es etwas, das Sie gerne vorher gewusst hätten, oder etwas, das Sie anders gemacht hätten?«

Liz atmete tief durch und überlegte einen Moment. »Ja. Es ist völlig in Ordnung, Nein zu sagen. Man muss immer wieder mal Nein sagen. Sie bekommen alle möglichen Anfragen, werden hierhin eingeladen und dorthin. Man muss zum eigenen Wohl Ja zu sich selbst und Nein zu anderen sagen.«

Liz schaute ins Publikum.

»Und es werden sich Leute über Sie ärgern oder enttäuscht sein, und das ist okay so. Man kann es nicht allen recht machen, also sollte man sich darin üben, es sich selbst recht zu machen. Ich praktiziere etwas, was ich die ›Schoß-Therapie‹ nenne: Meine Katze sitzt jeden Tag zwanzig Minuten auf meinem Schoß. Manchmal sieht das verdächtig danach aus, dass ich einfach ein Nickerchen mache«, scherzte sie. »Aber das ist ein kleines Geschenk an mich selbst. Das muss einfach sein.«

Hinterher signierte Liz in der Lobby ihr Buch. Sie führten mich zu einem Tisch, an dem ich mein eigenes Buch verkaufen konnte, aber er stand weit weg, unter der Treppe. Und als ich mich von Liz verabschieden wollte, war sie von ihren Fans umringt.

*Mist!*

Meine Freundin Missy half mir, den Rest meiner Bücher wieder einzupacken.

»Was ist denn nun mit unserer Frauentour?«, fragte sie. Sie machte gerade eine Scheidung durch und brauchte etwas, auf das sie sich freuen konnte.

»Die«, entschied ich, »sollten wir uns endlich gönnen und damit Ja zu uns sagen, genau wie Liz es empfiehlt!«

AUCH LAURA, eine andere Freundin, klinkte sich mit ein, und nun wurde die Freundinnentour endlich organisiert. Als Ziel wählten wir Napa Valley. Laura und ich hatten so viele Videos für Weinkellereien gedreht, dass wir die Gegend gut genug kannten. Also reservierten wir dort ein Ferienhaus.

»Ich kann leider nicht mitkommen«, sagte Missy ein paar Wochen vor der Reise.

*Was?!*

Es gab Komplikationen mit ihrer Scheidung. Außerdem hatte sie zwei Kinder zu versorgen und traute sich in dieser Phase der Trennung nicht weg von daheim. Ich hatte mir bereits freigenommen, meinen Flug gebucht und keine Lust, die Sache zu verschieben. »Bei unserer nächsten Tour bist du auf jeden Fall dabei«, tröstete ich Missy.

Unsere Reisegruppe hatte anfangs aus zwölf Freundinnen bestanden, doch je näher der Termin heranrückte, umso mehr Absagen trudelten ein. »Ich kann nicht vier Tage lang die Familie alleinlassen«, sagte eine. »Ich habe einfach zu viel zu tun«, sagte eine andere.

Zu guter Letzt bestand die Gruppe nur noch aus Laura, ihren Freundinnen Nicole und Jesse und mir.

Wir nahmen an diversen Weinproben teil und aßen exzellent zu Abend. Wir joggten und machten Fahrradtouren. Und wie die meisten Frauen waren wir einen Augenblick lang vergnügt, und im nächsten fragten wir uns voller Schuldgefühle, ob denn die Familie zu Hause ohne uns zurechtkam.

»Warum ist es eigentlich so schwer, sich zu entspannen?«, fragte ich während eines unserer Abendessen.

»Ach, komm! Wenn die Mamas glücklich sind, macht das auch die Kinder glücklich!«, sagte Laura und trank einen Schluck Wein.

Wir besuchten eine Weinkellerei und nahmen dort an einer Führung mit Weinprobe teil. Als die Führung bereits begonnen hatte, stieß eine Gruppe von drei Frauen hinzu. Eine von den Nachzüglerinnen legte den Finger auf die Lippen und machte »Schschsch!«. Die Mädels waren sichtlich betrunken und versuchten, trotzdem nicht zu stören, was ihnen aber gründlich misslang. Alle drei waren attraktiv, mit tief ausgeschnittenen Kleidern und jeder Menge Make-up, und hatten riesige Trinkbecher bei sich.

BRRRRRIINNNG.

Das Gezirpe eines Handys zog die gesamte Aufmerksamkeit auf sich. Eine der betrunkenen Frauen hielt es sich ans Ohr und sagte mit breitem texanischen Akzent: »Haalloooo?«

»Gleich ziehe ich ihnen eine Weinflasche über den Schädel«, flüsterte ich Nicole zu.

»Okay, ich gebe dir Rückendeckung«, scherzte sie.

Während nun eine dieser Nervensägen in ihr Handy plapperte, bekamen die beiden anderen einen lautstarken Kicheranfall. Alle drei waren voll wie die Haubitzen und schwankten wie Pappeln im Sturm.

»Ich glaube, ich bin im falschen Film!«, flüsterte ich Laura zu.

Unser Tour Guide war so von den tiefen Dekolletés der drei Grazien verzaubert, dass er ihr Benehmen vermutlich für charmant hielt.

Nach der Führung plauderten wir miteinander in dem Raum, in dem die Weinverkostungen stattfanden. Laura knüpfte Kontakte.

»Wie haben Sie denn von dieser Weinkellerei erfahren?«, fragte sie das betrunkene Texas-Trio.

»Das ist uns alles furchtbar peinlich«, entschuldigte sich die einzige Brünette und noch etwas Nüchternere in der Gruppe. »Aber wir sind jetzt schon seit neun Uhr morgens auf Probiertour.«

*Ach, du lieber Vater!*

»Wir feiern den fünfzigsten Geburtstag meiner Mutter«, sagte die junge Frau neben ihr.

Daraufhin schaute ich mir eben jene Brünette noch einmal etwas genauer an – eine sehr attraktive Frau, die nicht älter als fünfunddreißig wirkte.

»Was ist Ihr Geheimnis?«, fragte ich sie geradeheraus.

»Wein«, lachte sie. »Und Ausflüge mit den Girls.«

Je länger die Unterhaltung andauerte, umso netter kamen uns die Girls vor. Sie waren uns so sympathisch, dass wir sie zum Abendessen einluden. Ich schaute etwas betreten drein und wurde das Gefühl auch den ganzen Abend über nicht los, immerhin hatte ich zuvor in Erwägung gezogen, die Damen mit einer Weinflasche zu erschlagen.

»Beurteile ein Buch niemals nach dem Cover«, sagte Laura, als wir ins Auto stiegen.

Später fuhren wir dann zum Dinner mit unseren neuen Freundinnen. Wir bestellten verschiedene Vorspeisen zum Probieren und fingen an, einander unsere Lebensgeschichten zu erzählen. Jesse und Nicole hatten sich gerade von ihren Männern getrennt. Da beide Kinder hatten, war das kompliziert genug. Laura, die drei Kinder hatte, war bereits geschieden.

Das brünette Geburtstagskind gehörte ebenfalls zum Klub: »Ich habe gerade eine Scheidung hinter mir.«

Ich wandte mich an ihre Tochter: »Und, wenn ich fragen darf … Wie kommst du damit zurecht?«

»Ich wollte schon seit Jahren, dass sie sich endlich scheiden lassen!«, sagte die junge Frau selbstbewusst. »Ich wusste, dass meine Eltern als Freunde viel besser miteinander auskommen würden.«

»Meine Tochter kennt mich so gut«, sagte die Mutter. »Ich habe die Scheidung eingereicht, ohne meinen Kindern davon zu erzählen, doch am gleichen Tag mailte sie mir einen Artikel aus dem Internet. Er hieß ›Die sieben Stadien einer Scheidung‹, und sie schrieb dazu: ›In welchem Stadium befindest du dich gerade, Mom?‹ Ich fand es unglaublich, dass sie es wusste, ehe ich ihr davon erzählt hatte.«

»Dann hat die Trennung dich gar nicht belastet?«, fragte ich wieder die Tochter. »Hier sitzen zwei Frauen mit uns am Tisch, die das auch gerade durchmachen, und beide haben Kinder. Deswegen wäre es schön, etwas darüber zu erfahren, wie du damit umgegangen bist.«

»Kinder wissen es ganz einfach«, sagte sie. »Wir wissen, was wirklich im Gange ist. Wir spüren, ob unsere Mutter wirklich glücklich ist. Ich wünschte mir, dass sie glücklich ist. Ich respektiere sie jetzt viel mehr, wo sie sich endlich entschlossen hat, sich selbst zu lieben und glücklich zu sein.« Ihre Augen wurden feucht, während sie sprach. »Man muss seinem Herzen folgen und für sich selbst Liebe empfinden. Nur dann kann man auch andere Menschen wirklich lieben.«

Ihre Mutter beugte sich zu ihr und küsste sie auf die Wange.

Ich zog einen alten Rezeptzettel aus meiner Handtasche und notierte mir ihre Worte, um sie nicht zu vergessen.

# 9

# Halleluja!
# Ich habe den kirchlichen Segen!

## Dem Universum vertrauen

Schild an der Goodwood United Church:

> KAFFEE GRATIS.
> EWIGES LEBEN.
> BEI UNS MITGLIED SEIN
> HAT VIELE VORTEILE!

*DANKE IM VORAUS, Universum, für den Job, von dem ich meine Hypothekenraten zahlen, bei dem ich Spaß haben und ich selbst sein kann.*

Meine One-Woman-Show war seit Monaten abgesetzt, und meine Bestellliste beim Universum wurde täglich länger.

»Angenommen, du könntest alles tun, was du willst. Was wäre das?«, fragte mich Therese am Telefon. »Ich will es wissen, denn ich werde von nun an für deinen Wohlstand beten.«

Therese war katholisch und ging fast täglich zur Messe, sodass Gebete in ihrem Alltag eine wichtige Rolle spielten. Mich dagegen musste man immer wieder daran erinnern, zu beten.

»Ich wünschte, ich hätte deine Disziplin«, sagte ich. »Als Kind habe ich die Wochenenden mit meinem Vater verbracht. In die Kirche bin ich nur gegangen, als er wieder heiratete. Naja«, fügte ich hinzu, »das war ja oft genug.«

»Betest du denn jemals für ihn?«, fragte Therese unbeeindruckt.

»Wie bitte?«

»Für deinen Vater. Betest du für deinen Vater?«

Ich war verwirrt. Ging ich doch nicht davon aus, dass die Toten meine Gebete benötigten.

»Ist er Gott denn nicht viel näher als ich? Vermutlich würden Gebete von jemandem wie mir ihm doch wenig nützen.«

»Die auf der anderen Seite brauchen durchaus unsere Gebete und positiven Gedanken«, sagte Therese. »Wir bitten sie oft um Hilfe, aber auch wir sollten ihnen etwas Gutes geben. Jedes Mal, wenn du ihn um etwas bittest, solltest du liebevoll für ihn beten.«

»Okay. Ich versuche, daran zu denken.«

»Jetzt wieder zu deinem Traumjob. Womit würdest du am liebsten dein Geld verdienen?«

»Ich möchte dafür bezahlt werden, dass ich die Geschichten erzähle, die mir am Herzen liegen. Von Videos über Bücher bis hin zu meiner Show. Ich wünschte, ich könnte aus meiner Show einen Fulltime-Job machen und damit genug Geld verdienen.«

Zur Bühne zog es mich leidenschaftlich hin, aber damit den Lebensunterhalt zu bestreiten war schlicht unmöglich.

»Kennst du den Film *Toy Story*?«, fragte Therese.

»Natürlich«, sagte ich. »Britt liebt ihn.«

»Irgendwie sind wir alle wie die Spielzeuge in diesem Film. Wir stehen im Regal, und Gott weiß, dass wir da sind. Aber manchmal spielt er lieber mit Woody, und manchmal zieht er Buzz vor. Jeder von uns hat etwas anderes anzubieten, und wir werden nicht immer alle gleichzeitig gebraucht. Du weißt doch: Wir sollten darauf vertrauen, dass alles zur rechten Zeit und in göttlicher Ordnung geschieht.«

»Jajaja«, sagte ich und verdrehte die Augen.

Mein Sohn patschte abwehrend auf meine Hand, während ich versuchte, ihn mit Süßkartoffeln zu füttern. Britt war ein ziemlich guter Esser, aber nur dann, wenn er sich etwas selbst ausgesucht hatte.

»Neeeeiiiiiin!«, kreischte er und stieß den Löffel weg. Ich versuchte, ihm das Gesicht abzuwischen, um ein großes Gematsche zu verhindern, aber er wollte nicht.

»Ich verstehe das nicht«, sagte ich zu Therese. »Ich gebe mein Bestes, ihn gut zu ernähren und sauber zu halten, doch er vertraut mir nicht. Entweder es geht nach seinem Willen oder gar nicht.« Ich schaute Britt an und nahm seine klebrigen Bäckchen in meine Hand. »Ich will doch nur dein Bestes, Kumpel! Warum sträubst du dich so dagegen?«

Am Telefon hörte ich Therese lachen. »Du machst es doch mit Gott genauso«, sagte sie.

»Wie meinst du das?«

»Er hat einen Plan für dich. Er will nur das Beste für dich. Aber du stößt den Schlabberlatz und die Süßkartoffeln weg, weil du glaubst, selbst am besten zu wissen, was gut für dich ist. Gottes Plan gefällt dir nicht, und deshalb entwirfst du dir deinen eigenen. Du bist Britt, und Gott ist du.«

· Ich dachte über ihre Worte nach. Zwar machte ich mir jede Menge Sorgen wegen unseres Einkommens und meiner »nächsten Schritte«, aber andererseits hatten wir immer noch ein Dach über dem Kopf und genug Essen im Kühlschrank.

»Du hast ja recht«, seufzte ich. »Radio und Fernsehen waren für so lange Zeit mein Leben, und deshalb fühle ich mich immer noch irgendwie nutzlos, wenn ich nicht in diesem Bereich arbeite.«

»Gott wird dich ja auch weiterhin nutzen«, sagte Therese. »Nur auf andere Art. Er vergisst niemals, dass du einsatzbereit im Regal stehst. Wenn er bereit für dich ist, kommt er und holt dich ab.«

Ich versuchte erneut, meinen Sohn zu füttern. Doch wieder stieß er den Löffel weg.

Ich lachte. »Das hast du dann ja wohl von mir geerbt, Schatz.«

In diesem Moment kam auf der anderen Leitung ein Gespräch herein. Es war Steve, mein Rundfunkagent.

»Sorry, Therese, hier kommt ein Anruf, den ich annehmen muss. Ich rufe dich später wieder an«, sagte ich, dann meldete ich mich.

»Hey, Jen«, sagte Steve, »ich denke über eine Neuauflage deiner One-Woman-Show in einem anderen Theater nach. Ich möchte ein Meeting mit ein paar Theaterleuten organisieren. Lass uns die Show wieder auf die Bühne bringen!«

*Jaa! Nichts lieber als das!*

STEVE WAR mit einem Chicagoer Produzenten und Theaterbesitzer befreundet. In einem seiner Theater wurde eine neue Kabarettbühne eröffnet, und dort sollte ich mit meiner Show auftreten.

»Bei der heutigen Wirtschaftslage möchten wir den Leuten etwas in der Preiskategorie von zwanzig bis fünfundzwanzig Dollar anbieten. Da würde Ihre Show perfekt passen«, sagte der Theaterbesitzer, während wir mit ihm den Saal besichtigten.

Ich schaute mich um. Überall arbeiteten Handwerker. Es gab hier eindeutig noch eine Menge zu tun.

»Wann können wir denn anfangen?«, fragte Steve.

»In zwei Wochen, spätestens«, sagte der Besitzer.

Aus zwei Wochen wurden acht, und zu meinem Schrecken waren noch am Premierentag die Wände nicht gestrichen. Zwei Stunden bevor die Show beginnen sollte, klatschten die Handwerker hastig Farbe auf die Wände. Es herrschte ein totales Chaos, und ich wünschte, ich hätte mich niemals darauf eingelassen.

*Perfektes Timing und göttliche Ordnung.*

Zu dem Anstreich-Fiasko kam noch hinzu, dass es keine Künstlergarderoben gab. Nicht dass ich besonders anspruchsvoll war. Ich brauchte nur einen kleinen Raum, in den ich mich zurückziehen konnte, um mich auf meinen Auftritt vorzubereiten. Das Beste, was dieses Theater zu bieten hatte, war eine Art begehbarer Schrank, ein paar Schritte hinter der Bühne. Er hatte keine Tür, und drinnen wimmelte es von elektrischen Leitungen mit teilweise blanken Drähten. Nicht gerade der ideale Ort, um sich zurückzuziehen und zu sammeln. Aber was blieb mir anderes übrig?

*Das soll ein professionelles Theater sein?*

Ich hängte ein Stück Stoff dorthin, wo die Tür hätte sein sollen, und stellte einen Stuhl hinein. Wegen der blanken Drähte stellte ich den Stuhl so nah wie möglich hinter den Behelfsvorhang, weil ich keinen elektrischen Schlag bekommen wollte. Im Sitzen berührte meine Nase fast den Stoff. Es war lächerlich.

Zwanzig Minuten bevor die Zuschauer hereingelassen werden sollten, waren dann auch die Maler mit ihrer Arbeit fertig. Überall stank es nach Farbe. Wir mussten die Fenster öffnen, aber draußen waren es fünfzehn Grad unter null. Um uns also nicht den Hintern abzufrieren, mussten wir die Heizung voll aufdrehen. Etwa zehn Minuten vor Vorstellungsbeginn rief man mich nach hinten zu meinem Wandschrank, damit endlich die Zuschauer hereingelassen werden konnten.

*Es war eine einzige Katastrophe.*

Kat, die Inspizientin, steckte den Kopf in meinen Schrank und sagte: »Zwei Minuten vor deinem Auftritt gebe ich dir das Startsignal.« Ihre Wange war dicht an meiner. Gut, dass wir uns beide die Zähne geputzt hatten.

»Echt gemütlich, deine Bude hier«, sagte sie grinsend, aber mir war nicht zum Lachen zumute. »Na, dann Hals- und Beinbruch!«

»Macht bitte die Fenster zu«, bat ich sie. »Dann werden wir zwar von den Farbdämpfen benebelt, aber da müssen wir durch.«

Ich konnte nichts tun, um die äußeren Umstände zu verändern, daher beschloss ich, das Beste aus der Situation zu machen.

*Es gibt jetzt sowieso kein Zurück mehr. Also lass los und vertraue dem Universum.*

Ich hörte, wie die Zuschauer in den Saal strömten, und hatte das Gefühl, dass sie praktisch genau vor meinem Kabuff entlanggingen.

»Hier stinkt's aber nach Farbe«, sagte eine Frau.

*Ich habe es geahnt.*

»Warum ist es so kalt?«, beklagte sich eine andere.

Ich atmete ein paarmal tief durch und versuchte, mich zu erden.

*Danke im Voraus, Universum, dafür, dass du mir hilfst, eine wirklich gute Vorstellung für mein Publikum zu geben. Danke im Voraus dafür, dass diese Menschen genau die Botschaften hören, die für sie heute Abend richtig sind.*

Ich versuchte, den Lärm der Menge auszublenden, aber ich hörte doch unwillkürlich einige Gespräche mit. »Wie haben Sie von dieser Show erfahren?«, fragte eine Frau.

»Mein Mann hat zufällig gehört, wie Jenniffer von Jonathan Brandmeier interviewt wurde. Also kaufte er ihr Buch. Wir haben es beide gelesen, und ich ging zu einem der Medien, über die sie in dem Buch geschrieben hat«, erzählte eine zweite Frau.

Ich streckte meinen Kopf so dicht an den Vorhang, dass ich fast aus dem Stuhl gekippt wäre.

»Ein Medium? Sie sind wirklich zu einem Medium gegangen?«

»Ja. Das hat mein ganzes Leben verändert. Meine Tochter hat sich das Leben genommen, und dieses Medium hat Kontakt zu ihr aufgenommen.«

Ich spähte vorsichtig durch den Vorhang, um mir das Gesicht der Frau anschauen zu können, ohne selbst gesehen zu werden. Sie war eine sehr sympathisch wirkende blonde Frau mit einem großartigen Lächeln und traurigen Augen.

Wenn ich nicht von John Brandmeier fürs Radio interviewt worden wäre und ihr Mann das nicht zufällig gehört und mein Buch gekauft und ich das nicht aus diesem Kabuff heraus gehört hätte ...

»Ich kann es kaum erwarten, Jenniffer persönlich zu treffen und ihr zu sagen, wie sehr sie mir geholfen hat.«

*Selbst wenn du in einem Schrank mit Gardine untergebracht bist, bist du in jedem Augenblick da, wo du sein sollst.*

Obwohl der Saal roch wie ein Farbenladen, lief die Vorstellung sehr gut. Hinterher ging ich zu der blonden Frau und begrüßte sie.

Sie schien gar nicht davon überrascht, dass ich sie ansprach. Wahrscheinlich eilte mir sowieso der Ruf einer hellseherischen Gabe voraus.

»Mein Name ist Bonnie«, sagte sie und zeigte mir das Foto eines wunderschönen sechzehnjährigen Mädchens. »Das ist meine Tochter Hilary, und Ihnen verdanke ich es, dass ich wieder Verbindung zu ihr aufgenommen habe«, sagte sie.

Bonnie und ich gingen nach der Show zusammen essen, und sie erzählte mir ihre Geschichte. Ihre Tochter war eine ausgezeichnete Schülerin, bei allen sehr beliebt und wirkte in keiner Weise depressiv. Und dennoch hatte sie sich erhängt und damit Bonnie und ihre Familie ratlos und verzweifelt zurückgelassen.

»Nachdem ich Ihr Buch gelesen hatte, rief ich Therese Rowley an«, sagte Bonnie. »Während ich aus dem Vorort, wo wir wohnen, zu dem Termin mit Therese in die Stadt fuhr, redete ich die ganze Zeit mit Hilary. Ich sagte: ›Liebling, ich weiß, das ist albern, aber ich bin nur dann wirklich sicher, dass du es bist, wenn du die Augen verdrehst und die Hände in die Hüften stemmst.‹ Wenn ich meiner Tochter etwas zu sagen versucht hatte, hatte sie immer die Augen verdreht und ›Ach, Mooom‹ geseufzt.«

Als Therese mit dem Reading begann, kam Hilary sofort laut und klar durch.

»Therese sagte: ›Das mag sich etwas respektlos anhören, aber ich sage Ihnen jetzt einfach, was ich sehe – hier ist ein wunderschöner Teenager. Sie hat die Hände in die Hüften gestemmt, verdreht die Augen und sagt: *Ach, Mooom!*‹«

An jenem Tag begann Bonnies Heilung, und bald schon reiste sie durchs Land, um mit Jugendlichen über Selbstmordgefährdung zu sprechen. Sie ermutigte Eltern dazu, sich mehr für die Aktivitäten ihrer Kinder im Internet zu interessieren. Begonnen hatte sie diesen Dialog an Hilarys Highschool und in ihrem Wohnort, wo man versuchte, das Thema Selbstmord bei Jugendlichen unter den Teppich zu kehren, um nicht negativ in die Schlagzeilen zu geraten. Sie war sich sicher, dass dies eine wichtige Arbeit war, und sie fühlte sich dabei Hilary sehr verbunden.

»Ich wünsche mir immer noch oft, sie einfach wieder in die Arme nehmen zu können«, sagte Bonnie, und ihre Augen füllten sich mit Tränen. »Aber ich weiß jetzt, dass meine Tochter weiterexistiert und wir einander sehr nahe sind.«

SCHLIESSLICH WURDE mein Einpersonenstück in einen anderen Saal im selben Theatergebäude verlegt. Dort gab es keine blanken Drähte und ungestrichenen Wände. Was sie uns aber nicht sagten, war, dass in diesem Saal jeden Abend eine Veranstaltung stattfand, die erst dreißig Minuten vor Beginn meiner Vorstellung endete. Deshalb konnten wir keine Ton- und Lichtproben machen.

Am ersten Abend in dem anderen Saal mussten wir die Gäste der vorangegangenen Veranstaltung regelrecht hinauswerfen. »Entschuldigen Sie, aber gleich beginnt eine neue Aufführung«, sagte ich und versuchte, bestimmt und doch zugleich freundlich zu sein.

Als sich der Saal endlich geleert hatte, stellten wir fest, dass unsere Vorgänger etwas an der Beleuchtung verändert hatten, und leider etwas ziemlich Gravierendes: Ausgerechnet die speziellen Spots waren verstellt, die eingeschaltet wurden, während ich erzählte, wie ich an dem Morgen, als mein Vater starb, einen Schmetterling in meinem Bett sah. Meine Beleuchterin hatte viel Zeit aufgewendet, diese Szene mithilfe verschiedener Farbgels in ein besonderes Licht zu tauchen. Wir hatten die Scheinwerfer perfekt dafür ausgerichtet. Doch jetzt war alles vermasselt.

»Zum Glück haben sie die Finger von meinem Gobo gelassen!«, rief die Beleuchterin mir erleichtert zu.

Sie war auf eine Leiter gestiegen, um die Sache in Ordnung zu bringen. Währenddessen stand ich auf der Bühne und atmete tief durch, um mich zu beruhigen. Wie es schien, war jeder Schritt, den wir in diesem neuen Theater unternahmen, der falsche. Aber wenn ich Energie darauf verschwendete, mir Sorgen zu machen, würde das auch noch meine Leistung auf der Bühne beeinträchtigen.

*Alles wird gut gehen. Entspanne dich. Du kannst jetzt ohnehin nichts daran ändern.*

Während ich mir vorstellte, dass ich mich öffnete und nicht länger versuchte, die Situation zu kontrollieren, sah ich plötzlich zu meinen Füßen einen glitzernden Gegenstand liegen. Ich hob ihn auf und konnte kaum glauben, was ich da in der Hand hielt.

»Was ist das?«, rief Jen, meine Inspizientin, aus ihrer Technikkabine.

Es war ein Schmetterling aus Keramik, mit glitzernder blauer und orangefarbener Bemalung. In meinem Stück zeigte ich, wie ich am Morgen, als mein Vater starb, einen Schmetterling in meinem Bett sah. Der Schmetterling in meiner Hand sah ganz genau so aus. Dabei hatte ich nie Requisiten benutzt und diesen Keramikschmetterling nie zuvor gesehen.

»Jemand hat einen Schmetterling auf der Bühne liegen lassen«, flüsterte ich geradezu demütig. »Er ist orange und blau.«

»Das gibt's doch nicht«, sagte Kat und stieg von ihrer Leiter herunter. Ich zeigte ihn ihr, und wir betrachteten ihn verwundert.

»Damit will dein Dad dir signalisieren, dass alles in Ordnung ist«, rief Jen. »Wirklich erstaunlich!«

»Vielleicht hast du recht«, sagte ich.

Die Show ging völlig problemlos über die Bühne.

Nachher gab es in der Lobby einen Empfang mit Wein und Häppchen. Mir fiel ein fremder Mann auf, der im Hintergrund stand. Er blickte ziemlich stirnrunzelnd drein, trank viel Wein und aß ständig Käse.

»Wer ist das denn?«, fragte ich meinen Freund Stef.

»Keine Ahnung.«

Nach einer Weile siegte meine Neugier, und ich ging zu ihm.

»Hallo«, sagte ich. »Hat Ihnen die Show gefallen?«

Der Mann wischte sich Krümel vom Mund und sagte: »Ich heiße Jerry. Ich bin katholischer Priester.«

*Das war zwar nicht meine Frage gewesen, aber oh, Jesus Christus!*

Mir sank das Herz in die Hose. Nicht genug, dass ich in der Show von meinen Interviews mit Medien und anderen Recherchen in Paralleluniversen berichtete, es gab auch einen ganzen Monolog darüber, wie ich versuchte, die »perfekte« Religion zu finden. Ich sprach darüber, dass es in jeder Religion irgendeine Einschränkung gab, die mir missfiel. Das Christentum hatte es mir zu sehr mit der Moral, neigte zu Vorurteilen und Heuchelei. Und ich äußerte Zweifel am Wahrheitsgehalt der Bibel, da sie erst ungefähr hundert Jahre nach Jesu Tod niedergeschrieben (oder, besser gesagt, auf Schrifttafeln geritzt) wurde. Ich wusste, wie in meiner Familie Geschichten schon nach zwanzig Minuten total verdreht wurden – hundert Jahre, das war wirklich wie ein Lotteriespiel! Und welche Fehler mochten sich durch die diversen Übersetzungen in die Evangelien eingeschlichen haben, zumal garantiert einige Schrifttafeln zerbrachen oder ganz verloren gingen?

»Ich dachte, Ihre Show wäre so etwas Ähnliches wie das Theaterstück *Late Night Catechism*«, fuhr Jerry stirnrunzelnd fort. »Aber sie ist ganz anders.«

*Dann droht mir also die ewige Verdammnis.*

»Und ich muss wirklich sagen, ich war angenehm überrascht.« Sein Gesicht hellte sich auf. »Sie ist so viel *mehr*!«

Ich seufzte erleichtert. »*Gott sei Dank*, Jerry. Für einen Moment hatte ich wirklich Angst um mein Seelenheil«, sagte ich.

»Ich glaube, dass so ziemlich alles, was Sie heute Abend gesagt haben, wahr und richtig ist«, sagte er.

*Entschuldigung – wie bitte?*

»Wenn Sie sich einmal wirklich Zeit nehmen, sich mit den Evangelien zu beschäftigen, werden Sie feststellen, dass es darin um Liebe geht und nicht darum, Menschen auszugrenzen und zu verurteilen. Und Medien werden in der Bibel an vielen Stellen erwähnt«, fuhr Jerry fort.

»Geben Sie mir Ihre Visitenkarte, Jerry? Ich kenne da ein paar Leute, die mir sonst nicht glauben werden, dass ein katholischer Priester mir recht gibt!«, lachte ich. Als Erste kam mir da meine kritische Freundin Deb in den Sinn.

Nachdem Jerry sich verabschiedet hatte, ging ich zu meinen Freundinnen, schenkte mir noch einen Wein ein und sagte: »Halleluja! Endlich habe ich den kirchlichen Segen!«

AM NÄCHSTEN Tag schickte mir mein neu gewonnener priesterlicher Kumpel eine E-Mail:

Liebe Jen,

noch einmal vielen Dank für Ihre zu Herzen gehende Darbietung. Sie scheinen mir eine Frau zu sein, die ich gerne
auf eine Party oder eine Tasse Kaffee einladen würde!

Ich habe schnell eine kleine Recherche angestellt: In
Samuel 1,28 wird geschildert, dass es in Israel Medien gab.
Zwar hat Saul die Praxis des Geisterbeschwörens untersagt, doch dann geht er selbst zu einer »Totenbeschwö-
rin«, um den Geist Samuels herbeizurufen. Samuel ist
verärgert darüber, dass Saul ihn hat »heraufsteigen lassen«, spricht aber durch das Medium zu Saul. Und das ist
nur ein Beispiel.

Außerdem bin ich der Ansicht, dass durch die Auferste-
hung Jesu eine Fortexistenz der Seele bestätigt wird. Als
Jesus der Maria Magdalena erscheint, sagt er zu ihr, dass
sie ihn nicht berühren soll, weil er noch nicht zum Vater
aufgestiegen ist. Es gibt in der Heiligen Schrift eine Fülle
von Hinweisen, dass Sie und alle, die sich mit diesen Dingen beschäftigen, keine Spinner sind, sondern in Kontakt
mit etwas sehr Realem stehen.

Ich schrieb Jerry eine Antwort, in der ich mich für diese
Informationen bedankte. Dann fragte ich ihn: »Wenn dem-
nach die Bibel den Kontakt mit Verstorbenen unterstützt,
wieso weigern sich dann manche religiöse Menschen,
mein Buch zu lesen oder sich mein Stück anzuschauen,
weil ich angeblich gegen ›das Wort Gottes‹ verstoßen
würde?«

»Leute, die das behaupten, sind offensichtlich nicht
wirklich mit der Bibel vertraut«, mailte Jerry zurück. »Und
sie lassen sich nicht von der Liebe leiten.«

»Ich wünschte, jene, die von sich behaupten, nach den
Geboten Jesu zu leben, würden auch mehr wie Jesus
handeln!«, schrieb ich in meiner Antwort.

»Ja, so sehe ich das auch«, schrieb Jerry. »Im Lauf der

Jahre ist manche wirklich bemerkenswerte religiöse Lehre durch Angst und Manipulation ruiniert worden. Würden wir alle dem Pfad treu bleiben, Gott zu lieben und auf ihn zu vertrauen, anstatt Steine auf die zu werfen, die etwas anderes glauben als wir, sähe die Welt anders aus.«

»Wären mehr Priester so wie Sie, Jerry, würde ich vielleicht immer noch in die Kirche gehen.«

»Gott wohnt in Ihrem Herzen«, schrieb er zurück.

»Man muss also nicht in der Kirche sitzen, um Gott zu finden, sondern wir können ihm auch begegnen, wenn wir Geschirr spülen oder am Flughafen in der Schlange stehen?«

»Gott ist Liebe. Gott ist überall.«

AM NÄCHSTEN Tag fuhr ich zu einem Voiceover-Vorsprechen und bekam wieder meine gewohnte »Rockstar-Parklücke« direkt vor dem Haus.

»Kommt es eigentlich mal vor, dass du keine Parklücke findest?«, fragte Susan, meine Agentin, während ich mir den Mantel auszog.

»Nie«, sagte ich. »Warte, das stimmt nicht. Einmal fuhr ich mit meiner Freundin, dem Senf-Girl, zu einer Bar. Da fanden wir keine Parklücke, aber sie sagte einfach: ›Vielleicht gibt es jemanden, der diese Parklücke dringender braucht als wir?‹ Als sie das sagte, fand ich es vollkommen okay.«

»Also einmal in sechs Jahren?«, fragte sie.

»Vielleicht noch länger«, sagte ich und überlegte, wann ich *Gespräche mit Gott* zum ersten Mal gelesen hatte. »Na gut, was haben wir heute?«, fragte ich und schaute auf den Text für das Vorsprechen.

»*Bonefish Grill*«, sagte sie.

Es war ein lustiger, unbeschwerter Radiospot für eine landesweite Werbekampagne. Nicht so lukrativ wie nationales Fernsehen, aber besser, als lediglich Demobänder aufzunehmen.

*Danke im Voraus, Universum, dass du mir hilfst, für die-sen Spot engagiert zu werden, wenn das meinem höchs-ten Wohl dient.*

Nach dem Vorsprechen ging ich zu meinem Wagen und sah, wie eine Frau langsam die Straße entlangfuhr. Sie umklammerte besorgt das Lenkrad und hielt nach einer Lücke Ausschau. Ich winkte ihr zu und zeigte auf meinen Wagen. Sie setzte den Blinker und klatschte vor Freude in die Hände.

Dann ließ sie das Fenster herunter und sagte: »Danke! Ich finde hier sonst nie eine Parklücke. Sie haben mir den Tag gerettet!«

Ich stieg ins Auto und dachte über das nach, was sie ge-sagt hatte. Ich hatte ganz vergessen, dass ich selbst auch einmal wie diese Frau gewesen war und mir Stress ge-macht hatte, ob ich wohl »Glück« haben würde und die Parklücken-Götter mir wohlgesonnen sein würden. Doch bald zweifelte ich keine Sekunde mehr daran, dass in die-ser Hinsicht gut für mich gesorgt wurde. Das war mir in Fleisch und Blut übergegangen.

*Wann wirst du endlich auch in beruflicher Hinsicht zu einer solchen inneren Zuversicht gelangen?*

Wenn ich, wie bei der Parklückensuche, mein Kontroll-bedürfnis aufgebe und einfach weiß.

*Du solltest endlich deine Arbeitsphilosophie ändern, Jen!*

Als ich wieder zu Hause eintraf, joggte ich eine Runde, und hinterher versuchte ich es mit einer Visualisierungs-übung.

Ich dachte an jede einzelne Absage, die ich im Lauf der Jahre erhalten hatte. Ich rief mir jeden Programmdirektor ins Gedächtnis, der eines meiner Konzepte für Radio- oder Fernsehsendungen abgelehnt und mir die Tür vor der Nase zugemacht hatte. Dann visualisierte ich links von mir eine andere Tür. Ich öffnete diese Tür. Sie führte mich auf einen wunderbaren Weg. Er war hell und von violettem Licht erfüllt. Am Ende dieses Weges gelangte ich zu einem großen Stadion. Es war bis auf den letzten Platz besetzt, und alle wollten meine Geschichten hören.

*Danke im Voraus, Universum, für einen Job, der meinen Lebensunterhalt sichert und es mir ermöglicht, Geschichten zu erzählen, die mithelfen, die Welt zu verändern.*

Als ich am darauffolgenden Wochenende am Computer saß und schrieb, kam Clay herein, um etwas mit mir zu besprechen.

»Ich stecke gerade mitten in der Arbeit«, sagte ich, ohne vom Monitor aufzublicken.

»Ich möchte dich etwas fragen«, sagte er. Es ging um eines unserer Videoprojekte.

»Hat das nicht Zeit bis später?«, fragte ich. »Ich möchte das hier nicht gerne unterbrechen.«

Zu Hause zu arbeiten hat den Nachteil, dass man nur schwer ein »Bitte nicht stören«-Schild an die Tür hängen kann.

»Nein, hat es nicht«, sagte er spürbar verärgert.

Nun ging mit uns beiden das Temperament durch, was dazu führte, dass wir uns lauthals anschrien. Schließlich stürmte Clay wütend aus dem Haus, und ich machte mir ernsthaft Sorgen, ob er mich nun verlassen würde.

Ich schnappte mir den Hund und ging spazieren, um einen klaren Kopf zu bekommen. Immer wieder ließ ich unseren Streit Revue passieren und gelangte letztendlich zu dem Schluss, dass ich eindeutig recht hatte und er sich irrational verhielt. Je mehr ich mich darauf konzentrierte, umso wütender wurde ich. Ich kam zu meinem Lieblingsstrand und setzte mich auf die Steine, um übers Wasser zu schauen.

*Ich kann vor Wut kochen oder ich kann diese Sache auf sich beruhen lassen. Bitte, Universum, hilf uns, einander zu vergeben. Hilf uns, Mitgefühl und Liebe füreinander zu empfinden. Hilf uns loszulassen. Hilf uns.*

Als ich nach Hause kam, war Clay weiterhin verschollen und ich ein nervöses Wrack. Ich ging in mein Büro und versuchte zu schreiben, konnte mich aber nicht konzentrieren. Endlich vernahm ich, wie er seinen Wagen in der Einfahrt parkte.

*Bitte hilf uns.*

Clay kam durch die Vordertür herein und kam nach oben zu meinem Büro. Als er die Tür öffnete, schaute ich ihn mit erwartungsvollen Augen an. Mit ausdrucksloser Miene lief er auf mich zu und kniete sich neben meinen Bürostuhl.

»Es tut mir so leid, dass ich dich angeschrien habe«, sagte er und umklammerte meine Hand. »Ich mache mir einfach nur Sorgen, weil du ständig in der Außenwelt nach Glück suchst. Immer muss es der perfekte Job oder das perfekte Buch sein.«

Er war ernsthaft und aufrichtig. »Dabei hast du doch bereits alles, was du wirklich brauchst: mich und Britt. Aber das scheint dir nicht zu genügen.«

Ich drückte seine Hand, und meine Augen füllten sich mit Tränen. So hatte ich die Dinge noch nie betrachtet. In meiner Familie war mir vermittelt worden, dass man nur gut genug war, wenn man beruflichen Erfolg hatte. Das Familienleben hingegen, so hatte man es uns vorgelebt, brachte nur Schmerz und Enttäuschungen mit sich. Jetzt erkannte ich, dass ich mich komplett würde umprogrammieren müssen. Viel zu sehr war ich in meinem Ego und meiner Sorge gefangen gewesen. Bislang hatte ich überhaupt noch nicht in Betracht gezogen, dass die Liebe allein mich glücklich machen könnte.

»Ich danke dir«, sagte ich, immer noch seine Hand haltend. »Ich will es versuchen. Ich will es wirklich versuchen ...«

»Niemand meldet sich bei mir«, sagte Therese, als ich sie zurückrief, nachdem ich ihre Nachricht auf dem Anrufbeantworter gehört hatte. Sie klang richtig ärgerlich. »Jetzt suchen wir schon seit vier Monaten und haben immer noch kein Büro!«

Therese war dabei, ein *Zentrum für Intuitive Ausbildung* ins Leben zu rufen, in dem sie intuitiv begabten Kindern und Erwachsenen helfen wollte, ihre Fähigkeiten zu trainieren. Sie wollte, dass dieses Zentrum jetzt endlich den Betrieb aufnahm, damit sie Freizeiten, Workshops und Seminare veranstalten konnte. Ich würde ihr beim Marketing und der Produktion von Videos helfen. Aber um loslegen zu können, brauchten wir ein Büro. Der Mann, der uns kostenlos Räume zur Verfügung stellen wollte, hielt uns nun schon seit Monaten hin, und Therese war seiner ständigen Ausreden müde.

»In dieser Stadt gibt es aber doch jede Menge leer stehende Büros«, sagte ich am Telefon zu ihr.

»Ich bin täglich zur Messe gegangen und habe gebetet. Ich begreife einfach nicht, warum das Projekt nicht endlich in Fahrt kommt!«, beklagte sie sich.

»Aber hör mal«, versuchte ich sie zu beruhigen, »du sagst doch immer, dass sich alles zur rechten Zeit und in göttlicher Ordnung entfaltet. Gott hat einen Plan für dich. Verhalte dich nicht so wie Britt mit seinen Süßkartoffeln. Denke an *Toy Story*: Gott weiß, dass du im Regal stehst.«

»Aber ich stehe schon seit Jahren einsatzbereit im Regal herum!«, brach es aus ihr heraus. »Ich will nicht länger warten! Diese Kinder brauchen Hilfe. Jetzt!«

Noch nie hatte ich Therese so aufgebracht erlebt. »Ich glaube, ich brauche ein Reading«, sagte sie.

Es erstaunte mich, dass jemand wie Therese, die tagtäglich so vielen Menschen half, selbst niemanden hatte, an den sie sich wegen eines »energetischen Check-ups« wenden konnte. Sie mochte spirituell hochbegabt sein, aber sie war eben auch nur ein Mensch.

»Okay, du solltest diese Angelegenheit Gott übergeben. Nennt ihr Katholiken das nicht so?«, sagte ich. »Sage: ›Gott, ich weiß nicht, welchen Weg ich hierbei einschlagen soll. Daher lege ich dir das Projekt auf den Schreibtisch. Zeige mir, wie es weitergehen soll, damit ich mir keine Sorgen mehr machen muss.‹« Ich wusste nicht wirklich, was ich da redete, aber es hörte sich gut an.

»Ich werde heute Abend Gott eine E-Mail schreiben und ihm das Problem darlegen«, sagte Therese.

Etwa zwei Stunden später erhielt ich eine E-Mail von Therese. Es ging darin um den Beatles-Song *Let It Be*:

Liebe Jen,

bin zur Sauna gefahren. Auf dem Weg zurück zum Auto formulierte ich dann meine E-Mail an Gott. Es war ein wirklich guter Brief. Ich steige also in den Wagen und schalte das Radio ein. Und was höre ich? »Let It Be« von den Beatles. »... whisper words of wisdom, Let It Be. I wake up to the sound of music, Mother Mary come to me, speaking words of wisdom, Let It Be ... there will be an answer, Let it Be (... flüstere Worte der Weisheit, lass es geschehen. Ich erwache zum Klang der Musik, Mutter Maria, komm zu mir und sprich Worte der Weisheit, lass es geschehen ... die Antwort wird sich finden, lass es geschehen.).«

Also werde ich heute Abend keine Briefe an Gott schreiben. Ich werde es einfach geschehen lassen.

Liebe Grüße
Therese

Zwei Wochen später fanden sich für Thereses Projekt absolut geeignete Büroräume. Manchmal ist Nichtstun das Beste, was man tun kann.

# 10

## Da hilft nur beten!

### Wie man das Licht
### hinaus in die Welt trägt

Schild an der Donelson First Baptist Church:

> VERGIB DEINEN FEINDEN.
> DAS BRINGT SIE
> AUS DEM KONZEPT.

»WIE LIEF DENN der Vorverkauf für die Vorstellung heute Abend?«, fragte ich unsere Inspizientin.

Meine Show ging inzwischen in die dritte Spielzeit und hatte nur noch wenige Wochen vor sich.

»Ordentlich«, sagte sie. »Nicht ausverkauft, aber doch ein gut gefülltes Haus.«

In diesem Moment meldete sich mein BlackBerry. Eine E-Mail von Therese traf ein, die mir mitteilte, dass sie heute nicht kommen konnte. »Oh Mist«, sagte ich.

*Wer soll dann das Theater segnen?*

Therese hatte fast alle Vorstellungen besucht und damit viel mehr getan als die anderen Freunde und meine Familie. Jeden Abend kam sie in meine Garderobe, um nach mir zu sehen. Sie segnete das Theater und sprach ein kleines Gebet für mich, alle Mitarbeiter und Zuschauer.

Dieses Ritual war mir ein wichtiger Halt geworden, ohne diese Geste würde die Vorstellung misslingen, dessen war ich mir sicher.

*Was kann ich tun?*

Zwar kannte ich nicht die Namen der beteiligten Heiligen und Engel. Aber konnte ich nicht trotzdem ein paar Segnungen hier und da empfangen?

*Oder bin ich davon ausgeschlossen?*

Plötzlich quälte mich die Vorstellung, dass ich von irgendeiner Seite bestraft werden würde, wenn das Ritual nicht stattfand. Zuerst schaffte es meine superreligiöse Freundin nicht, zur Vorstellung zu kommen, und dann fielen mir die Namen der religiösen Ikonen nicht ein, zu denen ich beten sollte.

*Was kirchliche Dinge angeht, bin ich eine totale Niete!*

Ich spähte durch den Vorhang, um zu sehen, ob ich im Publikum bekannte Gesichter entdeckte. Und je mehr Bekannte ich ausmachte, umso nervöser wurde ich.

Therese hatte mir einmal von einer Freundin erzählt, die immer »Komm, Heiliger Geist!« rief, wenn sie Aufmunterung benötigte (für die dann wahrscheinlich die Umstehenden sorgten, scherzte ich), genauso bei beruflichen Nöten: »Komm, Heiliger Geist!«, wenn sie Streit hatte mit ihrem Mann: »Komm, Heiliger Geist!«

Mir wäre es sehr schwergefallen, einen derartig heiligen Spruch zu meinem täglichen Mantra zu machen. Aber als ich mich an diese Geschichte erinnerte, kam mir eine Idee. *Hol etwas Licht herein, Jen.*

Ich beschloss, alle Heiligen oder Propheten herbeizurufen, an deren Namen ich mich erinnerte. Ich hatte genug spirituelle Bücher gelesen, um mir wenigstens *ein bisschen* aus den Fingern zu saugen. Also wagte ich einen Versuch.

*Saint Germaine, Erzengel Raphael, Jesus, Buddha, der heilige Franziskus, Maria, und Josef. Oh, und Erzengel Michael. Wenn jemand von euch zufällig zuhört und helfen könnte, Liebe und Licht in diesem Theater zu verbreiten, dann wäre das wirklich sehr nett von euch.*

Unterstützend fügte ich noch einige verstorbene Mitglieder der Familie hinzu.

*Dad, Kathy, Richard, Belva, Ernie, Virginia, John und alle anderen verstorbenen Verwandten, die vielleicht gerne die Vorstellung heute Abend unterstützen möchten. Vielen Dank für euer Licht und eure Inspiration.*

Als Nächstes stellte ich mir vor, wie die Bühne und die Zuschauer in weißes Licht gebadet wurden. Ich visualisierte, dass auch mein Körper in dieses Licht getaucht war.

Während ich dort hinter dem Vorhang stand, fühlte ich mich auf einmal durch und durch energetisiert.

Und dann geschah es einfach.

Was ich an diesem Abend auf der Bühne erlebte, ist schwer in Worte zu fassen. Vielleicht kann man es als vollkommenes Flow-Erlebnis beschreiben. Es war fast wie eine außerkörperliche Erfahrung.

Während der Vorstellung lief alles absolut perfekt – so wie noch niemals zuvor.

WÄHREND ICH am nächsten Morgen joggte, dachte ich weiter über die Idee nach, im Moment der Unsicherheit das Licht herbeizurufen. Einer meiner Freunde arbeitete als Reporter für eine Chicagoer Zeitung. Einmal schrieb er einen Artikel über Scientology. Das schien mir immer die verrückteste Religion der Welt zu sein, aber es erstaunte mich, dass hoch angesehene Persönlichkeiten wie John Travolta oder Tom Cruise sich dafür hergaben. Allerdings wusste ich auch, dass die Medien unsere Wahrnehmung dadurch manipulierten, dass sie sich immer nur auf ein paar Fakten stürzten, anstatt ein vollständiges, ausgewogenes Bild zu zeichnen. Alles, was ich über Scientologen wusste, war, dass sie an Aliens glaubten. Das kam mir ziemlich abgedreht vor, aber andererseits gab es eine Menge Leute, die mich für abgedreht hielten, weil ich von einer Freundin erzählte, die Tote sehen konnte. Daher wollte ich nicht vorschnell urteilen, ohne genügend Fakten zu kennen.

*Wenn solche hochgebildeten Leute sich von der Scientology angezogen fühlen, kann es doch kein völliger Unsinn sein.*

Also quetschte ich meinen Reporterfreund aus, mir alles zu verraten, was er bei seinen Recherchen herausgefunden hatte. Er war zu dem Schluss gelangt, dass die Scientologen in der Tat ziemlich verrückt waren, aber etwas war dann doch bemerkenswert: Sie glaubten, dass sie andere heilen könnten, indem sie ein *Universales Licht* anzapften. Sie nannten das einen »Beistand«. War der eigene Körper frei von Chemikalien und Toxinen, war man besser in der Lage, bei anderen diese Heilbehandlungen vorzunehmen, behaupteten sie. John Travolta erzählte einmal davon, jemand hätte ihm bei Dreharbeiten eine solche »Beistands-Heilbehandlung« gegeben, was ihn veranlasste, sich eingehender mit dieser Religion zu beschäftigen.

Ich fragte mich nun ganz naiv, ob es mir beim Sport helfen könnte, wenn ich dieses Licht anzapfte.

Ich erinnerte mich, dass die Schauspielerin Katie Holmes, ein Scientology-Mitglied, an einem Marathon teilgenommen hatte. Aber wie war es ihr gelungen, nach nur ein paar Monaten Training eine solche Strecke zu schaffen?

*Ich wette, sie hat einen Licht-Beistand benutzt.*

Zwar laufe ich mehrmals in der Woche, aber länger als vierzig Minuten halte ich nicht durch. Eines Morgens fühlte ich mich schon nach fünfzehn Minuten schlapp, also stellte ich mir vor, dass helles, lavendelfarbenes und weißes Licht von oben auf meinen Scheitel herabströmte und meinen ganzen Körper erfüllte. Ich visualisierte, dass aus einem Eimer violettes Licht über meinen Kopf gegossen wurde, wie bei der Tänzerin in *Flashdance*.

*Platsch!*

Und dann visualisierte ich, wie dieses Licht mit jedem Schritt durch meinen Körper zirkulierte.

*Möge jede Zelle mit der Energie und Liebe des reinen Lichts angefüllt werden.*

Ich atmete ein paarmal tief durch und dann spürte ich plötzlich einen mächtigen Energieschub. Es war, als hätte ich mich an eine kosmische Steckdose angeschlossen. Ich wiederholte dieses Mantra, und die Motivation sprudelte weiter.

»Wie lief das Laufen heute?«, erkundigte sich Clay hinterher.

»Super!«

»Drum frage ich, du warst so lange weg.«

Ich schaute auf meinen iPod. Ich hatte dreiundvierzig Minuten durchgehalten.

»Hast du dir dafür neue Songs auf dein iTunes geladen?«, fragte er.

»Ja, so was Ähnliches«, antwortete ich.

DA ICH VON nun an immer öfter bewusst »Licht hereinholte«, beschloss ich, einige meiner alten Aufzeichnungen hervorzukramen. Vor einigen Jahren hatte ich mehrere Reiki-Kurse absolviert, damit aber aufgehört, als mein Sohn zur Welt kam.

Reiki ist eine Form der Energieheilung, die in Japan schon seit vielen Jahren bekannt ist. Um eine Heilung durchzuführen, visualisierte man bestimmte Symbole. Die behandelte Person wurde normalerweise nicht berührt, sondern man hielt die Hände mit etwas Abstand zum Körper. Mit Reiki kam ich zum ersten Mal in Berührung, als mein Vater an einem Gehirntumor erkrankte. Er suchte mehrere Reiki-Heiler auf, und fasziniert beobachtete ich, wie sie ihre Hände in einigen Zentimetern Abstand über den Kopf meines Vaters hielten.

»Spürst du etwas?«, fragte ich ihn nach seiner ersten Reiki-Behandlung.

Sehr überrascht antwortete er: »Nein, aber ich kann jetzt wieder kristallklar sehen!«

Aufgrund der Lage seines Tumors hatte die Sehfähigkeit meines Vaters sehr gelitten, und nur nach den Reiki-Sitzungen besserte sich sein Sehvermögen.

Ich zog einen dicken, mit »Reiki« betitelten Aktenordner aus meinem Schrank und ging den darin abgehefteten Papierstapel durch. Ich betrachtete mehrere Symbole, an die ich mich nicht erinnern konnte. Damals hatte ich zwar genügend Kurse belegt, um den Titel einer »Reiki-Meisterin« zu erwerben, aber das Auswendiglernen der vielen Symbole war sehr mühsam gewesen. Jetzt, ein paar Jahre später, war ich der lebende Beweis dafür, dass eingepauktes Wissen nie lange vorhielt. Außerdem war es strikt untersagt, diese Symbole an Menschen weiterzugeben, die selbst keine Reiki-Schüler waren. Das erschien mir ziemlich sektenhaft. Ich meine, was wäre gewesen, wenn mein Sohn zufällig hereingekommen wäre, während ich in meiner Unterrichtsmappe las und sie aufgeschlagen vor mir lag?

*Schau dir bloß nicht meine Reiki-Symbole an, Junge!*

Die Teilnehmer der von mir besuchten Reiki-Kurse stammten aus allen Lebensbereichen. Mir gefiel die Vielfalt der Menschen, die sich für Heilung durch Handauflegen interessierten – vom fünfundzwanzigjährigen Sporttrainer bis zum Mathematikprofessor.

Praktizierte ich Reiki, dann sah ich dabei manchmal innere Bilder, beinahe so, als würde in meinem Kopf ein Film ablaufen. Anfangs fand ich das ziemlich bizarr. Ich weiß noch, dass ich in einem der Kurse eine junge Frau behandelte. Dabei sah ich immer wieder einen kleinen schwarzen Hund. Später erzählte sie mir, dass ihr Hund vor Kurzem gestorben war.

*Vielleicht war das bloßer Zufall?*

Einmal brachte unser Lehrer eine Patientin mit, bei der uns aber nicht verraten wurde, an welcher Krankheit sie litt. Der Lehrer forderte jeden Kursteilnehmer auf, ihren Körper mental »abzutasten«.

Ich ging um den Behandlungstisch herum und streckte dabei meine Hände aus wie Antennen. Über dem linken Auge der Frau fingen meine Finger plötzlich an zu kribbeln. Es war eine Art Prickeln, wie ich es nie zuvor verspürt hatte. Dann sah ich eine dunkle braune Energie.

Am Ende der Unterrichtsstunde sagte uns der Reiki-Lehrer, dass die Frau an einem Augentumor litt, an dem sie bald operiert werden würde.

*Unheimlich.*

ALS ICH MEISTER John Douglas erzählte, dass ich Reiki-Kurse besucht hatte, sagte er: »Achten Sie darauf, dass Sie nicht auch den schmutzigen Zellen Energie zuführen.«

*Wie bitte?*

»Es gibt im Körper schmutzige und kranke Energien. Wenn man eine Reiki-Behandlung dieser Körperzonen durchführt, besteht die Gefahr, dass man dem Falschen, also dem Ungesunden, Energie zuführt. Das erlebe ich oft bei Heilern, die nicht wissen, was sie tun.«

*Oh nein!*

Allerdings war ich der Ansicht, wer mit aufrichtiger Absicht heilen wollte, führte keine Energien in die schmutzigen Zellen … Auch wenn ich das nur vermuten konnte. Ich beschloss, nicht länger das Wort Reiki zu benutzen, sobald ich versuchte, weißes Licht hereinzuholen. Manche nannten es Prana, andere nannten es Chi. Ich nannte es meinen »Flashdance-Eimer«. Letztlich ging es für jeden Einzelnen darum, was für ihn am besten funktionierte.

EINES ABENDS, auf der Rückfahrt von einer Freundin, sah ich einen Mann auf der Straße liegen – einer stark befahrenen Hauptstraße. Eine Frau beugte sich weinend über ihn, und zwei Autos standen am Straßenrand. Offenbar war dieser Unfall gerade eben passiert. Ich hielt an der Einmündung dahinter, verständigte übers Handy die Polizei und lief hin, um zu helfen.

»Oh mein Gott!«, schrie die Frau und hielt den Arm des Mannes, bei dem es sich wohl um ihren Freund handelte. Er blutete aus einer Wunde seitlich am Oberkörper, und seine Jeans war blutgetränkt. Er stöhnte leise.

Ich stellte ein paar Fragen und erfuhr: Der Mann hatte über die Straße zum Auto seiner Freundin laufen wollen. Währenddessen war ein anderer Wagen in die Straße eingebogen. Wegen der Dunkelheit und weil der Mann keinen Fußgängerüberweg benutzt hatte, hatte der Fahrer ihn viel zu spät gesehen und ihn angefahren. Sowohl das Opfer als auch seine Freundin waren beide betrunken.

»Ich habe die Polizei gerufen«, sagte ich und beugte mich über die verletzten Beine des Mannes.

»Wie konnte das nur geschehen?«, sagte sie und streichelte immer wieder seinen Arm.

*Indem er im Dunkeln an unübersichtlicher Stelle betrunken eine Kreuzung überquerte?*

Aber für Vorwürfe war jetzt nicht der Moment. Ich legte meine Hände auf die Schuhe des Mannes und versuchte, ihn zu beruhigen, indem ich etwas Licht hereinholte.

Sein Atem ging keuchend. Ich sah, wie seine Bauchdecke sich schnell hob und senkte. Ich stellte mir weißes Licht vor, das von oben in meinen Kopf floss und von dort durch meinen Körper und meine Hände hindurch in seinen Körper strömte.

*Danke im Voraus, Universum, dass du diesen Mann mit reinem weißen Licht heilst und beruhigst. Möge er spüren, wie seine Engel und Geistführer ihn beschützen. Möge er das göttliche Licht mit jeder Zelle seines Körpers absorbieren.*

Aus meinem »Flashdance-Eimer« floss das Licht, und die Atmung des Mannes wurde zusehends ruhiger. Ich war keine Meisterin, hatte aber ganz bestimmt dazu beigetragen, seinen Puls zu senken. Minuten später traf der Rettungswagen ein. Ich erhob mich langsam, ging zu meinem Wagen und fuhr weiter. Ich hatte keine Ahnung, wie ernst der Mann verletzt war. Ich wusste nur, dass ich auch in diesem Moment da gewesen war, wo ich hatte sein sollen.

An einem Wochenende fühlte ich mich während meiner Vorstellungen ungewöhnlich träge. »Ich weiß nicht, was mit mir los ist«, sagte ich zu meiner Inspizientin, »aber ich habe überhaupt keine Energie!«

Kurz vor dem nächsten Auftritt »rief ich das Licht herbei«, wie die Gurus das nennen, und es schien zu helfen. Als ich aber nach der Vorstellung Bücher signierte, hatte ich das Gefühl, ich könnte jeden Moment vor Erschöpfung zusammenbrechen.

Die letzte Zuschauerin, die ihr Buchexemplar signiert haben wollte, war besonders anstrengend. Sie hatte ihren Mann verloren, und nun wollte sie, dass ich ihr die zuverlässigsten Medien nannte, um ihn zu kontaktieren.

*Ich bin nicht die Gelben Seiten für Medien!*

»Bitte, ich brauche so dringend seinen Rat bei der Erziehung unserer Kinder!«, flehte sie.

Natürlich hatte ich auch Verständnis für ihre Lage. In der ersten Zeit nach dem Tod meines Vaters hatte ich mich ganz ähnlich gefühlt. Aber genauso war mir bekannt, wie abhängig sich manche Leute von Medien und Channels machten. Sie vergaßen darüber völlig, wie es war, selbstständig zu denken.

»In meinem Buch finden Sie Interviews mit verschiedenen Medien«, sagte ich. »Das wird Sie bestimmt etwas trösten und Ihnen weiterhelfen.«

Als sie davonging, wäre ich beinahe umgekippt.

»Du siehst aus, als hätte dir jemand alle Energie ausgesaugt«, sagte meine Inspizientin.

Von der Möglichkeit des »Energie-Aussaugens« hörte ich zum ersten Mal bei Judith Orloff, der Autorin des Bestsellers *Positive Energie*. Ich hatte sie seinerzeit einige Male für meine Radiosendung interviewt, und so waren wir Freundinnen geworden. Sie sagt, dass »Energie-Vampire« nur darauf warteten, uns auszusaugen, wenn wir das zuließen. In ihrem neuesten Buch, *Emotional Freedom*, befasste sie sich ausführlich mit diesem Konzept. Darin schrieb sie: »Die meisten von uns haben nicht gelernt, wie man mit Menschen umgeht, die uns Energie stehlen, und wie wir uns aus ihrem Griff befreien können ...« Es folgten mehrere nützliche Tipps, wie wir uns vor diesen Energiedieben schützen konnten. Ich gab mir nun alle Mühe, sie mir wieder ins Gedächtnis zu rufen.

*Okay, atme tief durch. Bewahre Ruhe. Ich glaube, sie empfahl außerdem, sich vorzustellen, man wäre auf allen Seiten von Schutzwänden umgeben, die außen und innen verspiegelt sind ...*

Ich erkannte, dass ich mein »Energiefeld« schützen musste, wenn ich mit all diesen hilfsbedürftigen Leuten sprach. Sonst wäre keine Energie mehr für mich selbst übrig geblieben.

Nach den Vorstellungen am folgenden Wochenende bildete sich jedes Mal eine Schlange von Leuten, von denen jede und jeder Einzelne mit mir reden wollte. Die Szenerie war vergleichbar mit der Gratulantenschar bei einer Hochzeit.

An diesem Abend atmete ich tief durch und dachte an Judiths Worte. Dann stellte ich mir, wie von ihr empfohlen, einen schützenden Spiegel vor, der alle fremden Energien zurückwarf und von mir fernhielt. Als ich dann weiter Bücher signierte, fühlte ich mich schon viel besser. Es gab keine Schwäche oder Lethargie. Ich war ganz einfach nur fröhlich und voller Energie.

Als ich mit mehreren Dutzend Rosen, die mir geschenkt worden waren, das Theater verließ, sagte meine Inspizientin: »Das sind aber schöne Blumen.«

»Ich werde versuchen, dafür zu sorgen, dass sie länger leben.«

»Wie denn das?«, fragte er.

Ich lächelte. »Mit Licht!«

Zu Hause stellte ich die Rosen in eine Vase. Ich musste an den Film *What the Bleep do we know?* denken, in dem von »den japanischen Wasserexperimenten« die Rede war. Bei diesen Experimenten ging es darum, nachzuweisen, ob unsere Gedanken oder Worte das Aussehen von Wassermolekülen verändern konnten, während das Wasser gefroren wurde.

Wurden dem Wasser liebevolle Gedanken übermittelt, sahen seine Eiskristalle unter dem Mikroskop aus wie wunderschöne Schneeflocken. Hasserfüllte Gedanken dagegen bewirkten, dass sich statt schöner Kristalle nur eine unansehnliche, klumpige Masse bildete. Da unser Körper zu achtzig Prozent aus Wasser bestand, fragte ich mich, wie sehr meine Gedanken mein körperliches Wohlbefinden beeinflussten.

*Aber ständig die eigenen Gedanken kontrollieren? Eine schwierige Aufgabe ...*

Ich beschloss, wieder klein anzufangen und es bei den Rosen auszuprobieren.

Ich nahm die Vase und visualisierte den »Flashdance-Eimer«, der schöne violette Energie auf meinen Kopf goss, von wo die Energie durch meinen Körper und dann aus meinen Händen in die Vase strömte.

»Danke, ihr schönen Blumen, dass ihr in meinem Haus seid«, sagte ich und schnupperte ihren süßen Duft.

Fortan küsste ich die Blumen jeden Tag und »lud sie mit Licht auf«. War er gerade in der Nähe, dann ließ ich auch Britt die Rosen küssen. Diese Blumen blieben fast drei volle Wochen frisch! Ich fotografierte sie und stellte das Bild in meinen Blog, in dem ich von meiner Erfahrung berichtete. Mehrere Leute schrieben mir, dass auch sie mit ihren Blumen und anderen Pflanzen sprachen und damit ausgezeichnete Resultate erzielten. Andere dagegen meinten, das sei bloßer Zufall.

ICH BESCHLOSS, ein weiteres Experiment durchzuführen. Ich kaufte zwei Rosensträuße. Den einen Strauß überschüttete ich mit Licht und liebevollen Worten, den anderen mit Negativität und Schimpfworten. Dann filmte ich die Resultate, um sie auf meinem YouTube-Kanal zu veröffentlichen.

Als ich die jeweils zwölf Rosen in ihre Vasen gestellt hatte, sagte ich: »Auf geht's, ihr Süßen!«

Es war ein sehr sonderbares Gefühl, zu einem Rosenstrauß zu sagen: »Mist, ihr verdammten Blumen, ihr seid einfach der letzte Dreck!« Aber was tat man nicht alles im Dienst der Wissenschaft?

Ich platzierte die Vasen mit den Sträußen nebeneinander im Wohnzimmer. Es dauerte nur ein paar Tage, da ließen die »negativen« Rosen schon die Köpfe hängen. Die positive Gruppe sah sehr gut aus. Ich machte Filmaufnahmen davon, wie sich der Zustand der beiden Sträuße entwickelte.

»Hier sind sie nebeneinander«, kommentierte ich. »Sieht man einen Unterschied?«

Täglich lud ich den positiven Strauß mit Energie auf, während ich den negativen ignorierte. Schließlich fingen die negativen Rosen an zu vertrocknen. Ich trug beide Vasen zu Clay in die Küche, der gerade das Abendessen zubereitete, und fragte ihn nach seiner Meinung.

»Ich halte die Resultate für nicht eindeutig«, sagte er.

»NICHT EINDEUTIG?«, schrie ich. »Aber die hier sind doch völlig tot.« Ich führte ihm vor, wie die negativen Rosen regelrecht in meiner Hand zerbröselten.

»Na ja, die Vergleichsgruppe sieht aber auch nicht so viel besser aus«, wandte er ein.

Zwar war der positive Strauch nicht vollständig aufgeblüht, aber die Blumen waren immer noch feucht und weich, die Blätter grün und nicht braun. Ich konnte nicht glauben, dass Clay dieses Ergebnis als nicht eindeutig einstufte. *Männer.*

AM NÄCHSTEN Morgen traf ich mich mit meiner Freundin Kathryn zum Power-Walking. Kath und ich waren in der Highschool dicke Freundinnen gewesen, hatten uns jedoch später aus den Augen verloren. Kürzlich waren wir uns wiederbegegnet und trafen uns nun ab und zu zum Walking.

»Deine positiven Blumen sehen ohne jeden Zweifel besser aus«, sagte sie zu meinen YouTube-Videos. »Es ist echt erstaunlich, wie sehr manche Leute in ihrer ›Das Glas ist halb leer‹-Mentalität verharren, obwohl die Beweise doch klar auf der Hand liegen.«

Normalerweise war Clay ziemlich optimistisch, aber bei meinen Blumenexperimenten spielte er aus unerfindlichen Gründen den Advokaten des Teufels.

Während wir walkten, sagte Kath: »Übrigens muss ich dir unbedingt von den Einsichten erzählen, zu denen Therese Rowley mir bezüglich meiner Tochter verholfen hat.«

Kathryns achtjährige Tochter litt unter Ängstlichkeit. »Sie hat mir gesagt, dass meine Tochter sehr ›feinfühlig‹ ist, was heute wohl auf viele Kinder zutrifft. Das arme Ding spürt meinen Stress und den Stress anderer Leute, denen sie begegnet, und leidet darunter.«

»Und wie hat Therese ihr geholfen?«

»Sie hat mir Übungen empfohlen, die ich mit ihr vor dem Schlafengehen mache. Sie helfen ihr, ihre Energie zu zentrieren und sich zu schützen. Es sind Atem- und Visualisierungsübungen, und sie tun ihr wirklich gut.«

»Sensiblen, intuitiven Kindern zu helfen ist Therese ein großes Anliegen«, pflichtete ich bei. »Sie hat dazu sogar schon ein Buchprojekt entwickelt, ein Handbuch für intuitiv begabte Kinder und deren Eltern.«

»Das will ich haben!«, sagte Kath. »Wann erscheint es?«

»Sie hat es verschiedenen Verlagen angeboten, aber noch keine Zusage.«

»Du musst mir unbedingt Bescheid sagen, wenn es erscheint.«

»Das werde ich«, versprach ich. »Weißt du, als Kind war ich genau wie deine Tochter. Ich bekam Bauchweh, wenn es zwischen den Erwachsenen in meiner Umgebung Spannungen gab. Das war so schlimm, dass ich mich hinlegen musste. Damals wusste ich ja nicht, was dahintersteckte, aber heute ist mir klar, dass ich die Emotionen anderer Leute fühlte und darauf reagierte.«

»Inzwischen hast du gelernt, in solchen Situationen einfach etwas Licht herbeizurufen«, sagte Kath.

*Wenn ich das doch nur als Kind schon gewusst hätte!*

# 11

# Ein Pastor, eine Nonne und eine Journalistin kommen in eine Bar ...

## Vergiss deine früheren Leben nicht.

Schild an der Twelve Oaks Baptist Church:

> SUPERMÄRKTE SIND NICHT
> DAS PARADIES.

»HALLO, mein Schatz, hier ist Mom«, hörte ich ihre Stimme durchs Haus schallen, als ich meinen Anrufbeantworter abhörte. »Ich glaube zwar, dass es eine Wiederholung ist, aber ich möchte, dass du trotzdem Oprah einschaltest.«

Seit ich mich so über ihr Interview mit Gwyneth Paltrow geärgert hatte, boykottierte ich Oprahs Sendung.

»Sie interviewt gerade Dr. Brian Weiss. Er hat dieses Buch geschrieben, von dem du mir erzählt hast: *Die zahlreichen Leben der Seele*.«

Von diesem Buch hatte ich zum ersten Mal Mitte der Neunzigerjahre gehört. Brian Weiss hatte viel Kritik dafür einstecken müssen, dass er Patienten unter Hypnose in frühere Leben zurückgeführt hatte. Er hatte mit der Veröffentlichung dieses Buches seinen Ruf als Arzt und Yale-Professor aufs Spiel gesetzt. Mittlerweile war er ein Bestsellerautor, der von Oprah interviewt wurde! Es war also offensichtlich die richtige Entscheidung gewesen, mit dem Thema an die Öffentlichkeit zu gehen.

Weiss' Buch zufolge können wir herausfinden, warum uns in diesem Leben bestimmte Phobien oder Abneigungen zu schaffen machen, indem wir unsere früheren Leben erforschen.

Ich ging ins Wohnzimmer und schaltete den Fernseher ein. Dr. Oz war gerade dran. Er sagte, manche Physiker seien der Ansicht, mathematisch beweisen zu können, dass mehrere Dimensionen gleichzeitig existierten – und zwar ungefähr elf. (Davon hatte mir Meister Johns Assistentin erzählt. Meine Mutter hatte also recht, und es handelte sich um eine Wiederholung der Sendung.) Dann sagte Dr. Oz, das Universum sei durch Duschvorhänge unterteilt, und hin und wieder komme es vor, dass diese Vorhänge durchlässig würden und unser Bewusstsein Einblicke in diese anderen Wirklichkeiten erhalte. Dadurch ließen sich frühere Leben erklären.

Haben Sie Angst vor Flugzeugen? Dann sind Sie vermutlich schon einmal bei einem Flugzeugabsturz umgekommen. Sie fühlen eine unerklärliche Verbundenheit zu einem Menschen, der Ihnen gerade zum ersten Mal begegnet ist? Vielleicht kennen Sie sich schon seit dreihundert Jahren. Sie verstehen sich nicht mit Ihrer Stiefmutter? Vielleicht hat sie Sie in einem früheren Leben ermordet.

Die Möglichkeiten waren endlos.

Während meiner Readings bei Therese habe ich schon viel über meine früheren Leben herausgefunden. Sie sagt, die Beschäftigung mit ihnen kann uns helfen, bestimmte, in diesem Leben für uns wichtige Verhaltensmuster und Beziehungen zu anderen Menschen besser zu verstehen.

Vielleicht fühlen Sie sich zu einer bestimmten Gegend oder einem Ort besonders hingezogen? Wahrscheinlich haben Sie dort ein wundervolles früheres Leben verbracht. Fühlen Sie sich an einem Ort unwohl, könnte das genaue Gegenteil der Fall sein.

Sogar manche körperliche Leiden ließen sich aus früheren Leben erklären. In der Zeit vor der Premiere meiner

One-Woman-Show machten mir schlimme Halsschmerzen und Komplikationen zu schaffen, die mit der Entfernung meiner Weisheitszähne zusammenhingen. Ich litt unter trockenen Zahnfächern, die nicht zuheilen wollten, und wenige Wochen vor meiner Rückkehr auf die Theaterbühne konnte ich nicht mal mehr reden, in meinem Job der GAU!

Therese führte für mich ein Reading durch und fand heraus, dass ich in mehreren aufeinanderfolgenden Leben dafür getötet worden war, öffentlich »meine Wahrheit zu verkünden«. Immer wieder hatte man mich zum Schweigen gebracht, weil ich öffentlich Ansichten vertreten hatte, die im Widerspruch zur vorherrschenden Meinung der Zeit standen: Bei den Hexenprozessen von Salem war ich auf dem Scheiterhaufen verbrannt und von der spanischen Inquisition war ich gehängt worden.

»Oh Gott, das ist ja wirklich furchtbar«, sagte Therese während des Readings und verzog dabei das Gesicht, als ob sie gerade einen Horrorfilm anschaute. »Sie reißen dir mit einem Folterwerkzeug langsam die Zunge heraus.«

*Schöner Mist.*

»Das ist bei dir während vieler Leben eine so prägende Erfahrung gewesen, dass deine Seele nun versucht, dich davor zu bewahren, den gleichen Fehler noch einmal zu machen«, erklärte Therese. »Sie möchte dich davor bewahren, wieder bestraft zu werden.«

Ob diese Erlebnisse wirklich stattgefunden hatten oder nicht, war unwichtig. Aber dadurch, dass ich diese Informationen erhielt, konnte ich die Prägung durch diese früheren Leben auflösen, sodass sie mich nicht länger belastete. Innerhalb weniger Stunden heilte mein Mund vollständig aus.

Nachdem ich mir die Wiederholung der Oprah-Sendung mit Brian Weiss angeschaut hatte, suchte ich einige alte Interviews heraus. Ich hatte einige Menschen interviewt, die von sich behaupteten, die früheren Leben ihrer

Klienten »lesen« zu können. Es handelte sich um alte Audiokassetten, die ich in einer Schublade aufbewahrte. Mein Blick fiel auf eine Kassette mit der Aufschrift »Seelen-Sitzung 21.11.2005«. Ich erinnerte mich nicht mehr an die Sitzung und mit wem sie stattgefunden hatte. Also holte ich den Gettoblaster aus dem Keller, um die Kassette abzuspielen und meine Erinnerung aufzufrischen.

»Ich freue mich, heute hier bei euch zu sein«, sagte die Stimme. Plötzlich hatte ich einen Erinnerungsflash.

Stacy Gorman erzählte davon, wie sie einen Geist namens Jacob channelte, der nicht nur unsere früheren Leben sehen, sondern uns auch etwas über unsere Zukunft sagen konnte. Ich für meinen Teil glaubte nicht, dass es möglich war, die Zukunft präzise vorherzusagen, schließlich verfügte jeder von uns über einen freien Willen. Viele Medien geben dem Klienten mit auf dem Weg, das Ergebnis der Readings wäre die wahrscheinliche Entwicklung, wenn der Klient seine momentane Schwingung und Absicht beibehielte. Aber jeder konnte doch jederzeit entscheiden, plötzlich nach Las Vegas zu fliegen, und damit den ganzen Plan durcheinanderwirbeln!

Caroline Myss sagte mir, unser Leben sei »eine Kombination aus freier Entscheidung und Schicksal«. Also war offenbar manches tatsächlich vorherbestimmt und in einer Art göttlichem Schaltplan festgelegt.

Diese auf Kassette aufgenommene Sitzung mit Stacy fand statt, als ich im fünften Monat schwanger war. Wie bei allen »Interviews«, die ich für meine Recherche führte, gab ich immer nur meinen Vornamen an, damit das Medium mich nicht hereinlegen und Informationen über mein Leben googeln konnte. Unser Gespräch fand zudem am Telefon statt, da Stacy in Arizona lebte.

»Du hattest schon über fünfhundert Leben auf der Erde, fünfhunderteinundvierzig, um genau zu sein. In jedem Leben lerntest du etwas anderes«, sagte die Stimme.

*Das ist aber eine verdammt große Menge Leben!*

»Du inkarnierst dich nie, um auf der Erfolgsleiter ganz nach oben zu steigen, sondern um möglichst viele unterschiedliche Erfahrungen zu machen. In einem Leben warst du Malerin. In einem anderen hattest du ein Käsegeschäft in Italien.«

Im Lauf der Jahre hatte man mir schon gesagt, ich sei Priester gewesen, Indianerin, mongolischer Krieger, und ich hätte mehrere Inkarnationen als Nonne im Kloster verbracht. Aber dass ich Käsehändlerin in Italien gewesen war, hörte ich zum ersten Mal.

*Ich liebe Käse.*

»Von 1586 bis 1647 warst du ein Mann namens Thomas Hooker. Er gehörte mit zu den Ersten, die aus England nach Nordamerika kamen, um dort eine neue Welt aufzubauen. Er war Pastor und zeigte anderen, wie man betet oder in der Stille mit Gott kommuniziert.«

*Nie zuvor waren mir Namen oder Jahreszahlen genannt worden.*

»Du hast religiöse Toleranz gegenüber allen christlichen Sekten gepredigt. Du warst ein ausgezeichneter Redner. Und das bist du jetzt auch wieder.«

*Woher weiß sie das?*

»In deinem jetzigen Leben wirst du von allem ein bisschen tun. Es ist dein natürlicher Zustand, auf den Berg zu gehen mit einem Glauben an die kleinen Dinge – daran, dass *alles* Gott ist. Es gibt nicht die eine perfekte Glaubensrichtung. Darum ist es für dich wertvoll, wenn du heute an dein Leben als Thomas Hooker erinnert wirst.«

Wie erwähnt, hatte ich auch dieser Frau nicht meinen vollen Namen genannt. Woher konnte sie also wissen, dass ich auf Berge stieg oder nicht eine bestimmte Religion für die allein selig machende hielt?

Hinzu kam, dass dieses Reading stattfand, lange bevor ich Bücher veröffentlichte, Vorträge hielt und mein Einpersonenstück zu diesem Thema schrieb.

»Außerdem wirst du Veränderungen im Bereich der

Kindererziehung herbeiführen. Das wird dein nächster Schritt sein, mit dem du an die Öffentlichkeit gehst«, sagte sie.

Zu der Zeit, als dieses Reading stattfand, produzierte ich mit Therese ein Video zum Thema »Falsche Diagnosen bei intuitiv begabten Kindern«. Darin wurden Eltern dazu ermutigt, ihren Kindern keine Psychopharmaka zu verabreichen, sondern stattdessen auf alternative Therapiemethoden zu setzen.

»Nach der Geburt deines eigenen Kindes wirst du sogar für noch mehr Wirbel sorgen. Das heißt aber nicht, dass du die Leute vor den Kopf stoßen wirst, sondern du wirst neue Einsichten so präsentieren, dass sie sagen: ›Ja, wir verstehen, worauf du hinauswillst. Das ist sinnvoll. Es ist sinnvoll, dass wir den Kindern zuhören. Sie werden uns sagen, warum sie jetzt auf diese Welt kommen.‹ Auch das Kind, das du erwartest, wird ein sogenanntes ›Kristallkind‹ sein.«

*Hat die Tatsache, dass Britt den Geist seines Großvaters sehen und mit ihm reden konnte, also etwas damit zu tun, dass mein Sohn ein »Kristallkind« war?*

»Du bist Schriftstellerin, und das ist Teil deiner Fähigkeit, die Wahrheit zu kommunizieren«, sagte sie. »Nach der Geburt deines Kindes wirst du ein Buch veröffentlichen.«

*Absolut ins Schwarze getroffen!*

»Und du wirst Filme machen. Mit deinen Filmen wirst du am erfolgreichsten sein.«

Als mein Vater krank wurde, hatte mein Hollywood-Agent mich fallen lassen. Und seit Britt da war, konnte ich nicht mehr mal eben auf Verdacht nach Los Angeles fliegen.

»Das wird nach der Geburt deines Kindes beginnen. Da ist ein Mann, der eine Stiftung gründen wird. Er wird dein Geschäftspartner werden. Ihr werdet eure frühere Zusammenarbeit wieder aufnehmen, und er wird dir bei dem Film helfen.«

Eine Stiftung? Da ich bis heute keinen männlichen Geschäftspartner hatte und Hollywood nichts von sich hören ließ, stufte ich diese Prophezeiung des Mediums als »Fehlschuss« ein.

»Musik beruhigt dein Energiefeld. Du warst Künstlerin und du hast ein Instrument gespielt, so etwas wie eine Laute. Du warst dafür berühmt«, sagte sie. »Wir glauben, dass Hilary Hahn – sie ist in diesem Leben Geigerin – in jenem anderen Leben deine Tochter war und jung starb. Wir glauben, dass es dir guttun würde, wenn du dir ihre Musik anhörst.«

*Ich höre wohl nicht richtig ...*

Schnell googelte ich Hilary Hahn und fand dabei heraus, dass sie eine schöne junge Frau war, die bereits mehrere Klassikalben veröffentlicht hatte. Ich malte mir aus, was ihre Agentin wohl sagen würde, wenn ich sie anrief. »Ja, hallo, mein Name ist Jenniffer Weigel, und ich würde mich gerne mit Hilary zum Lunch treffen. Es ist nämlich so, dass ich in einem früheren Leben ihre Mutter war. Ich würde gerne unsere Bekanntschaft auffrischen. Hallo? Sind Sie noch da? Nein, ich bin nicht geisteskrank, ich bin Journalistin!«

*Ich glaube, ein solcher Anruf wäre keine wirklich gute Idee ...*

»Deine Geistführer sagen, dass es im Moment für dich besonders wichtig ist, den Augenblick zu genießen und dir nicht zu viele Gedanken über die Zukunft zu machen. Je weniger du versuchst, deine Zukunft zu kontrollieren, desto klarer wirst du erkennen, wo du hingehörst.«

Dieser Ratschlag traf sicher auf viele Menschen zu, aber für jemanden, der mich nicht kannte, lag sie doch ziemlich richtig.

Zum Abschluss sagte sie: »Vergiss die Lebensfreude nicht und denke daran, dass wir immer ein offenes Ohr für deine Wünsche haben – die kleinen und die großen. Wir senden dir ganz viel Liebe ...«

Dann hörte man auf dem Band deutlich, wie die Telefonverbindung unterbrochen wurde. Ich ging ins Schlafzimmer, wo Clay gerade aus dem Schlummer erwachte. »Ich habe mir eine Kassette über meine früheren Leben angehört«, berichtete ich.

»Okay«, sagte er, ohne die Augen zu öffnen. »Und wer warst du diesmal?« Clay hatte sich zu diesem Thema von mir schon eine Menge Geschichten anhören müssen. Wenn ich schon nicht den Überblick behielt, war ihm das kaum zuzumuten.

»Ein Prediger namens Thomas Hooker. Er gehörte zu den ersten britischen Siedlern«, sagte ich. »Er hat Hartford in Connecticut gegründet.«

»Fein«, sagte er. Inzwischen hatte er die Augen geöffnet und stieg aus dem Bett. »Noch jemand?«

»Ich war in einem anderen Leben die Mutter einer Musikerin namens Hilary Hahn. Sie ist heute eine bekannte Geigerin.«

»Schön. Du bist heute eine bekannte Autorin. Ruf sie doch an, damit ihr Wiedersehen feiern könnt«, schlug er vor und ging ins Bad, um sich die Zähne zu putzen.

»Tolle Idee«, sagte ich und verließ das Schlafzimmer.

Clay rief aus dem Bad hinter mir her: »Hey, Thomas, wie wäre es heute mit einem Starbucks-Kaffee?«

»Nein danke«, sagte ich.

ICH GING NACH UNTEN und zog eine weitere Kassette aus dem Stapel, diesmal ein Reading mit einer Frau namens Corbie Mitleid. Etwa ein Jahr nach Britts Geburt hatte ich ein Telefoninterview mit ihr geführt.

»Ich fühle da etwas sehr deutlich. Es ist ungewöhnlich, denn das war eine sehr bekannte Frau«, sagte Corbie. »Aber Sie waren in einem früheren Leben Nellie Bly.«

Der Name kam mir irgendwie bekannt vor, aber ich konnte ihn nicht einordnen. Also eilte ich zum Computer und befragte Wikipedia.

»Nelly Bly war eine Pionierin des Journalismus. Berühmtheit erlangte sie vor allem durch eine Weltreise in Rekordzeit als Nachahmung von Jules Vernes Roman *In 80 Tagen um die Welt.* Um als Reporterin die Zustände in einer Nervenheilanstalt für Frauen aufzudecken, führte sie eine verdeckte Recherche durch, für die sie sich dort als Patientin einweisen ließ. Zusätzlich zu ihrer Reportertätigkeit war sie eine angesehene Industrielle und engagierte sich in Wohltätigkeitsorganisationen.«

Weiter las ich, dass die Frauen in diesen Nervenheilanstalten gezwungen wurden, den ganzen Tag auf kalten Bänken zu sitzen und verdorbenes Fleisch zu essen. Nellie schrieb, dass viele Frauen, die man dort eingesperrt hatte, geistig ebenso gesund waren wie sie selbst. Sie veröffentlichte ein Buch über diese Erfahrung, das ein Umdenken bei der Behandlung psychisch kranker Menschen bewirkte.

Ich betrachtete ein Bild Nellie Blys auf meinem Computermonitor. Wir sahen einander so ähnlich, dass mir ganz mulmig zumute wurde. Auch sie war frustriert gewesen, dass man sie als Frau nur über Gesellschaftsklatsch und Hausfrauenthemen schreiben lassen wollte. Ihre wahre Leidenschaft hatte Reportagen gegolten, die sich mit wichtigen sozialen Fragen beschäftigten und halfen, die Situation benachteiligter Menschen zu verbessern.

*Sie ist ich!*

Ich hörte mir die Kassette weiter an.

»Diese Frau, mit der Sie jetzt zusammenarbeiten, dieses Medium – Theresa? Sie war Arzt in jener Nervenheilanstalt, in die Nellie sich hatte einweisen lassen.« Damit meinte Corbie offenbar Therese. »Sie wollte, dass die anderen Ärzte die Patientinnen liebevoll und warmherzig behandelten und ihnen Bewegung an der frischen Luft ermöglichten. Doch stattdessen schlugen sie die Frauen, gaben ihnen verdorbenes Essen und steckten sie in Zwangsjacken. Ich empfange den deutlichen Eindruck, dass Sie beide in *diesem* Leben erneut zusammenarbeiten, um die Welt für einen anderen Umgang mit Menschen zu sensibilisieren, die sich besonderen Herausforderungen gegenübersehen.«

Zum Zeitpunkt dieses Telefonreadings mit Corbie Mitleid hatten Therese und ich noch keine Pläne gehabt, irgendetwas in der Welt zu verändern. Doch nun half ich ihr bei der Gründung ihres *Zentrums für Intuitive Ausbildung*.

Nachdem ich mir diese Kassette angehört hatte, rief ich Therese an und erzählte ihr, dass wir einmal »Der Doktor und Nellie Bly« gewesen waren.

»Ist das nicht irre?«, sagte ich.

Am anderen Ende der Leitung herrschte Stille.

»Therese? Bist du noch da?«

»Ja«, flüsterte sie. Ich hörte sie leise schluchzen. »Mit mir ist gerade was passiert ...«

Als ich die Nervenheilanstalt erwähnte, hatte Therese beinahe so etwas wie einen körperlichen Schlag gespürt. Tränen liefen ihr über die Wangen.

»Noch nie hat mir jemand etwas über *dieses* frühere Leben erzählt«, sagte sie leise. »Ich glaube wirklich, dass es wahr sein könnte.«

Später rief Therese ihre Mutter an, eine überzeugte Katholikin, die nicht an Reinkarnation glaubte. Sie erzählte ihr, sie sei in einem früheren Leben ein Arzt gewesen, der versucht hatte, bessere Behandlungsmethoden für psychisch kranke Patienten durchzusetzen.

»Na, mein Kind, du behandelst doch immer noch Leute, oder etwa nicht?«, entgegnete Thereses Mutter. »Sie kommen zu dir, weil sie sich ein bisschen verrückt fühlen, und dann zeigst du ihnen etwas vom *Licht* und hilfst ihnen, sich besser zu fühlen.«

Ich packte die Kassetten wieder weg und holte meinen Mantel.

»Wo willst du hin?«, fragte Clay.

»Ich sehe mal, ob ich CDs von Hilary Hahn bekomme«, sagte ich.

Clay starrte mich verwirrt an.

»Die Geigerin.«

»Ach ja, deine Tochter. Viel Glück dabei.«

Die Idee, Hilary Hahns »Laute spielende Mutter« zu sein, klang verrückt, aber ich liebte klassische Musik, und meine Neugierde war geweckt.

Es standen mehrere Aufnahmen zur Auswahl. Ich entschied mich für Bach und kaufte die entsprechende CD. Hahns Talent war wirklich unglaublich.

*Ich bin so stolz!*

Während ich im Auto der Musik lauschte, bekam ich eine Gänsehaut. Als ich zu Hause eintraf, checkte ich meine E-Mails: »Dringendes Jobangebot.«

Wieder mal meine Mutter.

Wir suchen begeisterungsfähige Moderatorinnen für Immobilienvideos. Bewerberinnen sollten auch über Kenntnisse in Filmschnitt, Drehbuchschreiben und Produktion verfügen …

Ich schüttelte nur den Kopf und löschte die E-Mail.

*Und Kamerafrauen und Regisseurinnen sein und aus Flugzeugen springen können …*

Was mir in letzter Zeit an Jobangeboten von meiner Mutter geschickt oder von mir selbst gefunden worden war, fand ich ziemlich entmutigend. Trotz meiner wachsenden Panik galt es, mir immer wieder vor Augen zu führen, dass es uns bislang stets gelungen war, genau dann Arbeit zu finden, wenn wir das Geld am dringendsten benötigten. Zwar war es nicht sehr spaßig, sich ohne geregelte Arbeitszeiten und festes Gehalt durchzuschlagen, aber am Hungertuch nagten wir noch nicht. Ich scrollte zur nächsten E-Mail weiter.

Die CHICAGO IANDS lädt ein zu einem Nachmittag mit Deana Chase-Moore, einer Massagetherapeutin und Reinkarnations-Intuitiven, die von ihren wunderbaren und erstaunlichen Erfahrungen berichten wird.

IANDS steht für »International Association of Near-Death Studies«, ist also die Internationale Vereinigung zur Erforschung der Nahtoderfahrung. Einmal im Monat veranstaltete sie Vorträge im Hörsaal des Evanston Hospital. Diane Willis, IANDS-Vorsitzende in Chicago, hatte mich nach dem Erscheinen meines ersten Buches eingeladen, dort einen Vortrag zu halten, und ich besuchte sehr gerne ihre Veranstaltungen. Ich las weiter.

Deana hat noch zwei Termine für Einzelberatungen frei. Wenn Sie interessiert sind, lassen Sie es mich bitte sofort wissen.

Rasch klickte ich auf »Antworten«.

Vielen Dank, Diane. Ich möchte SEHR GERNE einen Termin. Lassen Sie mich wissen, wann das möglich ist.

AM TAG VON Deanas Vortrag setzte ich mich hinten in den Saal. Diane reichte das Mikrofon an verschiedene Besucher weiter. »Möchten Sie uns erzählen, warum Sie hier sind?«, fragte sie einen korpulenten Mann in der ersten Reihe.

»Hi, mein Name ist Brian, und ich bin zum ersten Mal hier«, sagte er zögernd. »Ich hatte einen schlimmen Autounfall und musste auf dem Operationstisch wiederbelebt werden. Ich sah den Himmel oder das Licht oder wie immer Sie das nennen möchten. Es war das Schönste und Friedlichste, was ich jemals gesehen habe. Ich überlebte, und seitdem habe ich ein, Sie würden wohl sagen, intuitives Wissen. Meine Sinne sind feiner geworden. Manchmal weiß ich Dinge, noch bevor sie geschehen. Ich habe versucht, mit meiner Familie über diese Erfahrungen zu sprechen, aber sie halten mich für verrückt.«

Menschen, die ein Nahtoderlebnis hatten, berichten hinterher häufig von einer gesteigerten Bewusstheit. Manche können plötzlich Verstorbene sehen. Andere verfügen über eine geschärfte Intuition.

Nach Brian ergriff eine blonde Frau mit heller Haut das Mikrofon.

»Ich komme aus Peru, entschuldigen Sie also bitte meinen Akzent«, sagte sie in gebrochenem Englisch. »Ich hatte ein Nahtoderlebnis. Ich habe gelernt, dass wir alle die Fähigkeit haben, unser Herz zu beruhigen. Wir müssen in unser Herz atmen – wie ein Baby. Das können wir von Babys lernen. Wir alle können das. Von einem Moment zum anderen.« Sie brach ab, ihre Augen wurden feucht. »Es ist so schön, wenn man dieses friedliche Herz entdeckt.«

Diane nahm wieder das Mikrofon und sagte: »Wussten Sie, dass jeder zehnte US-Amerikaner schon eine Nahtoderfahrung hatte? Das sind etwa fünfundzwanzig Millionen Menschen. Ist das nicht bemerkenswert?«

Schließlich stand Deana, die Gastrednerin, auf und begann zu sprechen. Sie wirkte etwas rundlich und hatte ein überaus charmantes Lächeln. Deana berichtete, sie sei bereits zweimal gestorben. Bei ganz alltäglichen Operationen.

*Gleich zweimal? Ich hoffe, sie hat mittlerweile den Arzt gewechselt!*

»Als ich zum ersten Mal das Licht sah, lag ich auf dem Operationstisch«, sagte sie. »Es war, als schwebte ich über meinem Körper. Ich konnte alles von oben sehen und ich hörte, wie der Arzt und die OP-Schwestern sich über Schuhe unterhielten. Das kam mir so verrückt vor. Ich meine, ich war tot, und sie redeten über Schuhe!«

Deanas lockerer Vortragsstil sorgte für Heiterkeit.

»Als ich nach der Operation aufwachte, sagte ich den Ärzten, worüber sie gesprochen hatten, und sie waren völlig perplex!«, erzählte sie lachend.

»›Sie können nichts gehört haben. Sie standen unter Vollnarkose‹, beharrten sie.

›Tut mir leid, Sie enttäuschen zu müssen, aber ich habe jedes Wort mitbekommen.‹«

Nachdem Deana dem OP-Personal zugesehen hatte, so berichtete sie uns, fand sie sich in einem Tunnel wieder, durch den sie hindurchging. »Am ehesten lässt es sich wie eines dieser Laufbänder im Flughafen beschreiben«, sagte sie. »Man geht, aber viel schneller als normal. Ich kam zu dem Licht, und es ging mir wie Dorothy in dem Film *Der Zauberer von Oz*, die, wenn sie das Land Oz betritt, aus einer Schwarz-Weiß-Welt in eine Welt voller Farben gelangt. Es war brillant«, fuhr sie fort und breitete die Hände aus, als ob sie diesen Moment noch einmal nacherlebte. »Ich konnte das Gras im Wind rauschen hören. Ich sah die feinen Details der Blumen. Es war unbeschreiblich schön.«

Sie sagte, sie habe versucht, in das Licht zu gelangen, indem sie eine Brücke überquerte, aber dann stellten sich ihr drei Wesen in den Weg, die sie nicht vorbeiließen. »Und bei diesem negativen Gedanken, dass ich nicht hereinkonnte, befand ich mich plötzlich wieder auf dem Operationstisch und in meinem Körper.«

Jahre später sah sie dann das Licht zum zweiten Mal. Ihr Mann war bei einem Autounfall ums Leben gekommen. Ein paar Tage nach dem Unfall musste sie für einen Routineeingriff ins Krankenhaus.

»Ich war so verzweifelt, dass ich beschloss, zu meinem Mann zu gehen«, erzählte sie. »Ich wollte ohne ihn nicht weiterleben.«

Also setzte sie ihr Testament auf und regelte alle persönlichen Angelegenheiten, ehe sie sich unters Messer begab.

»Und Sie müssen wissen, dass ich Papierkram hasse!«, sagte sie. »Daran können Sie sehen, dass ich wirklich zu allem entschlossen war!«

Während der Operation verließ sie ihren Körper und sah sofort ihren Mann. »Ich ging mit ausgebreiteten Armen auf ihn zu und sagte: ›Ich bin gekommen, um bei dir zu sein.‹ Doch er hob die Hand, um mich aufzuhalten, und erwiderte: ›Nein. Deine Zeit ist noch nicht gekommen.‹ Ich schaute ihn an, als wäre er verrückt geworden, und sagte: ›Weißt du, wie viel Papierkram ich auf mich nehmen musste, um hier bei dir zu sein?‹ Er schaute mich an und sagte: ›Das können weder ich noch du entscheiden. Es ist einfach noch nicht Zeit für dich. Du hast noch nicht lange genug gelebt, nicht genug gelitten und der Welt noch nicht genug gegeben. Wenn es Zeit für dich ist, zu gehen, werde ich da sein und dich abholen.‹«

Also kehrte Deana in ihr Leben als Massagetherapeutin zurück und beriet fortan Menschen bezüglich ihrer früheren Leben.

»Wir sind alle schon alles gewesen«, sagte sie. »Wieder und wieder verkörpern wir uns, um die Lektionen zu lernen, die jeder neue Körper uns vermitteln kann.«

*Bei mir ist es jetzt schon das 541. Mal – und es machen sich leichte Ermüdungserscheinungen bemerkbar ...*

ZWEI TAGE SPÄTER fuhr ich zu Diane, zu meiner Einzelsitzung bei Deana.

»Geht einfach nach oben«, sagte Diane.

Wir gingen in das Zimmer, wo Deana ihre Readings abhielt. Ich wusste nicht, was mich erwartete: Würde sie mich massieren oder einfach nur reden?

»Ist es okay, wenn ich die Sitzung aufzeichne?«, fragte ich und hielt meinen Digitalrekorder hoch.

»Oh, aber natürlich.« Sie lächelte. »Setzen Sie sich einfach auf das Futon und ziehen Sie Schuhe und Socken aus.«

Ich setzte mich also, während Deana sich etwas mühsam auf den Boden herabließ. »Ich bin nicht mehr so gelenkig wie früher«, scherzte sie und versuchte, sich vorzubeugen.

Als sie eine bequeme Position gefunden hatte, nahm sie meinen linken Fuß. »Sagen Sie mir noch einmal Ihren Namen?«

»Ich bin Jenniffer«, sagte ich.

Natürlich hätte sich Deana problemlos biografische Informationen über mich von Diane beschaffen können. Aber sie machte auf mich nicht den Eindruck, dass sie so etwas nötig hatte. Es gab kein Buch, das sie verkaufen wollte, und sie bot solche Sitzungen nur selten an.

»Sie müssen nichts weiter tun, als sich zu entspannen«, sagte sie, während sie meinen linken Fuß massierte. »Ich werde jetzt um etwas Wahrheit, Licht und Heilung für Sie bitten.«

*Prima. Aber bitte weitermassieren, das tut so gut …*

Deana schaute über meine rechte Schulter.

»Ihre Geistführerin sagt, dass sie Cynthia heißt und schon von Anfang an bei Ihnen ist. Oh, und Sie haben noch zwei Führer, Roger und – wie heißt du?«, fragte sie die Luft neben mir. »Howard. Okay.«

*Cynthia, Roger und Howard? Das klingt immerhin besser als Moe, Larry und Curly.*

»Sie sagen, dass Sie sich mehr Zeit für sich gönnen sollen. Und nicht nur das: Ständig versuchen Sie, das Leben anderer Leute in Ordnung zu bringen. Ihre Führer sind besorgt deswegen. Sie sind viel zu sehr draußen aktiv, statt dort drinnen etwas für sich zu tun«, sagte sie und legte sich die Hand auf die Brust.

Sie fuhr fort, meinen Fuß zu massieren und über meine Schulter hinweg ins Leere zu starren, als warte sie auf eine Durchgabe.

»Okay, das erste Leben, das ich sehe, ist das eines Arztes, kurz nach der Regentschaft Heinrichs VIII. Ich sehe einen Apothekerkrug voller Blutegel, die Sie mitnehmen, um Patienten zu schröpfen. Sie haben einige ziemlich herausragende Persönlichkeiten behandelt. Dabei haben Sie nicht wirklich daran geglaubt, dass man Menschen heilen kann, indem man sie zur Ader lässt oder ihre Arme in Wasser taucht, aber das war nun einmal die gängige Behandlungspraxis. Im Gegensatz zu vielen anderen damaligen Ärzten interessierten Sie sich für Heilkräuter, das Sie aber geheim halten mussten, um nicht in den Verdacht der Hexerei zu geraten. Doch Sie erlebten immer wieder, dass die Heilpflanzen halfen. Sie mussten sehr vorsichtig sein und gut überlegen, mit wem Sie über diese Erkenntnisse sprachen. Das ist für Ihr jetziges Leben wichtig, weil Sie sehr sorgfältig prüfen, *wem* Sie *was* erzählen. Diese Vorsicht haben Sie in jenem Leben als Arzt gelernt.«

Das fand ich interessant. Als ich mich von der Journalistin hin zur spirituellen Kriegerin entwickelte, merkte ich schon bald, dass ich nicht lautstark verkünden durfte, mich nun mit solchen Themen wie Reinkarnation zu beschäftigen. Auch in meinem jetzigen Leben fiel es mir also schwer, offen zu meiner »Beschäftigung mit Heilkräutern« zu stehen. Wenn ich meinem Kind Kamillentee statt Prevacid gab, rief ich damit noch immer lautstarke Kritiker auf den Plan. Daher war ich vorsichtig und suchte mir die Leute sorgfältig aus, mit denen ich mich über diese Dinge austauschte.

Deana zählte noch eine große Anzahl weiterer Leben auf. Sie sah mich als Athlet im antiken Griechenland, als Mönch in Tibet, in Europa als Nonne und als Priester.

Sie lachte. »Als Mönch, Priester oder Nonne haben Sie sich in genügend Religionen inkarniert, um zu wissen, dass sie alle recht haben – und sich alle irren. All diese religiösen Dogmen wurden von Menschen erschaffen, nicht von Gott. Es kommt allein darauf an, dass Sie sich jeden Tag nach Kräften bemühen und sich selbst und andere nicht verurteilen.«

Das schien wirklich ein wichtiges Thema für mich zu sein.

»Wir müssen halt einfach nur unser Bestes geben, dann empfinden wir am Ende unseres Lebens kein Bedauern. Aber sein Bestes zu geben bedeutet bei jedem Menschen etwas anderes. Für den einen kann es bedeuten, Präsidentschaftskandidat zu werden, und für den anderen, gemütlich auf dem Sofa zu sitzen und seinen Hund zu verwöhnen. Und wenn wir uns nicht selbst dafür niedermachen, dass wir so sind, wie wir sind, hilft das schon sehr!«

Bei dem Gedanken, dass meine Familie jemanden akzeptieren oder gar wertschätzen könnte, der untätig auf dem Sofa saß und seinen Hund verwöhnte, musste ich lachen. Mein Vater hatte zwar Hunde gemocht, aber ein beeindruckender Lebenslauf hatte für ihn dann doch mehr gezählt.

»Gott hat alle Menschen gleich erschaffen, aber jeder macht doch seine eigenen einzigartigen Erfahrungen«, sagte sie.

Deana hob den Kopf und blickte wieder in die Richtung, in der, wie sie gesagt hatte, meine »geistigen Führer« standen. »Sie sagen mir, dass Sie beim Laufen Ihre besten Einfälle haben.«

Interessanterweise hatte ich nicht erwähnt, dass ich joggte. Ich trug Jeans und Sweatshirt, sodass sie wohl kaum sehen konnte, dass meine Beine durch das Laufen gut in Form waren. »Manche Leute meditieren, aber Sie können nicht still sitzen, und deshalb profitieren Sie mehr von einem guten Dauerlauf.«

Jahrelang hatte ich zu meditieren versucht, aber Deana traf den Nagel auf den Kopf – still herumzusitzen hielt ich maximal drei Minuten lang aus, dann sprang ich auf und musste etwas tun.

Sie fuhr fort, die Akupressurpunkte an meinen Füßen zu massieren. »Tue ich Ihnen weh?«, fragte sie.

»Überhaupt nicht«, sagte ich. Ich gehörte zu den Leuten, die bei der Massage immer wollten, dass noch fester zugedrückt wurde, damit auch wirklich etwas zu spüren war. Diese Fußmassage war angenehm, und das steigerte sich noch, als nebenan Musik erklang.

»Ahhh, danke, Diane«, sagte Deana. Diane hatte an der Juilliard School Musik studiert und spielte mehrere Instrumente. »Dieses Stück heißt ›The Sigh‹. Sie hat es gestern schon einmal gespielt.«

Als die Musik durch den Raum schwebte, bekam ich eine Gänsehaut. »Tut mir leid, aber ich bekomme in letzter Zeit andauernd eine Gänsehaut«, sagte ich, während Deana meine Waden massierte. »Jetzt ist es wohl offensichtlich, dass ich meine Beine nicht rasiert habe.«

»Ach, das macht mir nichts aus.« Sie lachte. »Wenn man etwas hört, das Teil der eigenen Wahrheit ist, bekommt man das sogenannte ›Erkenntnis-Schaudern‹. Und damit möchte Ihr Körper Ihnen sagen, dass Sie aufmerksam sein sollen, weil sich gerade eine Gelegenheit bietet, mehr über sich herauszufinden.«

Sie fuhr fort, meine Beine zu massieren, und das Frösteln ließ nach. Wieder blickte sie zur Seite, offenbar weitere Informationen erwartend. Deanas Augen leuchteten auf, als sähe sie gerade etwas sehr Erheiterndes.

»Ich sehe Sie als Bäcker im Loiretal in Frankreich. Sie hatten Ihre eigene Bäckerei, in der Sie Brote und Kuchen herstellten, und Sie waren ein liebenswerter, fröhlicher Bursche.« Sie lachte. »Ihr heutiger Mann war damals der Wirt einer Kneipe, die gegenüber von Ihrer Bäckerei lag, und Sie beide waren die besten Freunde.«

Leider konnte ich nicht backen, wodurch das diesmal nicht als Lebensunterhalt für mich infrage kam, aber Clay und ich waren geradezu besessen vom Loiretal. Wir hatten schon oft darüber gesprochen, dort endlich unseren Traumurlaub zu verbringen, obwohl wir nie zuvor in dieser Gegend gewesen waren.

»Als Sie Ihrem Mann in diesem Leben zum ersten Mal begegneten, wussten Sie sofort, dass er der Richtige ist, nicht wahr?«

»Ja, das stimmt«, sagte ich.

Als ich Clay das erste Mal begegnete, waren wir beide junge, ums Überleben kämpfende Nachwuchsreporter. Ich saß gerade an meinem Computer und tippte Staumeldungen für den Verkehrsbericht ein. Er näherte sich von hinten, legte die Hand auf meine Schulter und sagte: »Hallo!« Mich überlief ein »Erkenntnis-Schauder« am ganzen Körper.

»Schauen wir mal, wie Sie in diesem Leben als Bäcker gestorben sind«, sagte sie.

»Ja, bitte«, sagte ich und genoss die Massage.

»Oh, da war ein schreckliches Feuer. Sie sind gestolpert, hingefallen und im Rauch erstickt.«

*Upps!*

»Aber Ihre Seele verließ den Körper, ehe er vollständig verbrannte.«

»Na ja, schön zu wissen.«

»Manchmal, wenn wir dem Tod nahe sind, flüchten wir gewissermaßen vor lauter Angst aus dem Körper. Die Seele geht, ehe der Körper physisch zerstört wird. Das ist eine tolle Sache bei Flugzeugabstürzen. Die Seelen verlassen ihre Körper schon vor dem Aufschlag.«

Nun massierte Deana meine rechte Hand.

»Das Leben unmittelbar vor diesem begann 1935. Sie waren ein junger Mann, der in der Armee dienen wollte. Sie gingen nach Korea. Dort wurden Sie verwundet und kehrten nach Hause zurück. Sie waren desillusioniert, weil Sie all die Grausamkeit und das Sterben, das Sie im Krieg erlebt hatten, nicht begreifen konnten. Sie fragten sich, wieso man Ihnen das Töten befahl, obwohl die Religion doch Gewaltfreiheit lehrte.«

Ich empfand schon immer eine tiefe Abscheu gegen den Krieg. Die Ungerechtigkeit, dass Menschen für irgendwelche politischen oder sonstigen Ziele sterben müssen, hatte ich nie akzeptieren können.

»Sie versuchten es mit verschiedenen Kirchen, um herauszufinden, welche religiöse Richtung Ihnen am meisten zusagte. Doch Sie fanden keine, die Sie wirklich zufriedenstellte.«

*Aha, wieder einmal mein Thema ...*

»Oft haben Sie damals gesagt: ›Es muss dort draußen einfach mehr als das geben, denn ich bin immer noch hungrig‹«, erzählte Deana, während sie meine Handfläche massierte. »1965 kamen Sie bei einem Autounfall ums Leben.«

»Oh nein«, sagte ich. »Ich wurde nur dreißig Jahre alt?«

»Die Bremsen versagten, und der Wagen stürzte eine Klippe hinunter«, sagte sie in nüchternem Tonfall. »Das war's.«

Deana rieb und presste noch für einen Moment meine Hand, dann ließ sie los.

»Ich glaube, das genügt«, sagte sie. Keine weiteren Leben, und auch keine Massage mehr.

»Wow«, sagte ich, überrascht, dass die Zeit schon um war.

»Haben Sie noch weitere Fragen?«, erkundigte sie sich lächelnd.

»Ja, etwas möchte ich gerne wissen«, sagte ich, während ich mir die Schuhe wieder anzog. »Als Sie das Licht sahen, haben Sie da völligen Frieden empfunden?«

»Oh Gott, ja! Es ist ein Frieden, der aus einem Gefühl völliger Harmonie kommt. Erleichtert erkennt man: ›Ja, so wunderbar fügt sich alles zusammen!‹ Wenn Sie eine wunderschöne Musik hören, bei der Sie ein ›Erkenntnis-Schauder‹ überläuft, oder wenn Sie wirklich guten Sex haben – das sind Augenblicke, die Ihnen eine Ahnung von diesem Gefühl vermitteln. Das ist das, wonach wir wirklich suchen. Wenn Sie im Licht sind, fühlen Sie sich ständig so.«

Ich hatte immer schon große Angst vor dem Tod gehabt. Zu hören, dass das Leben danach wie jede Menge guter Sex sei, machte den Tod gleich weniger furchterregend.

KLOPF, KLOPF, KLOPF.

»Oh nein«, sagte ich, weil ich nicht wollte, dass unser Gespräch schon vorüber war.

Ein Mann streckte den Kopf ins Zimmer. Deanas nächster Klient wartete. Es war Zeit zu gehen.

ALS ICH nach Hause kam, bereitete Clay gerade Schokoladencookies zu.

»Und?«, fragte er und schaltete den Mixer ein.

»Ich war Bäcker im Loiretal. Und dir gehörte die Kneipe gegenüber auf der anderen Straßenseite«, sagte ich und tauchte meinen Finger in den Teig. »Dabei bäckst du viel lieber als ich. Vielleicht hat sie ja unsere beiden Rollen verwechselt.«

Ich fragte mich, ob es auf der Welt noch andere Paare gab, die in der Küche solche Gespräche führten – vielleicht noch ein oder zwei, schätzte ich.

»Hast du denn wenigstens noch eine Massage herausschinden können?«, fragte er.

»Ja. Die Füße und eine Hand.«

»Na, das ist doch was!«

# 12

## Hüte dich vor Predigern mit Vokuhilas

*Entwickle deine Intuition.*

Schild an der Cornerstone Baptist Church:

> IHR WOLLT WOHL,
> DASS ICH ZU EUCH
> HERUNTERKOMME?
> – *GOTT* –

*WIE ES wohl Millard geht?* Eines Morgens beim Zähneputzen kam mir plötzlich Millard Fuller in den Sinn. Seit der Konferenz in San Diego, wo er der Hauptredner gewesen war, hatte ich nicht mehr an ihn gedacht. Ich holte mein BlackBerry und schickte Bettie Youngs, der Autorin von Millards Biografie, eine E-Mail. »Wie geht es denn mit dem Drehbuch für Millards Lebensgeschichte voran?«, schrieb ich. Es vergingen nur ein paar Minuten, da schickte mir Bettie Millards Nachruf.

»Oh mein GOTT!«, rief ich aus. Millard war im Alter von vierundsiebzig Jahren an den Komplikationen einer plötzlichen Erkrankung gestorben.

Sofort rief ich Therese an. »Beim Zähneputzen musste ich plötzlich an ihn denken, und nun ist er tot. Ich bin so traurig.«

Obwohl ich Millard ja eigentlich kaum gekannt hatte, gehörte er zu jenen Menschen, die durch eine kurze Begegnung mein Leben verändert hatten. Er hatte in mir den Wunsch geweckt, etwas für andere zu tun. Ich konnte einfach nicht glauben, dass er tot war.

»Deine Intuition ist deutlich besser geworden«, sagte Therese. »Sie ist wie ein Muskel – je öfter du sie benutzt, desto stärker wird sie.«

ALS ICH ein paar Wochen später den Abwasch erledigte, tauchte plötzlich das Bild eines alten Bekannten vor meinem inneren Auge auf: Randy Rogers. Randy gehörte eine Firma, die Werbevideos für die Filmbranche produzierte. Ich hatte zuletzt in den späten Neunzigerjahren mit ihm in Kontakt gestanden. Damals war ich noch als Filmkritikerin fürs Fernsehen tätig gewesen.

*Warum muss ich gerade jetzt an ihn denken?*

Während eines Promotionevents für einen Kinofilm hatten Randy und ich uns intensiv über unsere spirituellen Erlebnisse ausgetauscht. Wir gingen beide als skeptische Journalisten an dieses Thema heran. Randy hatte seine Karriere als preisgekrönter Fotojournalist begonnen und schließlich in Hollywood seine eigene Produktionsfirma gegründet. Ich war damals als Reporterin für den »Promiklatsch« in L. A. und New York zuständig gewesen. Gerade hatte ich mein erstes Interview mit James van Praagh hinter mir und erzählte Randy davon, dass James offenbar meine tote Großmutter kontaktieren konnte. Randy hingegen war gerade bei einer Akupunkteurin gewesen, die ihm etwas über seine früheren Leben erzählt hatte.

»Ich fand bereits Akupunktur bizarr – und dann kam sie mir auch noch mit früheren Leben! Ich hielt das Ganze für vollkommen verrückt«, erzählte er mir. Damals verbrachten wir über drei Stunden damit, unsere Notizen über diese Erlebnisse zu vergleichen.

Ich hatte ihn nun seit über zehn Jahren nicht mehr gesehen. »Was Randy wohl heute so treibt?«, sinnierte ich, während ich ein paar Teller abspülte. Dann fiel mir die

Sache mit Millard ein. »Oh Mist. Ich hoffe, Randy ist nicht auch tot!«

Als ich am nächsten Tag zur Arbeit fuhr, klingelte mein Handy. »Hi Jen, hier ist Sara«, sagte die Stimme am anderen Ende der Leitung. Sara war bei meinem ersten Buch meine Presseagentin gewesen. »Einer meiner Autoren kommt nach Chicago, und ich dachte, du könntest vielleicht in deinem Blog etwas über ihn schreiben. Er heißt Randall Rogers.«

»Das ist seltsam. Gerade habe ich an einen Freund denken müssen, der so ähnlich heißt«, sagte ich. Ich kam nicht auf die Idee, dass es sich um ein und denselben Rogers handeln konnte, denn Randy hatte nie erwähnt, dass er sich schriftstellerisch betätigte.

An meinem Schreibtisch öffnete ich Saras Pressemitteilung und stellte erstaunt fest, dass »Randall« tatsächlich mein früherer Bekannter Randy war.

Begeistert sagte ich zu.

Als ich mit Randy telefonisch Kontakt aufnahm, schien es, als wäre seit unserem letzten Gespräch überhaupt keine Zeit vergangen. Er berichtete mir von einigen »Zufällen«, denen er heute eine tiefere Bedeutung beimaß. Alles hatte mit einem lebhaften Traum begonnen, in dem eine frühere Klassenkameradin namens Kathy vorkam. Wie sich herausstellte, war sie an Krebs gestorben. Nun empfing Randy intuitive Botschaften von Kathy, die sich als richtig erwiesen, und fühlte sich von da an besser in Kontakt mit seiner spirituellen Seite als je zuvor. Seine Erfahrungen schilderte er in einem Buch mit dem Titel *The Key of Life*, für das er nun mit einer landesweiten Lesereise warb.

»Kathy meldet sich oft bei mir«, sagte er. »In einem meiner Träume beschrieb sie mir, wo sie ist. Sie sagte: Wenn ein Glas mit Wasser und Eiswürfeln gefüllt ist, seid ihr die Eiswürfel und wir auf der anderen Seite sind das Wasser zwischen den Eisstücken. Wir stehen immer noch mit euch in Verbindung, haben aber eine andere Form angenommen.«

Diese Analogie gefiel mir. Meine andere Lieblingsanalogie stammt von meiner Freundin Denise Guzzardo, einem Medium, das ich in meinem ersten Buch vorstellte.

»Es ist, als würde man im Radio einen anderen Sender einstellen«, sagte sie. »Manchmal ist der Empfang klar und deutlich, manchmal rauschend und schlecht. Aber sie sind uns sehr nah. Es ist einfach nur ein anderer Kanal, eine andere Frequenz.«

»Ich freue mich sehr, dass Sara angerufen hat«, sagte ich zu Randy. »Es tut gut, wenn du mit jemandem über diese Dinge sprechen kannst, der dich nicht für verrückt hält.«

»Je öfter du deinen intuitiven Kanal anzapfst, desto öfter empfängst du solche Botschaften«, sagte Randy. »Bevor mir alle diese Dinge passiert sind, habe ich streng naturwissenschaftlich gedacht. Jetzt weiß ich, dass alles letztlich Schwingungen sind, die zueinanderpassen. Ich meine, es gibt einfach keine Zufälle.«

»Ich wünschte, du hättest meine One-Woman-Show gesehen«, sagte ich. »Denn darin spreche ich über alle diese Dinge. Aber gerade war die letzte Vorstellung.«

»Planst du denn schon weitere Auftritte?«

»Ich denke darüber nach.«

AM TAG dieser besagten letzten Vorstellung freute ich mich auf eine Pause. Hinter mir lagen ungefähr fünfzig Shows, sodass ich das Gefühl hatte, für eine Weile genug geredet zu haben.

Als ich mich auf der Bühne verbeugte, sah ich, wie vier Zuschauer in der ersten Reihe mir stehend applaudierten. Ich nahm an, dass wir uns von irgendwoher kannten, denn sie jubelten und klatschten so lautstark, wie es sonst nur meine Freunde und Verwandten taten.

Doch ich erkannte keines der vier Gesichter. Es handelte sich um einen Mann in den Fünfzigern in Begleitung von drei jungen Erwachsenen, die alle Anfang zwanzig zu sein schienen.

Nach dem Applaus sprach ich den Mann an. »Hallo. Wie haben Sie von der Show erfahren?«

»Ich arbeite mit Clare zusammen, und sie gab mir Ihr Buch.«

Clare war die Frau, deren Traum, sich beruflich für Waisenkinder in Guatemala zu engagieren, in Erfüllung gegangen war, als sie angefangen hatte, ihr »Vokabular zu ändern«. Plötzlich fiel mir ein, dass sie mir vor ein paar Tagen eine E-Mail geschickt hatte, in der sie mitteilte, dass ihr Freund Greg mit seiner Familie in meine letzte Vorstellung kommen würde. Sie beschrieb ihn als »einen der großzügigsten Männer, die ich kenne«.

»Auch meine Kinder haben Ihr Buch gelesen«, sagte Greg und zeigte mit einem strahlenden Lächeln auf die drei jungen Leute neben sich.

»Wir können das, was Sie beschreiben, sehr gut nachvollziehen«, fügte eine seiner Töchter hinzu.

»Wirklich?«, sagte ich. »Wie kommt das?«

Es stellte sich heraus, dass Gregs Kinder entweder Geister sehen konnten oder über eine besonders starke Intuition verfügen.

Greg arbeitet als Wertpapierhändler an der Chicagoer Börse. Ich konnte mir nicht vorstellen, dass er in der Mittagspause mit den Kollegen darüber plauderte, dass seine Kinder Verstorbene sehen konnten. »Und wie kommen Sie damit klar?«, fragte ich ihn in humorvollem Ton.

Er lachte. »Es ist … interessant, um es vorsichtig auszudrücken.«

Ich unterhielt mich ein wenig mit seiner Tochter Elizabeth. Sie hatte rotes Haar und dunkelbraune Augen.

»Wir müssen unbedingt zusammen essen gehen«, sagte sie. »Ich würde Ihnen gerne einige von meinen Erlebnissen erzählen.«

EIN PAAR WOCHEN später ging ich mit Elizabeth zum Lunch in den *Salt and Pepper Diner* im Chicagoer Stadtteil Lincoln Park.

Sie erzählte mir, dass sie vor ein paar Jahren während ihrer Collegezeit einen schrecklichen Autounfall überlebte, bei dem ihr bester Freund Sam starb. Sie selbst war nach dem Unfall neun Stunden lang bewusstlos, erinnerte sich aber an einen, wie sie es nannte, lebhaften »Traum«, in dem sie ein Abenteuer mit Sam erlebte.

»Vielleicht waren Sie ja klinisch tot und haben Sam in den Himmel begleitet?«, sagte ich. »Glauben Sie denn, dass durch den Unfall Ihre intuitiven Fähigkeiten irgendwie geschärft wurden?«

»Nein, die hatte ich immer schon«, antwortete sie. »Von Kind an. Meine Schwester kann sogar Verstorbene sehen. Bei mir sind es eher Vorahnungen oder Träume, in denen mir Informationen übermittelt werden, die sich stets als wichtig für mein Leben erweisen. Mein Bruder ist der jüngste von uns dreien, und er besitzt diese Gaben noch viel stärker als wir.«

Dann erzählte Elizabeth mir, wie sie als Babysitterin immer wieder auf Kinder mit ähnlichen Fähigkeiten traf.

»Ihre Eltern tun die unsichtbaren Gesprächspartner der Kinder als ›Fantasieprodukte‹ ab«, sagte sie. »Sie geben ihren Kindern Diätlimonade und Junkfood, was wirklich Gift für intuitiv begabte Kinder ist! Solche Eltern haben überhaupt keine Vorstellung davon, über welche faszinierenden Gaben ihre Kinder verfügen. Es bricht einem wirklich das Herz.«

»Wie sind denn Ihre Eltern mit den intuitiven Fähigkeiten ihrer Kinder umgegangen?«, fragte ich und ahnte die Antwort.

»Sie waren einfach wunderbar. Wir gingen in eine katholische Schule, und die Nonnen dort wollten uns unter Psychopharmaka setzen, weil wir unsere Schulaufgaben immer so schnell lösten und uns dann im Unterricht langweilten. Doch mein Vater gab dazu keine Zustimmung, er brachte uns auf eine andere Schule.«

»Was für ein Glück für Sie! Es gibt so viele Menschen, die ihre intuitiven Gaben für einen Fluch halten und sie gerne loswerden wollen.« Ich musste an meinen Schulfreund James denken und an den Feuerwehrmann, der mir gestanden hatte, dass er Geister sehen und hören konnte.

»Ich weiß«, sagte sie und hob die Hände. »Dabei sind doch *wir* die Normalen!«

Während wir uns weiter unterhielten, bemerkte ich, wie draußen vor dem Fenster eine Frau vorbeiging, die Therese ziemlich ähnlich sah. Ich klopfte an die Scheibe und machte sie auf uns aufmerksam.

»Hey!«, sagte ich. »Da ist Therese Rowley.«

»Das Medium aus Ihrem Buch und dem Theaterstück?«, fragte Elizabeth ungläubig. »Wie cool ist das denn?«

Therese wohnte gleich um die Ecke. Ich hatte sie eingeladen, mit uns zu essen, aber bei ihr stand ein Zahnarzttermin an. Offenbar hatte der Termin weniger lange gedauert als erwartet. »Hallo«, sagte sie und setzte sich zu uns. »Wie ist die Lage?«

Therese wusste nur, dass Elizabeth mit ihrer Familie in meine Vorstellung gekommen war – mehr nicht.

»Elizabeth ist intuitiv begabt. Sie, ihre Schwester und ihr Bruder sind alle so wie du«, sagte ich lachend. »Und, was sehr gut ist, ihre Eltern haben sie von Anfang darin unterstützt, statt es ihnen auszureden.«

»Wow, das ist bemerkenswert«, sagte Therese.

In der Unterhaltung mit Therese kam Elizabeth darauf zu sprechen, dass ihre Schwester unsicher war, wie sie mit den Geistern umgehen sollte, die sie immer wieder in ihrer Wohnung sah.

»Sie laufen dort herum, und meine Schwester sagt zu ihnen: ›Ich weiß nicht, wer ihr seid und warum ihr hier seid, aber ich wünschte, ihr würdet verschwinden.‹«

»Nun, sie kann für den Umgang mit diesen Geistern Grenzen setzen«, antwortete Therese, als sei das das Normalste der Welt. »Sie könnte zum Beispiel zu ihnen sagen: ›Ich habe immer nur dienstags um 17 Uhr Zeit, mit euch zu reden, also zeigt euch nur dann.‹ Man muss eben einfach ein paar feste Grundregeln aufstellen.«

*Gut zu wissen!*

»Meine Schwester sollte sich unbedingt von Ihnen beraten lassen«, sagte Elizabeth. »Das würde ihr bestimmt sehr helfen.«

»Ich denke schon länger darüber nach, Kurse zu diesem Thema zu veranstalten, vielleicht auch welche für die Eltern intuitiv begabter Kinder«, sagte Therese. »Und ich schreibe an einem Handbuch für die Eltern dieser Kinder.«

»Ich kenne viele Leute, die dieses Buch ganz sicher kaufen würden«, sagte Elizabeth.

»Hätte man mir als Kind Psychopharmaka verordnet, wäre ich niemals in der Lage gewesen, meine Gabe zu entwickeln und mit ihr anderen Menschen zu helfen. Wir müssen einen neuen Weg für diese Kinder erschaffen, damit sie lernen, dass sie besondere Gaben besitzen und keineswegs psychisch gestört sind. Dann können sie ihre intuitiven Fähigkeiten bewusst trainieren und auch entwickeln.«

Thereses Begeisterung war ansteckend. Und dann, als hätte sich plötzlich jemand auf den Platz neben Elizabeth gesetzt, kniff Therese die Augen zusammen und starrte an ihr vorbei.

»Das bedeutet meistens, dass ein Geist hier ist«, flüsterte ich Elizabeth zu. Eine junge Frau mit ihren Talenten würde hoffentlich am ehesten mit einer solchen bizarren Information umgehen können.

Therese atmete dreimal hintereinander schnell aus.

»Ist es Sam?«, fragte ich.

»Ja«, sagte Therese und zeigte auf Elizabeth. »Ich sehe,

wie er aus dem Wagen geschleudert wird ...« Therese hielt sich die Hand an die Kehle, als würde sie den Aufprall am eigenen Leib spüren.

Elizabeth wirkte schockiert.

»Er ist oft bei Ihnen«, sagte Therese. »Sie sollten unbedingt seine und Ihre Geschichte von der Zeit erzählen, die Sie nach dem Unfall zusammen verbrachten. Das war der Himmel. Sie waren mit ihm im Himmel. Damit würden Sie anderen Menschen sehr helfen. Er signalisiert mir gerade, dass er Sie dabei unterstützen möchte.« Dann fing Therese an zu lachen. »Er ist ein wirklich fröhlicher, lebhafter Geist!«

Ich beobachtete, wie Elizabeth auf Thereses Worte reagierte. Es fiel ihr offensichtlich schwer, diese Informationen zu verarbeiten. Und dann füllten sich ihre Augen mit Tränen. »Ich habe das schon alles aufgeschrieben«, sagte sie. »Es war meine Abschlussarbeit auf dem College. Es wurde mir innerlich übermittelt, und ich wusste einfach, dass es wahr ist. Es fühlte sich richtig an. Ich weiß einfach, dass dieses Erlebnis im Jenseits sich so abgespielt hat.«

»Ja, die Erinnerung ist da«, sagte Therese. »Sam hat Ihnen geholfen, sich zu erinnern.«

EIN PAAR MONATE später bat mich Elizabeth, ihr bei der Produktion eines Videos für die Wohltätigkeitsorganisation H.E.A.R. zu helfen, die ihr Vater mitgegründet hatte.

»Wir werden unterprivilegierte Familien in der South Side von Chicago mit Lebensmitteln versorgen«, sagte sie. »Können Sie uns helfen?«

»Sehr gerne!«, antwortete ich.

Am Morgen bevor dieses Video gedreht werden sollte, stattete mir meine Mutter ihren wöchentlichen Besuch ab. »Schalte bitte sofort Kanal 10 ein«, sagte sie.

»Warum?« Ich traute mich fast nicht zu fragen.

»Fälle bitte keine vorschnellen Urteile, Jen«, sagte sie. »Sein Name ist Joel Osteen, ein sehr spiritueller Redner.«

So schaltete ich also den Fernseher ein und sah einen Typen mit einer Vokuhila-Frisur und großen Zähnen. Er predigte vor einem mit seinen Jüngern gefüllten Stadion in Houston über »das Wort Gottes«.

»Mom, das ist ein Televangelist, einer von diesen Fernsehpredigern!«, schrie ich wütend.

»Er ist nicht so«, blaffte sie zurück. »Er ist nicht wie die anderen. Er bettelt nicht um Geld. Er spricht aus dem Herzen. Gib ihm doch wenigstens eine Chance!«

Ich versuchte wirklich, ihm eine Chance zu geben, aber der Text, den sie ständig unten über den Bildschirm laufen ließen, machte mich zunehmend ärgerlich.

»Mom, wenn sie alle drei Sekunden ›Werde Mitglied unserer Kirche‹ über den Schirm laufen lassen, dann betteln sie damit doch wohl um Geld, oder nicht?«

»Hör ihm doch wenigstens mal zu«, beharrte sie.

»Lassen Sie sich durch nichts aufhalten«, sagte Osteen mit breitem Südstaatenakzent. »Manche von Ihnen werden Bestseller oder Drehbücher für Filmhits schreiben oder ihr eigenes erfolgreiches Geschäft gründen. Sie können nicht wissen, was Gott mit Ihnen vorhat. Er glaubt an Sie.«

Die Zuschauer klatschten und hielten ihre Bibeln hoch.

»Hört sich an, als müsste man Bestsellerautor oder Unternehmer werden, um erfolgreich zu sein«, sagte ich. »Was ist, wenn du es nur zum Wachmann gebracht hast oder bei Burger King Hamburger brätst? Liebt Gott dich dann weniger?«

»Aber das sagt er doch gar nicht!«, widersprach meine Mutter ärgerlich. Sie schüttelte enttäuscht den Kopf. »Er möchte, dass du dir hohe Ziele setzt. Er sagt, dass wir alles erreichen können, was wir erreichen wollen.«

Ich hatte ein großes Problem mit dieser ganzen »Erfolgshysterie«, die sich im Zusammenhang mit dem Film *The Secret* breitgemacht hatte. Denn pötzlich dachten die Leute, sie müssten einfach nur ein »Vision Board«

erstellen, und wenn sie dann endlich all die ersehnten materiellen Dinge erlangt hatten, würde schon alles gut werden.

»Es geht aber doch nicht darum, welche Titel man erwirbt oder wie reich man wird, Mom. Manche Menschen wollen überhaupt keine eigene Firma. Und wenn man erfolgreicher Unternehmer ist, heißt das noch lange nicht, dass man automatisch glücklich wird!« Ich kannte etliche reiche Erfolgstypen, die zutiefst unglücklich waren.

»Er ermutigt die Leute dazu, ihre Träume zu verwirklichen«, sagte sie.

Joel Osteen fuhr fort: »Um erfolgreich zu sein, müssen Sie Gottes Liebe spüren und wissen, dass er Sie unterstützt.«

»Sein Vortragsstil nervt!«, sagte ich mit Nachdruck.

Immer wenn ich einen dieser »Feuer und Schwefel«-Prediger mit großen Gesten schwadronieren höre, schalte ich ab. »Ich mag es einfach nicht, wenn mit so viel Vibrato über Spiritualität geredet wird.«

»Ständig urteilst du«, stellte meine Mutter fest. »Du behauptest, spirituell zu sein, aber ständig urteilst du über andere.«

»Es mag ja sein, dass Joel Osteen eine tolle Botschaft hat. Immerhin gelingt es ihm, Stadien zu füllen. Aber diese Art zu predigen ist einfach nicht mein Ding«, seufzte ich. »Jeder muss seinen eigenen Weg finden, Mom.«

EINE STUNDE SPÄTER wurde es Zeit, zu dem Videodreh aufzubrechen. »Möchtest du, dass ich für dich hingehe?«, fragte Clay. Ich hatte die ganze Woche geschrieben, und der Gedanke, dass Clay mir diese Arbeit jetzt abnehmen könnte, war verführerisch.

»Hmmm«, sagte ich. »Du führst mich in Versuchung.«

Einen Moment blieb ich zögernd an der Haustür stehen. Als ich mich bückte, um den Kamerakoffer aufzuheben, hörte ich eine innere Stimme:

*Du musst zu dieser Videoproduktion gehen. Du sollst
dort jemanden treffen, der wichtig für dich ist.*

»Okay«, sagte ich.

»Okay was?«, fragte Clay.

»Es wird von mir erwartet, dass ich selbst dorthin gehe«,
sagte ich. »Ich habe gerade eine intuitive Eingebung empfangen.«

»Okaaay«, sagte Clay und ging zurück in die Küche.

Auf der Fahrt ins Stadtzentrum, wo ich meinen Kameramann abholen wollte, benutzte ich die linke Spur, weil
kaum Verkehr herrschte. Ich schaltete das Radio ein. Nach
kurzer Zeit bemerkte ich einen kleinen weißen Wagen,
der mir förmlich an der Stoßstange klebte. Im Rückspiegel sah ich einen Mann mittleren Alters am Steuer, der
wütend hupte und nervös drängelte.

Ich schaute auf den Tacho. Ich fuhr mit 65 Meilen,
schöpfte das Tempolimit also voll aus. »Okay, Kumpel«,
sagte ich und machte ihm Platz. »Du hast das Rennen ge-
wonnen.«

Als ich auf die rechte Spur gewechselt war, fuhr der
Mann neben mir her, um mir den Stinkefinger zeigen und
noch ein paarmal lautstark hupen zu können. Ich unter-
drückte ein Lachen, weil das Ganze einfach lächerlich
war. Ich hatte ihm doch längst Platz gemacht.

Aber neeeiiin. Er wollte offenbar an irgendjemanden
seine Wut auslassen, denn er fuhr eine gefühlte Ewigkeit
neben mir her. Und dann entdeckte ich im Augenwinkel
etwas Weißes. Ich schaute nach links in sein Auto. Er hielt
ein Schild hoch, auf dem stand: RECHTSFAHRGEBOT.

Ich brauchte einen Moment, um zu begreifen, was ich
da sah. Er hatte es selbst angefertigt. Dieser Typ saß also
zu Hause, bastelte sich ein solches Pappschild und fuhr
dann durch die Gegend in der Hoffnung, auf jemanden
zu treffen, der auf der linken Spur mit 65 Meilen oder lang-
samer fuhr, damit er diesen an das polizeiliche RECHTS-
FAHRGEBOT erinnern und sich wichtig machen konnte!

*Was für eine kolossale Energieverschwendung.*

Einen Augenblick stand ich kurz davor, hupend und Stinkefinger zeigend zum Gegenangriff überzugehen, doch dann fiel mir ein, was Deepak Chopra über das Rechthaben gesagt hatte. Wut ist Wut. Selbst wenn man sich absolut im Recht fühlt, kocht doch das Blut und die Herzfrequenz steigt.

Ich atmete tief durch und versuchte, mich zu zentrieren. Der Wunsch, ihm den Mittelfinger zu zeigen, ließ meine Hand zittern.

*Es ist so verdammt schwer, sich zu beherrschen, Spiritualität hin oder her!*

Es kostete mich eine unglaubliche Selbstbeherrschung, nicht auf diesen Verrückten zu reagieren. Glücklicherweise brauste er endlich davon. Mein Puls normalisierte sich rasch wieder. Aber sein wütendes Gesicht ging mir eine Weile nicht aus dem Kopf.

*Ob er noch andere Pappschilder auf dem Rücksitz liegen hat? Vielleicht VORFAHRT BEACHTEN oder HUNDE-KOTENTSORGUNGSPFLICHT.*

ALS ICH AM DREHORT eintraf, stand dort ein riesiger Miet-LKW, aus dem kiloweise gefrorenes Geflügel ausgeladen wurde. Kleinere Lieferwagen und Vans verschiedener Kirchen und katholischer Vereinigungen parkten ringsum. Dutzende Freiwillige be- und entluden die Fahrzeuge.

»Das ist ja unglaublich«, sagte ich beim Anblick der vielen Lebensmittel.

»Hey, Jen«, hörte ich hinter mir jemanden rufen. Es war Elizabeth. Sie umarmte mich zur Begrüßung. Dann begrüßte mich auch ihr Vater herzlich.

»Ich bin sehr beeindruckt«, sagte ich zu Greg.

»Es ist einfach ein gutes Gefühl, helfen zu können«, sagte er.

Ich interviewte die Organisatoren und einige freiwillige Helfer. Ich sah Mütter mit zerrissenen Jacken und ohne

Winterhandschuhe, die mit Einkaufswagen voller Kinder kamen, in der Hoffnung, diese Wagen auch mit Lebensmitteln füllen zu können. Da war ein Mann, der sich mit Greg unterhielt und regelrecht Gnade ausströmte. Er hieß Dan Johnson und war Pastor. Er war gekommen, um Lebensmittel für die hart ums Überleben kämpfenden Mitglieder seiner Gemeinde abzuholen.

»Wir müssen diese Kids rehabilitieren«, sagte er zu Greg. »Wir dürfen sie nicht in Jugendgefängnisse wegsperren. Wir müssen ihnen etwas beibringen und ihnen sagen, dass wir an sie glauben. Ich komme selbst von der Straße, habe schon mit neun Jahren für meinen Lebensunterhalt sorgen müssen. Ich bin ein Produkt der Straße und weiß, wie hart es für diese Kinder ist. Ich kümmere mich um die Kids, die vom Unterricht ausgeschlossen wurden oder denen ein Schulverweis droht. Ich rede mit den Schulen und sage: ›Gebt mir diese Kinder. Ich gebe ihnen eine Aufgabe und helfe ihnen, ihre Talente zu entdecken und Dinge zu tun, die ihnen wirklich Freude machen.‹ Dieses Angebot haben wir jetzt schon sechshundert Kindern ermöglichen können. Inzwischen betteln die Schulen regelrecht darum, dass ihre Kinder bei uns einen Platz bekommen.« Er lächelte.

»Warum wird in den Medien nicht über Sie berichtet?«, fragte ich.

»Es geht uns nicht um Publicity«, sagte er. »Wir möchten das Leben dieser Jugendlichen verändern. Es gibt eine Menge Prediger, die lieber im Fernsehen Reden schwingen, als sich die Hände schmutzig zu machen. Ich möchte mich ganz auf die Hilfe für die Kids konzentrieren.«

Dieser Tag hatte damit begonnen, dass ich wenig beeindruckt von Joel Osteen gewesen war, der in einem Stadion vor fünfzigtausend Menschen predigte. Nun stand ein Pastor vor mir, der vielleicht sechshundert Menschen im Jahr half, und er inspirierte mich dazu, mich stärker für andere zu engagieren. Meine Intuition hatte mich nicht getrogen. Es war wichtig für mich, persönlich zu diesem Videodreh zu gehen.

EIN PAAR WOCHEN nach der Produktion des Videos machten mir heftige Zahnschmerzen zu schaffen.

»Geh zum Zahnarzt«, kombinierte Clay messerscharf.

»Wir haben keine Krankenversicherung für Zahnarztbehandlungen«, schob ich als Ausrede vor.

Nach einer Weile wurden die stechenden Schmerzen in meiner linken Gesichtshälfte so schlimm, dass ich sie nicht länger ignorieren konnte. Ich fügte mich in mein Schicksal und ließ mir einen Termin geben.

Beim Zahnarzt hörte ich ein Wort, das ich mit Mitte dreißig noch nicht erwartet hatte: Wurzelbehandlung. Ich hatte angenommen, dass so etwas nur wirklich alten Leuten blühte. Doch dem war offensichtlich nicht so.

Spirituell gesprochen, galten die Zähne als unsere Antennen. Ich erinnerte mich nicht, wo ich diese Theorie zum ersten Mal hörte, aber meine Freundin Cindy, deren Vater Zahnarzt war, behauptete, dass Zahnbehandlungen so eine Art spirituelles Upgrade seien.

*Das klingt gut!*

Am Morgen des drohenden Termins war ich besonders angespannt. Ich hasste Spritzen und mochte es überhaupt nicht, wenn mit Bohrapparaten in meinem Mund herumgefuhrwerkt wurde. Also fing ich an, Gespräche mit der Zimmerdecke zu führen.

*Bitte, Dad, mach, dass es nicht so wehtut! Und wenn es besser für mich ist, diese Behandlung abzusagen, dann solltest du mir jetzt ganz schnell ein Zeichen geben, denn mein Termin ist in einer Stunde.*

Gerade als ich aufbrechen wollte, schien Britt plötzlich dringend meiner Aufmerksamkeit zu bedürfen.

»Gelber Zementlaster?«, fragte er.

Wir suchten die ganze erste Etage nach dem verdammten Lastauto ab. Ich öffnete Schubladen, in die ich seit

Jahren nicht mehr geschaut hatte, nur um zu beweisen, dass ich wirklich mein Möglichstes tat. Doch der Zementlaster blieb unauffindbar, also lenkte ich meinen Sohn rasch mit einer Schüssel frischer Blaubeeren ab.

»Bau-Bären!«, sagte er und tauchte seine Hand in die Schüssel.

Immerhin fand ich bei der Suche etwas, wonach ich nicht gesucht hatte: ein altes Foto von der Hochzeit meiner Eltern.

Ich war bei allen Hochzeiten meines Vaters dabei gewesen, nur bei der mit meiner Mutter nicht – denn damals war ich noch nicht auf der Welt. Es kam daher öfters vor, dass ich irgendwo im Haus Fotos von einer ihrer Ehezeremonien fand. Von ihrer ersten Hochzeit existierten nur zwei Fotos. Mom war damals achtzehn, Dad zwanzig. Mein Vater sah auf dem Bild irgendwie ängstlich aus, meine Mutter wirkte eher aufgeregt. Ich zog das Foto mit einem Lächeln hervor und legte es auf die Anrichte, ehe ich das Haus verließ.

Als ich vor der Praxis parkte, spürte ich einen deutlichen intuitiven Impuls, dem Zahnarzt ein Exemplar meines Buches mitzubringen, von denen ich immer einige im Auto aufbewahrte.

Ich fragte mich zwar: *Warum ausgerechnet dem Menschen, der mich mit einer Wurzelbehandlung traktiert?*, aber ich hatte gelernt, dass es besser war, wenn ich auf diese intuitiven Botschaften hörte. Ich traf dann immer unfehlbar auf jemanden, für den sich mein Buch als wichtig erwies.

*Bitte, Dad, mach, dass die Behandlung gut verläuft!*

»Es wird jetzt ein bisschen piken«, sagte Dr. Weisbart, während er mir eine Spritze von der Größe meines Unterarms in den Mund schob.

Er fing an zu bohren und dann fing er an zu plaudern. Ich fand es immer schon amüsant, dass Zahnärzte oder Kieferchirurgen einem ständig irgendwelche Fragen stellten, während sie mit riesigen Instrumenten in deinem Mund herumfuchtelten.

»Als Sie zur Untersuchung hier waren, kam mir Ihr Name irgendwie bekannt vor. Also habe ich ihn nachgeschlagen, und dann wusste ich, woher. Ich war ein großer Fan Ihres Vaters«, sagte er. »Wann ist er noch gleich gestorben?«

»Vvvrrr achchcht Jjjhhren«, nuschelte ich mühsam.

»Ein guter Freund von mir ist auch mit Mitte fünfzig an einem Gehirntumor gestorben«, fuhr er fort. »Mein Vater starb vor fünfzehn Jahren, und meine Mutter sagt, dass sie ständig mit ihm spricht, ganz so, als würden sie sich am Telefon unterhalten.« Er lachte, als wäre das eine völlig verrückte Vorstellung. »Aber Sie haben versucht, mit Ihrem Vater auf der anderen Seite zu reden, stimmt's?«

Ich versuchte, seine Frage zu beantworten, während er unverdrossen an meinem Zahn herumbohrte. Meine Lippen fühlten sich an, als würden sie bis über die Stadtgrenzen von Chicago gedehnt.

»Ich interessiere mich sehr für Ihr Buch«, sagte er. »Normalerweise lese ich nur Krimis und Thriller, aber auf Ihres bin ich wirklich neugierig. Es kommt gerade zur rechten Zeit für mich.«

*Seltsam, dass Sie mein Buch erwähnen.*

Ich zeigte zum Fensterbrett, wo ich meine Handtasche abgelegt hatte, in der sich das Buch befand, von dem ich nun wusste, dass ich es tatsächlich für ihn eingesteckt hatte. »Mmmmm hmmmm, hhbb eins mitggbbrchcht«, stöhnte ich.

»Na, das ist ja klasse! Sie haben mir eins mitgebracht?«, fragte er ganz ungläubig. »Dann fange ich sofort an, es zu lesen.«

Während ich dort im Behandlungsstuhl saß und die gesamte Prozedur über mich ergehen ließ, die weit weniger schmerzhaft war als befürchtet, fiel mir auf, dass aus den Lautsprechern die ganze Zeit Musik ertönte, die mich an meinen Vater erinnerte – Songs, die er bei Auftritten mit seiner Band auf dem Keyboard gespielt hatte, und persönliche Lieblingsstücke, die er uns gerne zu Hause vorgespielt hatte. Es kamen so viele dieser Stücke hintereinander, dass es schon komisch war. Die Angst, die mir am Morgen zu schaffen gemacht hatte, war nun bloß eine ferne Erinnerung.

Während ich zur Rezeption stolperte, um zu bezahlen, versuchte ich, mir den Speichel vom Kinn zu wischen. Ich schaltete mein BlackBerry ein. Es gab nur eine Nachricht, von meiner Mutter.

»Hallo, mein Schatz. Hier ist deine Mom. Heute wären dein Vater und ich vierunddreißig Jahre verheiratet gewesen. Natürlich nur, wenn wir uns nicht getrennt hätten. Vermutlich hätte ich ihn dann schon lange, bevor er krank wurde, ermordet, aber an unseren Hochzeitstag werde ich mich immer erinnern. Ich hoffe, du verbringst einen schönen Tag. Ich bin soooo stolz auf dich.«

Da ich wegen des Novocains verständlicherweise keine Lust zu reden hatte, schickte ich ihr schnell eine E-Mail:

Liebe Mom,

Dad hat mir heute Morgen schon gesagt, dass heute euer Hochzeitstag ist. Bei der Wurzelbehandlung war er auch bei mir. Ich erzähle dir später mehr.

Alles Liebe, ich

ALS ICH nach Hause kam, schrieb ich über alle diese Dinge einen Text für meinen Blog. Da klingelte das Telefon. Es war meine Bank.

»Wir rufen wegen der Schecks an, die Sie für die Tim-Weigel-Stiftung bestellt haben«, sagte die Stimme.

Wir hatten eine Stiftung in Dads Namen ins Leben gerufen, um Studenten finanziell zu unterstützen. Bei der Bestellung der Schecks vor einigen Wochen hatte ich versäumt, die gewünschte Größe für die Ausdrucke anzugeben. *Wie hoch ist die Zufallswahrscheinlichkeit, dass sie gerade jetzt anrufen?*

Abends ging ich mit meinem skeptischen Freund Jim essen. Er glaubte, meine Erlebnisse an allen Fronten seien lediglich bizarre Zufälle. Jedes Mal, wenn ich anfing, von den Botschaften zu sprechen, »die ich von den Toten erhalte«, verdrehte er die Augen.

»Das hat überhaupt nichts zu bedeuten«, sagte er.

»Moment mal!«, rief ich ihn zur Räson, »lass uns rekapitulieren … Am Anfang des Tages finde ich das Hochzeitsfoto. Der Zahnarzt redet von meinem toten Vater. Jedes Musikstück, das dort in der Praxis im Hintergrund lief, war eine von Dads Lieblingsmelodien. Dann schickt meine Mutter mir eine Nachricht wegen ihres Hochzeitstages, und die Bank ruft wegen der Weigel-Stiftung an? Und du glaubst, das alles wäre purer Zufall?«

»Ja, glückliche Zufälle, weiter nichts«, beharrte Jim.

»Du solltest versuchen, positiver zu denken«, sagte ich und trank einen Schluck Wein. »Warum öffnest du dein Denken nicht für die Möglichkeit, dass wir noch nicht alles wissen und verstehen, was geschieht?«

»Wieso?«, sagte Jim. »Mein Denken ist doch offen. Ich weiß, dass es Dinge gibt, die ich weiß, und Dinge, die ich nicht weiß. Zu den Dingen, die ich weiß, gehört, dass das, was du erlebst, bloße Zufälle sind.«

»Aber *ich* weiß«, erwiderte ich, »dass wir irgendwie alle miteinander verbunden sind. Und ich finde, meine Weltsicht macht viel mehr Spaß als deine.«

ANFANG NOVEMBER hatte ich meinen Bruder am Telefon: »Ich glaube, dieses Baby kommt zu früh. Ich habe das im Gefühl.« Der errechnete Geburtstermin für sein erstes Kind, einen Sohn, war der neunzehnte November.

»Ich werde Britt fragen«, scherzte ich. Da sich in der Familie herumgesprochen hatte, dass mein Sohn sich gerne mit seinem toten Opa unterhielt, wollte ich nun gerne einmal seine intuitiven Fähigkeiten testen.

»Britt, eine Frage: Werden Rafer und Tiffany diese Woche ihr Baby bekommen?«

Britt spielte gerade auf dem Fußboden mit einem Lastwagen.

»Nö«, sagte er, ohne eine Sekunde zu zögern oder von seinem Spielzeug aufzublicken.

»Kommt das Baby nächste Woche?«

»Nö«, wiederholte er und schaute immer noch nicht auf.

»Und in der Woche danach?«, fragte ich. Das war dann die Woche, in der das Baby erwartet wurde.

»Ja«, sagte Britt. »Am Freitag.«

Rafer hatte das Gespräch mit meinem Sohn übers Telefon mit angehört. »Ich hoffe, Britt irrt sich«, stöhnte er. »Das wäre dann sogar noch nach dem angekündigten Termin. Der neunzehnte ist der Donnerstag.«

In der Woche vor Thanksgiving telefonierte ich wieder mit Rafer. »Wenn das Baby am Donnerstag nicht kommt, werden wir Donnerstagabend die Geburt künstlich einleiten«, sagte er.

»Okay«, sagte ich. Ich warf Britt einen Blick zu, der gerade Käse-Makkaroni aß. »Kommt das Baby am Donnerstag, Britt?«

Er verdrehte die Augen, als könnte er diese Frage nicht mehr hören. »Nein, Mama, *Freitag*«, sagte er entschieden.

Am nächsten Abend ging ich mit meiner Freundin Jacquey essen. Sie erwartete ihr erstes Kind, war im siebten Monat. Wir hatten uns seit ein paar Jahren nicht mehr gesehen. Jacquey wohnte inzwischen in Los Angeles. Mit Anfang zwanzig hatten wir gemeinsam bei einem Musical für Kinder mitgewirkt.

»Hättest du dir vorstellen können, dass Rafer jemals Vater wird?«, sagte ich.

Sie lachte. »Wir alle ändern unsere Prioritäten, wenn wir älter werden.«

»Was hat dich veranlasst, dich doch für Kinder zu entscheiden? Damals wolltest du auf keinen Fall welche.«

»Ich habe einfach meine Aufmerksamkeit anderen Dingen zugewandt«, sagte sie. »Ich meine, ich habe auf die
letzten Jahre zurückgeblickt, auf die vielen vergeblichen
Vorsprechtermine und all die Unsicherheit. Ich fragte
mich: ›Was will ich eigentlich mit meinem Leben anfangen? Ständig nach Rollenangeboten suchen und zu Vor-
sprechterminen fahren oder lieber eine eigene Familie?‹
Da schienen mir Familie und feste Partnerschaft die bessere Wahl zu sein.«

»Ist es nicht erstaunlich, wie egozentrisch wir damals
Anfang zwanzig waren?«

Jacquey legte die Hände auf ihren perfekt runden
Bauch. Sie war eine strahlend schöne werdende Mama.

»Ständig habe ich mich mit anderen verglichen und
unter Leistungsdruck gesetzt«, sagte sie kopfschüttelnd.
»Ich weiß noch, dass ich mitten in der Nacht panisch aufwachte und mir Sorgen wegen dem machte, was ich alles
*nicht* war. Ich glaube, ich hatte nie wirklich Freude an
dem Menschen, der ich *war*.«

DONNERSTAG, der neunzehnte November, kam und ging,
doch Rafers gute Babynachricht ließ auf sich warten. Also
wurde am Freitagmorgen mit der künstlichen Einleitung
der Geburt begonnen. Den ganzen Tag schickte ich ihm
SMS und bat um eine Nachricht. Nichts.

»Der Muttermund ist weiterhin acht Zentimeter geöffnet, aber noch keine Geburtswehen«, meldete Rafer.

»Heute Abend halte ich einen Vortrag und hoffe, dass
die Geburt vorher passiert«, schrieb ich zurück. »Denn ich
möchte sie nicht verpassen!«

Therese und ich würden gemeinsam einen Vortrag –
wieder mal bei *Burke's Books* – halten. Dorthin war ich
auch seinerzeit unterwegs gewesen, als Rafer kurz nach
Erscheinen meines ersten Buches den Job bei CNN be-

kommen hatte. Damals hatte ich mich verloren gefühlt, war deprimiert gewesen und hatte mir selbst leidgetan. Jetzt, vor meinem zweiten Besuch in dieser Buchhandlung, wusste ich zwar längst noch nicht alle Antworten, aber ich wusste, dass ich mit meinen Erlebnissen und Geschichten Menschen inspirieren konnte. Ich hatte immer noch kein festes Einkommen, aber ich vertraute dem Leben viel mehr als früher.

»Sie erwarten ein ausverkauftes Haus«, sagte ich zu Therese, während ich eine E-Mail von Pat las, der Besitzerin von *Burke's Books*. »Das liegt nur daran, dass du mich begleitest.«

»Aber nein«, sagte sie. »Ich hänge doch an deinen Rockzipfeln, Thelma.«

Scherzhaft bezeichneten wir uns beide gerne als Thelma und Louise der Spiritualität (aber leider ohne Brad Pitt und zum Glück auch ohne das tragische Ende mit dem Todessturz über die Klippen!).

»Es gibt noch eine gute Nachricht«, sagte Therese.

»Was denn?«

»Ich bekomme einen Buchvertrag«, sagte sie. »Ist das zu glauben?«

»Das ist ja toll! Herzlichen Glückwunsch.«

Es war ein klarer Abend, zehn Grad über null und kein Schneesturm. Diesmal kannte ich den Weg zu *Burke's Books* genau. Ich bekam keinen Weinkrampf, und Therese musste auch nicht als Telefonseelsorgerin für mich herhalten. Alles, was ich brauchte, war ein Anruf meines Bruders ... PIIIEEEP.

Mein BlackBerry meldete sich plötzlich. Ich war nur noch einen Häuserblock von *Burke's Books* entfernt. Ich parkte vor dem Laden, Therese auf der anderen Straßenseite. Dann las ich die Nachricht meines Bruders. Heathcliff John Weigel hatte das Licht der Welt erblickt. (Falls Sie sich über den Namen wundern: *Sturmhöhe* ist Tiffanys Lieblingsbuch.)

Ehe ich in den Buchladen ging, rief ich Rafer an. Ich konnte seiner Stimme anhören, dass er vor Glück strahlte.

»Ich bin die ganze Nacht wach gewesen, aber es war einfach toll. Er ist wunderschön«, sagte Rafer. Er klang erschöpft. »Britt hatte recht. Unser Sohn ist Freitag geboren worden.«

Statt mich wie damals anzurufen, um einen neuen Job zu feiern, konnte er mir nun mitteilen, dass ein neues Leben sich entfaltete.

Jedes Mal, wenn ich auf dem Weg zu *Burke's Books* war, widerfuhr meinem Bruder etwas Signifikantes. Das konnten wir gerne so beibehalten!

»Ich bin Tante geworden!«, erzählte ich allen Leuten in dem Buchladen. Im Vergleich dazu schien alles andere so unbedeutend.

Am nächsten Morgen wollte ich eigentlich joggen, doch dann beschloss ich, stattdessen einen Spaziergang zu machen. Die Herbstfarben standen in voller Blüte, und ich wollte die Düfte und die Schönheit der Natur intensiv genießen. Ich atmete tief durch und versuchte, bei jedem Ausatmen meinen ganzen Stress herauszulassen.

»Visualisieren Sie, dass Sie das weiße Licht einatmen und dass es von der Lunge in Ihren Blutkreislauf strömt.« Ich erinnerte mich an die Worte auf einer meiner Meister-John-CDs. »Visualisieren Sie, dass das Licht des Friedens in Ihnen leuchtet und göttliche Liebe in Ihnen wohnt.«

Nur ein paar Blocks von meinem Haus entfernt begann ein unter Naturschutz stehendes Waldgebiet. Ich war erst ein kleines Stück auf einem der Wege dort gegangen, als ich ein Rascheln im Gebüsch hörte. Etwas kam genau auf mich zu.

Ich schaute nach rechts und sah ein wunderschönes Hirschkalb. Keine drei Meter von mir entfernt blieb es stehen, blickte mich aus riesigen braunen Augen an und wedelte mit seinem weißen Schwanz. Ich war überwältigt von seiner Schönheit. Nie zuvor hatte ich einen Hirsch aus solcher Nähe gesehen. Und dieses Kalb hier lächelte mich ja regelrecht an!

Wäre ich gejoggt, mit den Stöpseln meines iPods in den Ohren, hätte ich den jungen Hirsch gar nicht bemerkt. Weil ich mich aber für einen Spaziergang entschieden hatte, um die gute Herbstluft zu schnuppern, war ich in der Lage, alles um mich herum wahrzunehmen und zu würdigen.

»Hallo, du vollkommenes Geschöpf«, flüsterte ich. Der junge Hirsch lief nicht weg, sondern schaute mir genau in die Augen.

*Der hat Tollwut, würde mein skeptischer Freund Jim sagen.*

Während ich seinen Blick erwiderte, überkam mich eine große Ruhe. Ich hätte eine Jägerin sein können, die darauf aus war, ihn zu töten, und doch stand er ohne Furcht vor mir und schien den Augenblick zu genießen.

Für einen Moment wäre ich gerne in seine Haut geschlüpft – voller Vertrauen und wunderschön, selbst im Angesicht aller Unwägbarkeiten des Lebens. Plötzlich wusste ich, dass alles gut werden würde. Ich brauchte mich nicht zu sorgen. Wie dieser junge Hirsch würde ich sicher und behütet sein.

*All diese vermeintlich so wichtigen Dinge sind in Wahrheit unwesentlich, Jen.*

Der Hirsch blinzelte ein paarmal mit den Augen, während sein weißer Stummelschwanz hin und her zuckte. Aus Angst, das schöne Tier zu verscheuchen, wagte ich kaum zu atmen. Ich fühlte mich vollkommen glücklich. Und dieses Glücksgefühl verwandelte sich in Tränen.

»Danke«, flüsterte ich. Ein reinigendes Schluchzen entwich meiner Brust. »Danke.«

Nach dem Spaziergang setzte ich mich in meinen Garten. Ich hört den Wind im Laub flüstern und atmete die Luft des »Indian Summer«. Diese Zeit im Herbst ist hierzulande mit einer Vielzahl von Blattfärbungen, einem strahlend blauen Himmel und einem erneuten Anstieg der Temperaturen verbunden. Alles roch frisch und vertraut. Ich lehnte mich im Stuhl zurück und blickte zum Himmel hinauf. Die gelben und orangefarbenen Blätter hingen davor wie in einem großartigen Gemälde. Zum ersten Mal seit längerer Zeit fühlte ich mein Leben.

*Lauf nicht zu schnell, Jen. Dir könnte sonst etwas Schönes entgehen.*

# 13

# Du bist genug

*Gib immer dein Bestes.*

Schild an der
Glad Tidings Assembly Church of God:

> ÖFFNE DEINEN GEIST
> NICHT SO WEIT,
> DASS DEIN VERSTAND
> HERAUSFÄLLT.

»Hi Jen, hier ist Susan«, sagte meine Voiceover-Agentin. »Hast du wieder Zeit für *Bonefish Grill*?«

»Juhuu!«, rief ich zu Clay nach oben. »*Bonefish* will mich für einen neuen Spot!«

»Danke, Universum«, rief er zurück.

Es handelte sich um eine landesweit gesendete Radio-werbung für eine Restaurantkette.

»Mami, kein Telefon.« Mein Sohn schaute mich wütend an, als ich nach meinem BlackBerry griff. »Komm her.« Er klopfte neben sich auf das Sofa.

Leider war ich BlackBerry-süchtig. Das hatte Britt wohl bemerkt. Dabei hatte mich schon mein Vater von Kind an dadurch auf die Palme gebracht, dass er so oft geistesab-wesend wirkte. Jedes Mal, wenn wir uns bei Tisch unter-hielten, schaute er über meinen Kopf hinweg und hörte mir nur mit halbem Ohr zu. Ich hatte mir geschworen, das bei meinen eigenen Kindern anders zu machen.

*Gib immer dein Bestes.*

Das war eines der Vier Versprechen nach Miguel Ruiz, und ich fand dieses besonders schwer in die Tat umzusetzen. Ob wir den Abwasch erledigten oder auf der Bühne sangen, Ruiz war der Ansicht, dass wir uns völlig auf die jeweilige Aufgabe konzentrieren und dabei stets unser Bestes geben sollten. Mit anderen Worten, Multitasking ist nicht angesagt!

Ich setzte mich zu Britt auf die Couch. Ich hörte, dass mein BlackBerry mehrmals vibrierte. Es befand sich außer Reichweite, sodass ich nicht mal eben schnell einen Blick darauf werfen konnte, um festzustellen, wer mir eine Nachricht schickte. Im Fernsehen lief *Coco, der neugierige Affe*. Ich hatte diese Folge schon fünfundsiebzigmal gesehen. Wenn ich einen Zeichentrickfilm schon zum x-ten Mal gesehen hatte, dann war es mir fast unmöglich, begeistert zu erscheinen, aber ich gab mein Bestes, damit Britt es mir nicht anmerkte.

»Coco ist lustig«, sagte er, nachdem er dem Affen dabei zugeschaut hatte, wie dieser Kompost herzustellen versuchte.

Das BlackBerry kam nicht zur Ruhe, doch ich ging nicht ran. Ich drückte Britt fest an mich, um der Versuchung besser widerstehen zu können. Doch dann klingelte das Festnetztelefon, was inzwischen sehr ungewöhnlich war. Wenn es jemand dort versuchte, musste es wirklich wichtig sein.

»Bin gleich wieder da, Süßer«, sagte ich zu Britt und stand auf. »Hallo?«

»Wir haben wieder einen Vortragstermin!« Es war Therese in ekstatischer Stimmung.

»Danke, Universum!«, rief ich dem Himmel zu.

Therese berichtete, dass wir mehrere gemeinsame Vorträge im *Wilmette Theatre* nördlich von Chicago halten sollten, und fragte: »Wie wär's, wenn wir uns heute Nachmittag um halb fünf im *Love's Yogurt* treffen, um uns vorzubereiten?«

»Das passt mir sehr gut«, antwortete ich. »Ich habe eine Aufnahmesession um vierzehn Uhr, also schaffe ich es locker.«

»Dann bis nachher.«

ZU MEINER AUFNAHMESESSION kam ich ein paar Minuten zu früh. Im Warteraum versuchte ich, mich zu zentrieren. Seit dem Debakel mit Duncan Hines zweifelte ich an meinen Voiceover-Talenten. Es war Zeit, mich wieder in den Ring zu wagen.

*Danke, Universum, dass du mir hilfst, mein Bestes zu geben.*

Mir fiel ein Zitat aus meinem Interview mit einem Medium namens Stacy Wells ein. »In welchem Maße du mit deinen Dienstleistungen Geld verdienen wirst, hängt davon ab, wie es um dein Selbstwertgefühl bestellt ist – ob du es dir wert bist, Erfolg und ein gutes Einkommen zu haben«, sagte sie. »Dafür ist es wichtig, dass du emotional unabhängig bist und nicht nach Bestätigung durch äußere Quellen suchst. Du solltest diese nährende Quelle in dir selbst finden.«

Ich dachte über ihre Worte nach.

*Meine eigene nährende Quelle.*

Es fiel mir immer schon schwer, mich selbst zu trösten. Ich beschloss, dass ich, egal, was die Leute im Tonstudio zu mir sagen würden, ein Vollprofi war und gut genug!

BZZZZZZZZ.

Mein BlackBerry vibrierte. Ein Anruf von Clay.

»Hallo?«, flüsterte ich leise, da ich keine Aufmerksamkeit erregen wollte.

»Was treibst du gerade so?«, fragte er.

»Ich muss gleich in diese Voiceover-Session und bin fertig mit den Nerven.«

»Warum denn das?«

»Ich mache mir Sorgen, dass ihnen meine Darbietung nicht gefällt. Gebranntes Kind, du verstehst?«

»Ja, aber … ach quatsch, ganz egal, was sie sagen – du gibst dein Bestes, und mehr geht nicht.«

»Danke. Das baut mich wirklich auf. Ich rufe dich später an.«

In diesem Moment kam ein junger Mann in den Warteraum. »Sind Sie Jenniffer Weigel?«, fragte er.

*Hurra, er hat nicht »Wiiii-gul« gesagt!*

»Ja, die bin ich.« Er hatte meinen Namen richtig ausgesprochen, was ein guter Anfang war.

Ich ging mit ihm in den Aufnahmeraum, und er stellte das Mikrofon auf meine Größe ein. Ich schaute durch die Glasscheibe und sah dort drei weitere Männer sitzen, alle schätzungsweise um die dreißig.

»Hi Jenniffer«, sagte einer von ihnen. »Ihr Text liegt vor Ihnen. Wir werden heute zwei Spots aufnehmen.«

*Zwei Spots? Das ist ja noch besser!*

»Wenn Sie bereit sind, fangen wir an«, sagte der Tontechniker. »Lesen Sie einfach einmal den gesamten Text von vorne bis hinten, damit wir einen Eindruck bekommen können.«

»Gern«, sagte ich.

»Dann los. Take eins«, sagte der Tontechniker.

*Gib immer dein Bestes.*

Der Text war lustig. Eine meiner Zeilen lautete: »Ich bin eine von den ganz Frechen.« Ich las den ganzen Text und schaute dann durch die Glasscheibe. Die drei Männer schauten sich an. Sie wirkten zufrieden.

»Das war hervorragend«, sagte einer von ihnen. »Machen Sie es bitte noch einmal, in leicht verändertem Tonfall, nur so zum Spaß.«

»Okay«, sagte ich.

»Bonefish Grill, Take zwei«, sagte der Tontechniker.

Ich las meine Textzeilen also ein zweites Mal vor. Es fühlte sich wirklich gut an. Wieder sah ich, wie die Jungs Blicke wechselten. Dann drückte einer von ihnen auf die Sprechtaste.

»Das war absolut perfekt«, sagte er. »Wir haben, was wir brauchen. Vielen Dank.«

Ich schaute auf die Uhr. Das Ganze hatte lediglich sechs Minuten gedauert.

Als ich das Tonstudio verließ, rief ich meine Voiceover-Agentur an. Die Agenturchefin, Linda Jack, war selbst am Apparat.

»Hi Linda, hier ist Jen Weigel«, sagte ich.

»Hallo, Jen, müssten Sie jetzt nicht im Tonstudio sein?«

»Ich bin schon fertig.«

»Das ging aber schnell.«

»Oh, und sie haben gleich zwei Spots aufgenommen, nicht nur einen. Ich wollte Ihnen das nur sagen, damit sie Ihnen die richtigen Unterlagen zuschicken und korrekt abrechnen«, sagte ich.

»Wow!«, freute sie sich für mich. »Das ist doch ein schönes Weihnachtsgeschenk, oder nicht?«

»Oooh ja!«

DA ICH NUN unerwartet viel Zeit hatte, beschloss ich, mich mit einem Mittagessen zu verwöhnen. Chicago in der Vorweihnachtszeit war einfach wundervoll. Ich schaute mir die Schaufensterdekorationen bei *Macy's* an. Vor Weihnachten war die Stadt von einem besonderen Duft erfüllt, der es mir ganz warm ums Herz werden ließ. Von den im Kaufhaus angebotenen Duftmischungen bis zum Glühwein, der auf dem Weihnachtsmarkt verkauft wurde – das alles erwärmte mich so, dass ich die Kälte kaum spürte, während ich mich zwischen den Körpern Hunderter fremder Menschen hindurchmanövrierte.

In der Nähe des Daley Plaza setzte ich mich auf eine Bank und trank einen Kaffee. Ein paar Meter von mir entfernt stand ein Weihnachtsmann mit einer Glocke. Trotz lediglich drei Grad über null sang und lächelte er. Ich beobachtete, wie freundlich er zu allen Menschen war, die an ihm vorbeikamen, ganz egal, ob sie ihm Geld gaben oder nicht. Er strahlte einfach große Freude aus. »Eine schöne Weihnacht«, sagte er zu einer Frau, die das Geschäft betrat, ohne von ihm Notiz zu nehmen.

*Dieser Mann gibt wirklich sein Bestes.*

Als ich bald darauf ins *Love's* ging, um Therese zu treffen, lächelte sie bis über beide Ohren.

»Dann erzähl mal ausführlich«, sagte ich, während ich mich zu ihr setzte.

»Sie sagen, dass wir bezüglich der Themen, über die wir sprechen möchten, völlig freie Hand haben«, berichtete sie. »Ich werde Flyer des *Zentrums für Intuitive Ausbildung* mitbringen. Die können wir verteilen, und nach dem Vortrag kannst du in der Lobby dein Buch verkaufen. Bist du bereit, das Leben einiger Menschen zum Besseren zu verändern, Nellie Bly? Jetzt geht es endlich voran!«

»Das ist ja unglaublich«, sagte ich.

»Übrigens«, sagte Therese, nachdem sie mich gemustert hatte, »du siehst wirklich gut aus.«

»Ich habe geduscht«, scherzte ich.

»Nein, ich meine energetisch. Ich glaube, ich habe dich noch nie so gut *geerdet* gesehen.«

»Ich fühle mich auch wirklich gut.«

»Du strahlst ein ganz neues Licht aus. Ich kann diese Energie sehen, die dich durchströmt, und das ist einfach nur schön! Es ist das gleiche Licht, das du schon dein ganzes Leben ausgestrahlt hast. Aber du hast die Frequenz deines Bewusstseins erhöht, sodass du mehr lieben und mehr geben kannst.«

Ob das an den vielen »Flashdance-Eimern« lag, die ich in letzter Zeit über mir ausgeschüttet hatte?

Therese gähnte und neigte ihren Kopf etwas zur Seite. Ich ahnte, dass ich nun in den Genuss eines Spontan-Readings kommen würde, wogegen ich nicht das Geringste einzuwenden hatte.

»Du bist nicht länger ein Mensch, der dafür arbeitet, bekannt zu werden, gesehen zu werden, verstanden zu werden. Der Geist hat dich jetzt auf einer ganz unmittelbaren Ebene verstanden. Daher besteht für dich keine Notwendigkeit mehr, dich von der Meinung irgendeines Menschen hier auf diesem Planeten abhängig zu machen. Dein früheres Muster, dein Selbstwertgefühl aus dem Feedback zu beziehen, das du von anderen erhältst, hast du hinter dir gelassen. Du brauchst es nicht länger.«

Sie hatte recht. Viele Jahre hatte ich geglaubt, mich über meine Karriere definieren zu müssen. Jetzt wusste ich, und damit meine ich ein wirklich gefühltes inneres Wissen, dass es meine Beziehungen zu anderen Menschen waren, auf die es wirklich ankam.

Therese atmete ein paarmal heftig pustend aus, den Kopf immer noch zur Seite geneigt. Ich schaute mich um. Wir waren die einzigen Gäste im ganzen Restaurant, sodass uns niemand anstarrte.

»Okay, dein Vater ist hier«, sagte sie und blickte an mir vorbei ins Leere.

Ich hatte nicht mehr mit meinem Vater gesprochen – womit ich meine: mit Therese als Medium –, seit ich 2001 für mein erstes Buch recherchiert hatte. Sicher redete ich manchmal mit der leeren Luft und stellte mir vor, ich spräche mit meinem Vater. Ich hatte das Gefühl, dass er mir Zeichen schickte. Und dann war da der Traum gewesen, in dem er mich in der Bar angerufen hatte. Doch ein wirkliches »Gespräch mit Dad auf der anderen Seite« – Fehlanzeige.

»Er ist sehr stolz auf dich und bewundert, wie du an dir gearbeitet hast. Er sagt: ›An so etwas hätte ich mich niemals herangetraut.‹ Du hast ihn in der spirituellen Entwicklung überholt.« Sie lächelte. »Er sagt: ›Darf ich dich denn in deinem Haus besuchen?‹ Er sagt, das Haus, an dem du auf der spirituellen Ebene baust, ist viel wertvoller als jenes materielle Haus, das du dir in diesem Leben bislang nicht leisten kannst. Jedes Mal, wenn du das Herz eines anderen Menschen berührst und den schwierigeren Pfad der Arbeit für andere und der Demut wählst, werden deinem spirituellen Haus neue Zimmer hinzugefügt.«

Therese pustete ein paarmal heftig und blickte dann wieder seitwärts ins Leere.

»Dein Vater war äußerlich reich, aber innerlich arm. Er sagt, dass du innerlich sehr reich bist. Zwar sieht es so aus, als wärst du äußerlich ärmer, aber du bist dabei, deine spirituellen Fortschritte zu integrieren, als solides seelisches Fundament. Dieser innere Reichtum wird sich dann in deinem Leben widerspiegeln. Der Weg führt von innen nach außen, nicht von außen nach innen.«

Therese zeigte auf meine Körpermitte.

»Es geht um die Qualitäten des dritten und zweiten Chakras – Identität und Selbstachtung –, deine Seelenlektion ist es, dich selbst als Hirschkalb – als Hirschkuh – zu sehen, die Schönheit, die Großzügigkeit und das wunderbare Herz der göttlichen Mutter zu sehen, die du bist.«

Ich fand es unglaublich, dass sie von einer Hirschkuh sprach! Wenn ich mich verloren fühlte oder mir Sorgen machte, dachte ich immer noch an die großen braunen Hirschaugen, das völlige Vertrauen, und das inspirierte mich und gab mir Kraft.

»Dein Vater sagt mir, dass es bei der Lebensreise eines jeden Menschen darauf ankommt, Erfahrungen zu sammeln – wie es ist, Fehler zu machen, das Leben intensiv zu fühlen. Es geht nicht darum, möglichst glatt und reibungslos in den Himmel zu schweben, sondern hinzufallen und sich wieder aufzurappeln und dabei seinen Sinn für Humor nicht zu verlieren.«

Therese gähnte und legte ihren Kopf wieder schief.

»Jetzt sehe ich Britt. Er zeigt mir Britt. Dein Dad sagt: ›Alles, was Britt jetzt im Moment von dir braucht, sind deine Umarmungen. Deine Aufmerksamkeit und deine Umarmungen. Du kannst in einer Weise für ihn da sein, wie ich es für dich nie sein konnte.‹«

Ich musste an die Situation am Morgen denken, als Britt mich dringend gebeten hatte, mich zu ihm zu setzen. Jetzt machte es mich traurig, dass ich ihn enttäuscht hatte.

Therese atmete ein paarmal tief durch, dann fuhr sie fort. »Er sagt: ›Wir beide wissen heute, dass alle Menschen gleich wertvoll sind. Ob Hollywoodstar oder Obdachloser‹«, sagte sie und sprach im genau gleichen Tonfall wie mein Vater. »Es gibt Möglichkeiten, die deine kühnsten Träume übersteigen, und sie werden sich manifestieren, wenn du dem Universum vertraust. Du bist der Himmel, winke du also dem Himmel zu, statt von dort einen Wink zu erwarten – du hast diesen Kurs abgeschlossen und bestanden. Du bist jetzt bereit für den nächsten.«

Therese lachte. »Der Geist ist so lustig«, sagte sie. »Er zeigt mir jetzt eine Kiste voller Goldmünzen. Das ist dein Reichtum: der Schatz deiner Erfahrungen. Wenn du einmal herausgefunden hast, wer du bist, brauchst du die Goldmünzen nicht mehr – du selbst bist dann genug. Und alles gehört zum Reichtum des Lebens. Du selbst bist alles, was du brauchst. Alles, was du brauchst, findest du in deinem Inneren.«

ICH STIEG INS AUTO und schaltete mein BlackBerry ein. Wieder einmal eine E-Mail von meiner Mutter.

Kathleen Worthington hat diese Stellenangebote an Sie weitergeleitet.

Sie konnte wohl einfach nicht anders.

Moderatoren und Produzenten für Fernsehsendungen gesucht. Wir wünschen uns begeisterungsfähige und kreative Moderatoren und Produzenten.

Ich scrollte nach unten, um nachzusehen, ob es dabei auch Geld zu verdienen gab. Und am Ende der Anzeige stand tatsächlich: »Festanstellung mit Gehalt«.

*Hey! Wir kommen der Sache näher!*

Schnell antwortete ich auf das Angebot, dann fuhr ich los. In diesem Moment klingelte mein Handy. »Hallo, du musst unbedingt WGN einschalten«, sagte Clay.

Ich schaltete das Radio ein und hörte eine Person reden, die offensichtlich keinerlei Mikrofonerfahrung hatte und ständig ins Stocken geriet.

»Was ist denn das?«, fragte ich.

»Die Radiosendung, die du damals nicht bekommen hast, weißt du noch?«, sagte Clay. »Sie ist einfach schrecklich.« Er lachte. »Sie lassen diese Autoren von ihren Blogs erzählen, jedoch nur in knappen Zwei-Wort-Antworten. Eine einzige Katastrophe! Sei froh, dass du diesen Job nicht gemacht hast.«

Der Autor, der da live im Radio herumstammelte, tat mir einfach nur leid.

»Hey«, sagte ich, »sie geben ihr Bestes.«

»Stimmt, aber ihr Bestes ist in diesem Fall leider nicht gut genug. Okay, ich muss Britt abholen. Wollte nur, dass du dir das schnell anhörst. Wir sehen uns zu Hause.«

»Okay, bis später«, sagte ich und unterbrach die Verbindung.

»In Ihrem Blog geht es also darum, wie es ist, ohne Auto zu leben?«, hörte ich den Moderator seinen Gast fragen.

»Genau«, antwortete dieser.

Dann folgte eine unangenehme Pause, die Tage zu dauern schien. Ich schaltete das Radio aus.

Manchmal entpuppte sich eine riesige Enttäuschung später als ein wahrer Segen.

»Danke im Voraus für einen Job, bei dem ich ich selbst sein, meine Kreativität entfalten und meine Hypothek abbezahlen kann!«, rief ich dem Himmel zu.

Als ich zu Hause eintraf, schaute ich auf mein Black-Berry und sah, dass ich eine E-Mail erhalten hatte. Es war die Rückantwort der Leute, denen ich auf ihre Stellenanzeige geantwortet hatte. Sie hatten sich meine Webseite angeschaut und wollten sich nun mit mir treffen, um eine mögliche Zusammenarbeit bei zukünftigen Projekten auszuloten.

*Das ging ja wirklich schnell!*

SPÄTER AN DIESEM ABEND machten Britt und ich es uns gemütlich, um uns *A Christmas Story – Fröhliche Weihnachten* anzuschauen.

BZZZZZZZZZ.

Auf dem Couchtisch vibrierte mein BlackBerry. Ich ging hin und drückte auf die Aus-Taste.

»Böser Junge, Mami!«, sagte Britt und zeigte auf Scott Farkas, der gerade versuchte, Ralphy zu verprügeln. Ich nahm die Fernbedienung, spulte den Film vor, bis die Prügelszene vorbei war, und setzte mich wieder zu ihm auf die Couch.

»Bitte kuscheln, Mami«, sagte Britt, der seine Schmusedecke namens Binkers umklammerte.

Ich schaute aus dem Fenster, wo Clay gerade genug Lichter an unseren Sträuchern befestigte, um Clark Griswold neidisch zu machen. Ich schloss meinen Sohn in die Arme und küsste ihn auf seinen süßen kleinen Kopf.

*Ich gab mein Bestes,* Britt eine gute Mutter zu sein. Und die Welt war für mich in Ordnung.

# Nachwort

BEIM SCHREIBEN dieses Buches überfiel mich eine heftige Schreibblockade, als ich von meiner Begegnung mit Millard Fuller in San Diego erzählen wollte.

Zum Teil war ich von Trauer darüber erfüllt, dass er gestorben war und ich ihn nicht anrufen konnte, um Erinnerungen über diese Konferenz und das anschließende Meeting auszutauschen. Ein anderer Teil von mir brach in Panik aus, weil es einen Abgabetermin für das Manuskript gab, den ich nicht überziehen wollte.

Ich machte einen Spaziergang, um etwas frische Luft zu schnappen. Dabei fing ich an, mit ihm zu reden.

»Hallo, Millard. Ich weiß nicht, ob du mich hören kannst. Wahrscheinlich bist du gerade damit beschäftigt, im Himmel beim Bau von Häusern für bedürftige Kinder mitzuhelfen. Wenn du doch da bist und mich für einen Augenblick inspirieren kannst, wäre ich dir sehr dankbar. Du bist ein wahrer Engel. Danke im Voraus dafür, dass du meine Bitte zumindest zur Kenntnis nimmst.«

Ich ging in mein Büro zurück und setzte mich vor den Computer. Während der folgenden Stunden schrieb ich flüssig und wie aus einem Guss. Meine Erinnerungen an die Erlebnisse mit Millard waren so kristallklar, dass ich buchstäblich den Fisch schmecken konnte, den ich bei unserem Dinner gegessen hatte.

Am nächsten Morgen las ich mir das fertige Kapitel durch und lächelte zufrieden. Plötzlich vibrierte mein BlackBerry. Ich hatte eine E-Mail erhalten – vom *Fuller Center of Housing*! Obwohl ich nie zuvor Mails von Millard Fullers Organisation bekommen hatte, schickten sie mir jetzt plötzlich ihren Newsletter.

*Cool, Millard! Wenn das kein Zeichen ist!*

Ob Sie das nun als Zufall abtun oder als Wink von oben betrachten möchten, das Timing war jedenfalls perfekt. Ich wusste plötzlich, dass sich dieses Buchprojekt optimal entwickeln würde. Ich scrollte zu einer anderen E-Mail herunter. Der Name des Absenders war mir unbekannt.

Hallo, Jen,

könnten Sie mir eine Frage zum Thema Schuld beantworten? Ich wurde katholisch erzogen und fühle mich ständig schuldig. Ich bin alleinerziehende Mutter, und wegen der schlechten Wirtschaftslage bin ich gezwungen, im Zweitjob als Stripteasetänzerin zu arbeiten. Werde ich deshalb in die Hölle kommen?

Ich hatte nie vor, als Nachtklubtänzerin zu arbeiten. Der Vater meines Sohnes hat mich und meine Familie verlassen und spricht nicht mehr mit mir, weil ich vor der Ehe schwanger wurde. Ich habe eine schöne Figur, und jemand schlug mir vor, als Tänzerin zu arbeiten, weil das gut bezahlt wird.

Jetzt kann ich meine Familie ernähren, aber jeden Tag habe ich das Gefühl, dass Gott böse auf mich ist, weil ich auf diese Weise Geld verdiene. Ich trinke nicht. Ich nehme keine Drogen. Ich bin treu, bin keine, die mit jedem ins Bett geht. Aber weil ich im Stringtanga herumlaufe, um meinen Lebensunterhalt zu verdienen, fürchte ich, dass ich in die Hölle kommen werde.

Ich weiß, dass Sie viele Gurus interviewt haben. Ehrlich gesagt, habe ich, wenn ich nach Hause komme, keine Energie mehr, um Bücher zu lesen. Es ist erstaunlich, dass ich Ihres trotzdem gelesen habe, aber es hat sich gar nicht wie ein Buch angefühlt – denn ich habe dabei oft lachen müssen. Jedenfalls danke ich Ihnen, dass Sie sich die Zeit nehmen, mir zu antworten, falls das möglich ist. Ich weiß das wirklich zu schätzen.

»Die Tänzerin aus der Vorstadt«

Schnell klickte ich auf »Antworten« und schrieb ihr zurück:

Liebe »Vorstadt-Tänzerin«,

es tut mir leid, dass Ihre Berufswahl in Ihnen solche Schuldgefühle hervorruft. Ich weiß aus mehreren Interviews nicht nur mit Gurus, sondern auch mit katholischen Priestern, dass es vor allem wir Menschen sind, die verdammen und Urteile fällen, nicht Gott. Mir scheint, dass Sie eine hingebungsvolle Mutter sind, es jedoch mit einigen Familienmitgliedern zu tun haben, die in einem Denkgebäude aus falscher Moral und Vorurteilen gefangen sind. Wäre es nicht besser, wenn diese Leute sich einmal Zeit nähmen, die Liebe zu fühlen, die Sie in sich tragen, anstatt von der Kirchentür aus mit dem Finger auf Sie zu zeigen? Ich bin überzeugt, dass wir alle in jedem Moment unser Bestes geben – und dass Gott Sie liebt ... und zwar auch dann, wenn Sie gerade Ihrem Job als Stripperin nachgehen!

Lassen Sie wieder von sich hören,
Jen

DANKE IM Voraus, Universum, dass dieses Buch die Menschen inspiriert und sie daran erinnert, dass wir niemals allein sind. Und wenn Sie Ihre eigenen Schwingungen oder die Schwingungen der Leute in Ihrer Umgebung wirklich anheben wollen, sparen Sie sich spirituelle Retreats und dreiwöchige Reinigungsseminare. Gönnen Sie sich dafür möglichst ganz oft einen energetischen »Flashdance-Eimer«. Das wird Sie ziemlich gut in Form halten.

Und vergessen Sie nie: Es ist das gute Recht *jedes* Menschen, spirituell zu sein!

# Danksagung

DEN MENSCHEN zu danken, die mir bei diesem Buch geholfen haben, ist keine leichte Aufgabe – soll ich es in alphabetischer Reihenfolge tun, damit niemand sich zu spät genannt fühlt? Vielleicht sollte ich den Leuten in der Reihenfolge danken, in der sie im Buch auftauchen? (Dummerweise haben einige mich gebeten, ihre Namen zu ändern – wenn ich mich also bei »James« bedanke, gibt es niemanden namens »James«, der sagt: »Wow, wie cool, dass ich in der Danksagung erwähnt werde.«)

Ohne Greg Brandenburgh wäre dieses Buch niemals entstanden. Er glaubte vom ersten Tag an meine humorvolle Auseinandersetzung mit dem Thema Spiritualität und holte Amber Guetebier mit ins Boot – eine unglaublich gute Lektorin und überhaupt einfach »cool«. (Ein großer Bonus war zudem, dass die beiden mir gute Gründe gaben, San Francisco zu besuchen – was mich schriftstellerisch inspirierte und meine Seele nährte.) Alle Leute bei Red Wheel Weiser waren wunderbar professionell und hilfsbereit – besonders Tania Seymour, Bonni Hamilton und Rachel Leach.

Meinem Literaturagenten Bill Gladstone danke ich dafür, dass er nicht aufgab, bis er endlich einen Verlag für mein erstes Buch *Stay Tuned* gefunden hatte. Es gäbe kein zweites Buch, wenn Bill mir nicht geholfen hätte, das erste unterzubringen.

Höchstwahrscheinlich würde ich immer noch für eines der großen Networks die Zuschauer mit düsteren, angstbesetzten Fernsehnachrichten traktieren und jede Minute meines Jobs hassen, wenn ich Therese Rowley nicht getroffen hätte. Sie nutzt ihre Gabe in selbstloser Weise, und ihre klugen Einsichten lieferten mir den größten Teil meines Materials. Auch Caroline Myss, Deepak Chopra, Don Miguel Ruiz, Wayne Dyer, Dr. Judith Orloff, Liz Gilbert, Meister John Douglas und Neale Donald Walsch haben mir Erfahrungen ermöglicht, die sich nun in den Kapiteln dieses Buches wiederfinden.

Meine Freunde aus der Medienbranche, Richard Roeper, John St. Augustine, Steve Cochran, Falise Platt, Robin Meade, Rick Kogan, Eric Furguson, Jonathan Brandmeier, Sam Samuelson und Laura Caldwell, haben geholfen, meinen neuen Karrierepfad publik zu machen. Eure Großzügigkeit hat Leben verändert.

Mein Mann Clay und mein Sohn Britt waren immer da und haben mich daran erinnert, dass ich bedingungslos geliebt werde. Ich danke Teddi, Rafer, Tiffany, Mom, Vicki, Martha und all den Champlins, Weigels, Worthingtons und Britts dafür, dass sie meine Abenteuer unterstützten. Den Mencoffs und den Minasians danke ich, dass sie mich stets wie ein Familienmitglied behandelten.

Danke an alle, die ihre Geschichten mit mir teilten und gestatteten, sie in dieses Buch aufzunehmen.

Und ich sage allen, die in einer Welt voller Vorurteile und Schmerzen versuchen, ihren Weg zu finden: Haltet Ausschau nach den Zeichen, vergesst das Lachen nicht und hört endlich auf, euch selbst zu bestrafen – denn dafür ist das Leben, verdammt noch mal, viel zu kurz!

# Über die Autorin

JENNIFFER WEIGEL ist TV-Journalistin aus Chicago und wurde für ihre Arbeit u.a. mit dem *Emmy* ausgezeichnet. Sie schreibt für die *Chicago Tribune* u.a. Zeitungen und ist Kolumnistin der *Blogging Community Chicago Now*.

Bei Hampton Road erschien 2007 ihr erstes Buch: »Stay Tuned – Conversations with Dad from the Other Side«.

# Das Rundumpaket für ein erfülltes Leben

**INGRID KRAAZ VON ROHR**
**GABI PÖRNER**
Das Phoenix-Prinzip
240 Seiten
€ [D] 8,99 / € [A] 9,30
sFr 12,50
ISBN 978-3-548-74565-7

*Ein praktisches Werkzeug,*
*mit dem Sie über Ihre Gedanken- und*
*Gewohnheitsmuster hinauswachsen, Klarheit*
*gewinnen und mit Ihrer wahren Natur in*
*Verbindung kommen können. Sie können*
*antrainierte Perspektiven wechseln, bewusst*
*neue Möglichkeiten für Ihr Leben entwickeln*
*und diese aktiv umsetzen.*

# Der Super-
# bestseller aus
# Brasilien

**AUGUSTO CURY**
**Der Traumhändler**
272 Seiten
€ [D] 16,99 / € [A] 17,50
sFr 23,90
ISBN 978-3-7934-2231-0

*Was wäre,* wenn jemand uns heute
die christliche Botschaft vorlebte – würden
wir ihm folgen? Ein geheimnisvoller Mann
streift durch die Straßen der Großstadt
und verkauft Träume an Menschen, die es
längst nicht mehr wagen zu träumen.
Ein Betrüger? Ein Psychopath? Ein Weiser?
Ein Philosoph?